新经济
新动能 新思路

XINJINGJI XINDONGNENG XINSILU

张影强◎著

企业管理出版社
ENTERPRISE MANAGEMENT PUBLISHING HOUSE

图书在版编目（CIP）数据

新经济　新动能　新思路/张影强著.-- 北京：企业管理出版社，2018.9
ISBN 978-7-5164-1782-9

Ⅰ.①新… Ⅱ.①张… Ⅲ.①中国经济—经济发展—研究 Ⅳ.①F124

中国版本图书馆CIP数据核字（2018）第210963号

书　　名：	新经济　新动能　新思路
作　　者：	张影强
责任编辑：	侯春霞
书　　号：	ISBN 978-7-5164-1782-9
出版发行：	企业管理出版社
地　　址：	北京市海淀区紫竹院南路17号　邮编：100048
网　　址：	http：//www.emph.cn
电　　话：	发行部（010）68701816　编辑部（010）68420309
电子信箱：	zhaoxq13@163.com
印　　刷：	北京虎彩文化传播有限公司
经　　销：	新华书店
规　　格：	170毫米×240毫米　16开本　17.25印张　317千字
版　　次：	2018年10月第1版　2018年10月第1次印刷
定　　价：	68.00元

版权所有　翻印必究　印装有误　负责调换

前　言

　　过去五年，我国经济社会在砥砺前行中取得了举世瞩目的成绩，但也面临严峻的国内外挑战，国内金融风险警报频频被拉响，国际发展环境不确定性增加。一是经济增速放缓。2013—2017年，我国GDP增速分别为7.8%、7.3%、6.9%、6.7%和6.9%。经济增速下滑引发各类风险聚集，投资增长乏力，企业特别是小微企业经营困难，产能过剩问题突出，资本市场持续低迷，就业和民生保障的压力上升，等等。二是金融风险不断冒出。房地产市场泡沫日益积累，部分房企负债高企，出现了资金链断裂，债市违约事件频繁发生，P2P平台公司"跑路"不断。受2015年"811汇改"新政和近期美国对我国发起的贸易战影响，我国人民币兑美元汇率持续上升，人民币贬值压力增大。股票市场更是经历了过山车，上证综合指数由5178.19点跌到2653.11点，降幅达48.76%，创全球资本市场市场最大跌幅纪录。三是人口老龄化加速。2014年底，我国60岁及以上老年人口2.12亿人，占总人口的15.5%。而到2017年，我国60岁及以上老年人口2.41亿人，占总人口的17.3%。四是全球贸易保护主义甚嚣尘上。2017美国总统特朗普上任以来，在全球积极实行美国优先战略，推行单边贸易保护主义，对中国发起贸易战和实施高技术封锁，在政治、军事、外交等各个方面对中国发展强加阻扰，企图阻碍中国现代化进程，给我国发展带来极大的不确定性。

　　面对严峻的国内外形势，党中央、国务院坚定不移地发展新经济，培育新动能，出台了一系列国家战略和重要举措。党中央、国务院对新经济鼓励创新，对看不准的新业态采取包容审慎的态度。2014—2017年，国务院先后提出"互联网+"、大数据、智能制造等国家重大战略，鼓励发展互联网金融、共享经济、跨境电商、人工智能等新业态和新模式，积极推进智慧城市建设，深入推进互联网、大数据、人工智能和实体经济深度融合，在中高端消费、创新引领、绿色低碳、共享经济、现代供应链、人力资本服务等领域培育新增长点、形成新动能。我国社会各类生产要素竞相发展，新业态、新技术和新模式不断涌现，人工智能、跨境电商、网约车、移动支付、生命科技走在世界前列。我国数字经济蓬勃发展，2017年我国数字经济规模位居全球第二，规模达27.2万亿元，同比增长20.3%，占GDP的比重达到32.9%。新经济成为社会就业的稳定器和倍增器，平台经济成为社会就业的蓄水池，在经济增速下滑的情况下我国就业人数不减反增。城镇新增就业人数从2013年的1310万人提高到2017年的1351万人，增加了41万人。

新旧动能转换不是传统经济和新经济"你存我亡"的零和博弈，而是新动能不断孕育、传统经济不断转型升级的伟大变革。但是，传统产业和经营方式让位于新产业和新商业模式并不会一帆风顺，而是多方力量反复博弈的过程，最终必将走向融合。面对迎面而来的科技革命，社会各方都未做好准备，适应新旧动能转换的政府管理体制机制改革严重滞后于新产业、新技术、新业态、新商业模式发展的实践。国家有关主管部门和一些地方政府既跟不上党中央和国务院的重大战略、重大部署、重大决策，也跟不上我国企业创造、创新和创业的丰富实践。甚至一些部门和地方政府虽然口头上、文件上推崇新旧动能转换，呼唤新产业、新技术、新业态、新商业模式，一旦这种变革真的到来，尤其是触及既得利益时，就不由自主地用传统思维和传统管理方式作为度量的尺度，导致党中央国务院新政难以真正落地。面对上述质疑与挑战，需要对问题深入研究，及时提出科学建言，正确引导舆论，为公众释疑。在这一艰难转型过程中，笔者有幸参与一些重大课题，对前沿和热点问题开展调查研究，结合中国实践为党中央、国务院和有关部门建言献策。本书是笔者过去五年关于我国经济形势判断、新旧动能转换以及如何更好地支持新经济发展的政策研究文集，大多数文章是中国国际经济交流中心支持和部委委托的重大研究课题成果，核心内容作为内参报送国务院和有关部门参阅，有些在主流媒体发表，产生了一定的积极影响。

政策研究强调问题导向，要具有前瞻性，应为政府决策部门提出可操作的、符合产业和时代发展规律、经得起时间和实践检验的政策建议，不能放马后炮和唱赞歌。客观地讲，本书多数研究成果在当时具有一定的前瞻性，一些建言从现在看仍具有参考价值，这是令人欣慰的。本书收录的文章有些作为内参起到了建言献策的作用，有些重大建议还得到国务院领导重要批示，转化为国家重大政策。一些公开发表的文章及时回应了企业和民众的关切，起到了引导舆论的作用。回顾2013—2017年本人艰难的研究探索历程，至今仍历历在目。

笔者清晰地记得，2013年阿里巴巴余额宝开始走入公众生活，政府监管部门对互联网金融创新既鼓励又惴惴不安，老百姓对新业态既支持又担心，传统金融部门开始抨击，社会资本跃跃欲试，社会对互联网金融态度不一。为了回应各方关切，2013年12月11日，笔者在《中国证券报》发表题为《互联网金融发展应注重风险防范》的文章，积极呼吁政府鼓励互联网金融的创新发展，但强调要规范和防范互联网金融风险。笔者提出"移动支付、网络借贷、互联网银行等将是我国金融创新发展的重要组成部分，不可或缺，但由于互联网金融具有互联网和金融双重风险属性，比传统金融具有更大的风险"的论断。从2013—2017年我国互联网金融发展的历程看，经过政府从2014年和2015年的鼓励发展，到2016年和2017年的整顿规范，行业发展经历了从"站在风口会飞的猪"的爆发期，到"谈互联网金融色变"和P2P平台大量"跑路"的尴尬历程。这一转变佐证了笔者最初的一些判断，详细内容可见本书第三篇"互联网金融创新与规范"中《互联网金融应注重金融风险防范》和《规范互联网金融发展应着力解决五大问题》等文章。若监管部门从行业发展之初就能鼓励创新和规范发展并重，互联网金融也不会在短短五年时间像过山车一样起起伏伏，以致金融风险警报也频频拉响。

还清晰地记得，2013年和2014年，大数据概念在国内刚刚兴起，政府和公众对此知之甚少。笔者撰写内参《将大数据提升为国家战略》报发改委等有关部门参阅（参见本书第四篇），提出"大数据已经成为下一个创新、竞争和生产力的前沿，发达国家纷纷将发展大数据提升为国家战略。大数据在破解我国发展转型中的难题、转变经济发展方式、降低经济社会运行成本和提高政府决策效率等方面都有广阔的应用空间。建议，我国应将发展大数据上升为国家战略、加快政务数据资源开放、营造大数据产业发展环境、加快数据安全立法和加快大数据人才的引进与培养"等观点。随后，2015年9月，国务院发布《促进大数据发展行动纲要》，将大数据上升为国家战略。从2015年开始，政府已陆续出台《促进大数据发展三年工作方案（2016—2018）》等十余项与大数据发展相关的国家级文件。本书第四部分"如何更好地实施国家大数据战略"收录了笔者近几年呼吁国家尽快将大数据上升为国家战略，以及更好地实施国家大数据战略的有关政策建议的文章。

还清晰记得，2016年4月，有关部门出台了一份规范跨境电商发展的文件——《关于跨境电子商务零售进口税收政策的通知》（简称"48新政"）。但由于对规律的把握和对业态发展的内涵与前景预判不准，跨境电商一时风声鹤唳。由于出台的政策存在一些缺陷，造成全国跨境电商业务断崖式下跌。但党中央、国务院从大局考量，有关部门也积极反思，及时中止了这份文件部分政策的实施，给了跨境电商及相关部门一个调整的机会，也给了理论界及时跟进、登高望远，对新业态昭示的新趋势进行研判和建构基础理论框架的重要机会。随后，中国国际经济

>> 新经济　新动能　新思路

交流中心成立课题组，对跨境电商的政策开展专项研究。课题由中国国际经济交流中心副理事长、秘书长张大卫负责，由中国国际经济交流中心总经济师陈文玲具体组织，笔者也有幸参与这一研究。课题以问题为导向，在"48 新政"再次实施之前，尽快提出我国跨境电商发展的具体监管思路和可操作意见。2018 年 3 月，课题研究成果《E 国际贸易——下一代贸易方式的理论内涵与基础框架》一书正式出版，该书也收录了笔者撰写的《我国 E 国际贸易发展现状与面临的主要挑战》一文，重点分析了当前我国跨境电商发展面临的国内与国际挑战。

还清晰地记得，2016 年社会各界围绕《关于深化改革进一步推进出租汽车行业健康发展的指导意见（征求意见稿）》和《网络预约出租汽车经营服务管理暂行办法（征求意见稿）》展开争论。其中，支持改革、希望新政尽快落地的呼声高涨，也不乏质疑改革、呼吁新政暂缓出台的声音。企业对政府出台网约车发展的政策翘首以盼，民众也希望能继续享受物美价廉的共享出行。对于共享经济专题，笔者 2014 年底就已关注到这一新业态，并开始研究，那时共享经济概念对于政府和公众还是新概念。笔者 2016 年 4 月在《光明日报》发表的文章《"互联网+"发展分享经济的引擎》提出，分享经济集中体现了"创新、协调、绿色、开放、共享"的发展理念，政府应该更新理念、创新监管、拥抱创新、趋利避害、完善法规和保障发展。之后，于 2017 年 7 月撰写内参建言："主管部门应从促进行业发展、保护消费者权益、推动改革创新角度，允许开展试点，重点探索负面清单和底线思维的监管模式，建立分享经济发展预警机制。可考虑在北京、上海、深圳等超大型城市进行网约车试点，在实践的基础上总结符合我国国情的网约车管理办法，待条件成熟后再行立法。"笔者至今仍认为，若网约车相关政策能这样实施，则会比较稳妥，而现实却不尽如人意。2017 年 7 月 28 日，交通运输部联合公安部等七部门公布《关于深化改革推进出租汽车行业健康发展的指导意见》和《网络预约出租汽车经营服务管理暂行办法》（以下简称《暂行办法》），承认了网约车的合法性，允许私家车做网约车，这充分说明中国政府鼓励新经济发展的态度是值得称赞的。但是，上述两个文件对我国网约车未来发展埋下了巨大隐患。网约车作为新业态，一出现便受到消费者的热烈欢迎和社会的高度关注，然而《暂行办法》出台后两年，网约车发展面临政府监管难、企业违规经营普遍存在、安全事故影响恶劣等问题，导致消费者怨声载道，全社会对这一新业态的不满情绪上升，甚至开始怀疑共享经济，这需要引起政府的反思，也希望有关主管部门能适时调整相关政策。

还清晰地记得，2016 年和 2017 年共享单车在我国风生水起，大量资本疯狂涌入，全民使用共享单车热情高涨，共享单车一时登上了中国新"四大发明"

榜，成为中国创新的一张全球"名片"。但随着共享单车规模扩张与商业价值不匹配等问题凸现，共享单车出现了诸多发展乱象，最典型的是单车押金管理不规范、行业竞争无序、城市管理混乱、城市公共资源被挤占，全社会对规范管理共享单车的呼声加强。2017年5月，交通运输部发布《关于鼓励和规范互联网租赁自行车发展的指导意见（征求意见稿）》，标志着我国共享单车发展进入下半场，共享单车的发展进入靠市场和技术双轮驱动的时代，企业也进入精细化管理和运营的发展阶段。笔者在2017年《经济研究参考》第36期发表的《科技创新驱动共享单车发展下半场》一文提出，共享单车无疑是继我国网约车等新经济发展之后的新亮点，也是我国分享经济发展的典型，对解决城市出行"最后一公里"问题、构建绿色交通出行体系、推动传统产业转型升级产生了巨大能量。建议国家通过制定优惠政策，引导企业技术创新，提升共享单车智能化管理水平；吸纳有较高行业水准的企业，积极参与国家共享单车行业管理规范的起草和制定，提高行业整体发展水平；对于解决公共出行问题的企业和投资者，应予以一定的税收优惠；增加财政投入，改善城市骑行车道和停放区域等基础设施；出台政策，鼓励市民绿色出行。通过政府积极与有关国家加强政策协调，帮助企业"走出去"，争取更好的发展环境，提升中国企业的创新质量。上述建议也得到了政府有关部门的积极反馈。

上述列举的互联网金融、大数据、跨境电商、网约车、共享单车等虽然不能完全反映新经济的全部业态，但却是过去五年我国经济发展新动能的典型代表，孕育了我国大众创业、万众创新的伟大实践，展现了我国经济强大的创新活力和韧劲。从过去五年的政策来看，我国对新经济的态度总体上是鼓励创新和包容审慎，对新业态更多的是呵护，但在具体政策实践中，一些部门和地方政府跟不上中央决策部署的步伐，采用旧制度和传统经济管理模式来管理，给新经济发展带来不少阻力和挑战。在这一过程中，笔者有幸成为这一伟大历史变革的见证人，并积极为促进新经济发展呼吁，为党中央国务院建言献策，贡献了绵薄之力，对此深感欣慰。

本书收录了笔者过去五年公开发表的关于新经济的代表性文章，全书自成体系。内容包含六部分：第一部分是经济新常态下的机遇与挑战，客观梳理了我国经济当前和未来一段时间面临的机遇与挑战。第二部分是关于新经济发展的论述，具体包括数字经济对宏观经济的影响、数字经济背景下的传统产业变革、工业互联网、信息消费等专题。第三部分是我国互联网金融的创新与规范专题，既有对互联网金融本质的探讨，也依据国外金融科技经验提出了我国互联网金融发展的具体举措。第四部分是大数据如何上升为国家战略和如何更好地实施国家大数据战略专题。第五部分是中国参与全球网络空间治理的"中国方略"。第六部分是有关共享经济的理论与实践，重点涉及网约车和共享单车，并收录了2016年和2017年我国共享经济发展的年度报告。本书集中了过去五年笔者关于新经济的理论思考和政策探索，旨在更好地总结过去，并通过及时追踪实践发展，不断审视已提出的观点，进而推动学术界对我国新经济发展的深入研究。

本书收录的研究成果离不开中国国际经济交流中心多位领导的悉心指导，包括中国国际经济交流中心常务副理事长张晓强、中国国际经济交流中心副理事长兼秘书长张大卫、中国国际经济交流中心总经济师陈文玲和中国国际经济交流中心副总经济师徐洪才等，在此表示诚挚的谢意。对企业管理出版社的编辑和笔者好友曾辉为本书的出版所付出的艰辛工作表示诚挚的感谢。其中有些观点是建立在业内同行前期研究的基础之上，有些观点的出处可能没有引用到位，也请多多包涵。书中定有不少瑕疵，欢迎读者批评指正。

张影强

2018年9月3日

目 录

第一篇 经济新常态下的机遇与挑战

"十三五"时期宏观调控应实现九大转变 ………………………………… 3
我国人口老龄化的挑战与机遇 …………………………………………… 7
经济发展新常态下主要群体就业创业的新情况和新问题 ……………… 11
如何促进数字经济创造就业 ……………………………………………… 31
盘活人力资源存量　挖掘人力资源潜力 ………………………………… 35
当前我国金融体系中的主要潜在风险及其对策 ………………………… 39
人民币加快国际化背景下我国金融体系面临的潜在风险及对策 ……… 44
关于国开行重新定位及深化改革的建议 ………………………………… 48
我国房地产行业融资形势分析 …………………………………………… 52
防范我国房地产金融风险的政策建议 …………………………………… 58
建立多层次房地产风险分担体系 ………………………………………… 62
规范地方投融资平台　深化投融资体制改革 …………………………… 65
建立和完善我国政策性住宅金融体系的建议 …………………………… 70
房地产市场短期对策与长效机制建议 …………………………………… 75

第二篇 数字经济提升中国经济发展质量

数字经济与宏观经济政策调整研究 ……………………………………… 83
发展互联网经济，打造中国经济升级版 ………………………………… 95
推动我国新经济发展的政策建议 ………………………………………… 99
互联网革命与中国战略选择 ……………………………………………… 104
将智慧城市建设作为推动新型城镇化的重要抓手 ……………………… 116
关于更好落实《促进信息消费指导意见》的建议 ……………………… 120
我国E国际贸易发展现状与面临的主要挑战 …………………………… 123

发展我国自主可控工业互联网的政策建议⋯⋯⋯⋯⋯⋯⋯⋯⋯⋯⋯⋯⋯ 142
"互联网+金融创新"为破解"三农"问题开了一剂良药⋯⋯⋯⋯⋯⋯ 147
建设移动互联网时代的新型基础设施要有新思路⋯⋯⋯⋯⋯⋯⋯⋯⋯ 150
我国网信企业"出海"障碍及政策建议⋯⋯⋯⋯⋯⋯⋯⋯⋯⋯⋯⋯⋯ 152

第三篇 互联网金融创新与规范

互联网金融发展应注重风险防范⋯⋯⋯⋯⋯⋯⋯⋯⋯⋯⋯⋯⋯⋯⋯⋯ 159
规范互联网金融发展应着力解决五大问题⋯⋯⋯⋯⋯⋯⋯⋯⋯⋯⋯⋯ 161
借鉴国外互联网金融发展经验促进我国互联网金融发展的政策建议⋯ 165
我国互联网金融发展现状及问题分析⋯⋯⋯⋯⋯⋯⋯⋯⋯⋯⋯⋯⋯⋯ 174

第四篇 如何更好地实施国家大数据战略

将大数据提升为国家战略⋯⋯⋯⋯⋯⋯⋯⋯⋯⋯⋯⋯⋯⋯⋯⋯⋯⋯⋯ 181
完善大数据条件下市场监管体系的政策建议⋯⋯⋯⋯⋯⋯⋯⋯⋯⋯⋯ 186
我国政务大数据建设中存在的问题及政策建议⋯⋯⋯⋯⋯⋯⋯⋯⋯⋯ 189
如何更好地实施我国国家大数据战略⋯⋯⋯⋯⋯⋯⋯⋯⋯⋯⋯⋯⋯⋯ 194

第五篇 全球网络空间治理"中国方案"

推动建立全球网络空间治理体系⋯⋯⋯⋯⋯⋯⋯⋯⋯⋯⋯⋯⋯⋯⋯⋯ 209
我国基于数据主权开展网络空间治理研究⋯⋯⋯⋯⋯⋯⋯⋯⋯⋯⋯⋯ 222
中美网络空间博弈与"中国策略"⋯⋯⋯⋯⋯⋯⋯⋯⋯⋯⋯⋯⋯⋯⋯ 227

第六篇 共享经济理论与实践

分享经济是推动经济发展的新引擎⋯⋯⋯⋯⋯⋯⋯⋯⋯⋯⋯⋯⋯⋯⋯ 235
促进我国分享经济发展的政策建议⋯⋯⋯⋯⋯⋯⋯⋯⋯⋯⋯⋯⋯⋯⋯ 241
科技创新驱动共享单车发展下半场⋯⋯⋯⋯⋯⋯⋯⋯⋯⋯⋯⋯⋯⋯⋯ 245
我国分享经济发展与2017年展望⋯⋯⋯⋯⋯⋯⋯⋯⋯⋯⋯⋯⋯⋯⋯⋯ 249
共享经济发展与2018年展望⋯⋯⋯⋯⋯⋯⋯⋯⋯⋯⋯⋯⋯⋯⋯⋯⋯⋯ 255

第一篇

经济新常态下的机遇与挑战

"十三五"时期宏观调控应实现九大转变

"十三五"时期，中国面临的国际国内环境较以往将更为错综复杂。

当前，世界经济仍然处于危机过后的深度调整期，各国走势分化、结构分化、周期分化、政策分化。世界经济进入一个以"四个低"为特征的"新平庸"阶段：低增长、低利率、低通胀、低就业成为大多数国家共同面对的重大问题。尽管美日欧经济正在步调不一地缓慢走向复苏或走出衰退，新兴市场和发展中经济体经济走势分化、增速放缓，但发达经济体在世界经济增长中的比重仍在不断下降，后者的比重仍在不断上升。经济占比的改变反映出南北关系正发生重大变化，发展中国家逐渐掌握了更多的话语权，与发达国家的差距正在不断缩小。与此同时，旧的机构、机制、规则仍在起主导作用，但在金融、贸易、投资、产业等方面，新的机构、新的机制、新的规则也在不断产生和重构，并不断提升影响力，逐渐成为影响世界经济的重大变量。以制造业的网络化、数字化、智能化和个性化为核心的第三次科技和产业革命方兴未艾，世界产业分工格局也将面临重大变化。

在世界经济持续深度调整与各种力量分化发展的大背景下，中国对亚洲和世界的影响力与日俱增，中国与全球经济的互联互动日益加深。旧有的发展红利正逐渐衰退乃至丧失，新的驱动力尚未成型，中国经济将全面告别数量扩张型的高速增长阶段，开始逐步进入质量提升型的中高速增长阶段，即所谓"新常态"。

展望未来，中国经济的基本面依然健康，增长潜力依然十分巨大，新型工业化、城镇化、信息化、农业现代化和绿色化在快速推进，市场化、区域化、国际化的发展趋势没有逆转，经济新常态蕴含着未来发展的新动力，我国经济仍然具有巨大的韧性、潜力和回旋余地，未来的发展空间还很大。

但是，发展潜力并不一定代表发展现实，要想释放发展的内生动力，实现经济的持续健康增长，必须在正确认识、适应和引领经济新常态的基础上，着力实现宏观调控的九大转变。

一是由传统的侧重国内经济调控向统筹运用国内国际两个市场、两种资源、两类规则,在全球范围内优化资源配置转变。新形势下,宏观调控必须统筹考虑和综合运用国际国内两个市场、两种资源、两类规则。密切跟踪国际经济金融形势和主要经济体宏观经济政策变化,认真评估其对我国宏观经济和政策实施的影响,主动加强与主要经济体的政策协调和沟通,更加积极地参与双边、多边国际经济合作,提升国际话语权,推动全球治理体系改革,促进国际经济秩序更加公正合理,营造于我国有利的制度环境,拓展发展空间,维护开放利益。

二是由做大经济规模向提高经济质量和效益转变。要从过去依赖物质投入、拼资源环境、靠外延扩张的发展方式向依赖技术投入、加强生态文明建设、集约式的发展方式转变;要改变过去铺摊子、上项目的局面,转向靠市场规律调结构、转方式,让市场起决定性作用,保证经济平稳运行,促进我国经济长期保持中高速增长,迈向中高端水平。以改革的不断深化,进一步破除制约发展的体制机制障碍,破解发展难题,激发市场活力;以开放水平的持续提升,拓展经济发展新的更大空间,创造更多发展机遇,在国际经济合作和竞争中加快培育新优势。

三是由单纯的项目管理向重大战略谋划、规划制定、政策协调转变。宏观调控部门应真正从微观的项目管理中解脱出来,把主要精力集中到谋大事、议大事、抓大事上,进一步发挥综合经济部门的优势,主要职能向战略性、全局性、综合性、前瞻性事务延伸,向实际操作层面延伸,狠抓工作落实。要聚焦重大问题的理论研究和成果转化,统筹宏观政策制定和重大政策的协调配合,指导推进和综合协调经济体制改革,积极有效推动对外务实合作,更加注重经济社会协调发展,强化战略和规划的指导约束作用。

四是由需求管理向需求与供给管理兼顾转变。通过需求与供给管理并重的宏观调控,使市场在资源配置中起决定性作用并更好地发挥政府作用,依靠企业和市场去发现并纠正结构失衡。一方面,采用更加科学的需求管理,包括通过产业和空间地理规划,谋划经济发展的新布局;通过大项目、大工程,保持经济的平稳运行;通过稳健偏松的货币政策,保持经济合理的流动性。另一方面,通过放开人口生育控制、放松户籍制度、减少资本与金融管制、优化土地与资源产权结构、推动国有企业改革等措施,解除"供给抑制"。通过降低市场准入门槛、降低税负、降低融资成本等一系列体制机制改革,激发企业主体的活力,使市场起决定性作用。

五是由事前审批向事中事后监管与服务转变。按照权力和责任同步下放、调控和监管同步强化的要求,创新审批和监管方式,建立纵横联动协同监管机制,提升监管能力和水平。要加快建设投资项目在线审批监管平台,严格中央预算内投资监管，加强市场价格监管和反垄断执法，加快推进社会信用体系建设。按照简化手续、优化程序、在线运行、限时办结的要求，规范审批核准备案行为，公开审批规则和办理程序，把审批变成服务。要切实将取消和下放行政审批事项落实到位，充分发挥政务服务大厅的功能，规范行政审批行为，优化指导服务。建立项目全过程监管机制和实现部门信息共享与业务协同，建立基于大数据的事中事后高效监管体系，提高事中事后监管水平。

六是由要素驱动向创新驱动和提高全要素生产率转变。经济新常态下，我国经济发展的硬约束加强，人口红利逐渐消失，自然环境资源承载能力已经到极限，必须转变靠大规模的土地、能源、劳动力等生产要素的投入驱动经济增长的发展方式。紧紧围绕《关于深化体制机制改革加快实施创新驱动发展战略的若干意见》，从营造公平的竞争环境、强化金融支持、建立市场导向机制、激励成果转化、完善科研体系、加快人才培养和流动、推动开放创新、加强统筹协调八个方面来转变发展方式，将改革重点放在着力创造能从根本上激发全社会创新动力的体制环境上，营造创新的土壤，提高单位要素投入的产出，把提高全要素生产率作为我国经济发展的主要方式。

七是由特定激励性产业政策向普惠性产业政策转变。在当前我国经济提质增效、压缩产能、提高企业自主创新能力、着力推动产业结构调整和产业转型的背景下，我们需要完善传统的产业政策，尊重经济规律，确保依法治国，从完善企业市场竞争环境、加强知识产权保护、改善产业配套基础设施、创造社会创新环境、支持重大基础性研究、提高产业公共信息服务等角度来制定产业支持政策。改进产业政策设计，将目前倾斜发展特定部门的产业政策，如对新兴产业实施的创新研究、环保节能的奖励措施，逐步完善成长期的、综合性和普适性的创新与竞争激励机制。应加快制定技术、质量、能耗、环保与安全等方面的强制性标准，并严格施行，强化市场环境建设，弱化具体产业发展的内容，避免引起未来一窝蜂投资而出现产能过剩。应当加强规划的边界控制，弱化市场发挥作用的内容，避免愿景多而抓手少，导致难以落实的规划指标成为"纸标"。

八是由侧重投资管理向投资与消费管理并重转变。在投资管理方面，由事前审批向事中事后监管与服务转变，要建立一个透明、规范、高效的投资项目纵横联动协同监管机制，减少、整合和规范前置审批及中介服务，促进投资便利化。创新审批和监管方式，按照简化手续、优化程序、在线运行、限时办结、把审批变成服务的要求，建设"纵向到底、横向到边、互联互通"的全国固定资产投资项目在线综合管理平台，推进审批方式的电子化、阳光化。同时，也要更加注重消费管理，改善消费条件和消费环境，挖掘消费增长潜力，加快释放消费潜力，促进消费平稳增长。抓紧制定并有序实施促进农民工融入城市的政策措施，推动城镇社会保障、医疗卫生、教育、文化等基本公共服务覆盖农民工并逐步实现均等化；调整汽车消费政策，促进汽车消费；大力培育电子信息消费、环保消费、农村服务消费、绿色循环消费和社区消费等新的消费增长点；加大公共服务投资，不断扩大有效供给，积极培育有效需求，防止投资大幅滑坡；打破垄断，提高服务业的竞争程度。

九是由短期经济刺激向利用市场信号进行调控转变。货币政策方面，在着眼于物价稳定的前提下，放松对货币供应量或社会融资规模的依赖，提高货币政策的独立性，充分利用各种政策工具、市场信号来实施货币政策，提高政策效果。财政政策方面，要加快建立统一预算的步伐，把所有政府收支全部纳入预算，以消除"上有政策，下有对策"、中央政府和地方政府"左右互搏"的局面，显著提高政策效力；同时，要进一步明确中央政府和地方政府的职责划分，将宏观调控职责向中央政府进一步集中。在潜在经济增长率难以确定的情况下，可以适当淡化对经济增长目标的关注，更加重视利用就业、物价、利率、汇率、产业景气等方面的信息，综合判断经济运行是否处于合意区间、是否接近潜在经济增长率水平，防止在宏观调控上发生方向性错误。宏观调控需要明确"上限""下限"和"底线"，完善区间调控。区间调控是守住稳增长、保就业的"下限"，把握好防通胀的"上限"，决不突破民生与金融风险的"底线"。

（本文与王军、景春梅合作完成，发表于2015年10月《财经》，作为内参获国务院及发改委领导批示。）

我国人口老龄化的挑战与机遇

人口老龄化（以下简称老龄化）是我国发展不可避免的趋势，并带来诸多挑战与机遇。

一、挑战

（一）对劳动力市场的影响

劳动力供给将逐渐减少。2013年，我国劳动年龄人口比2012年减少了345万人，首次出现劳动力供给数量下降。劳动力年龄结构也趋于老化。1990年以来，15~44岁的青壮年人口占总人口的比重呈下降趋势，由2010年的48.5%下降至2015年的45.11%，在短短五年内减少4500万人。根据联合国2012年的人口预测，我国劳动力规模从2015年到2030年，每年减少180万人左右。从2030年开始，劳动年龄人口将出现较快速的下降，平均每年减少800万人左右，远快于前一阶段。到2050年，劳动力将减少到8.23亿人，为2010年劳动力数量的81%。随着老龄化发展，我国劳动力人口年龄结构将呈现老化。根据联合国2012年人口预测数据，我国15~24岁组和25~44岁中青年组人口的规模和比重在2035年之前呈现快速下降，而45~64岁组的劳动力人口比重将明显上升，到2040年达到46%的高峰，此后略有下降。与此同时，农村剩余劳动力也开始老化。当前，我国农村劳动力在31~40岁、41~50岁和51岁及以上年龄组中的数量分别占总量的25.2%、20.9%和31.9%。此外，高年龄劳动者所占的比重也在增加，使国民总受教育程度的提升速度减缓。

（二）对经济发展速度和结构的影响

一是对资本积累有显著的不利影响。专家建模测算，即使不考虑老龄化增加资源消耗的效应，老龄化也将使2011—2050年国民储蓄率下降约13.5个百分点。二是影响经济潜在增长率。老龄化对资本积累、劳动力供给及技术进步有显著影响，将不利于中国经济长期增长。2011—2050年，老龄化可使我国潜在年均经济增长率下降约1.7%。2021—2025年是老龄化对我国经济增长影响比较严重的时期，可使潜在年均增长率下降约2.2%。三是增加了经济结构调整难度。

老龄化导致劳动力稀缺，提高了人工成本，增加了企业经营成本，降低了劳动密集型产业的比较优势。劳动力等成本上升导致我国产业转型升级和结构调整压力加大。四是经济运行负担加重。研究表明，如果按相对低保障水平的养老和医疗条件测算，用于养老、医疗、照料、福利与设施方面的费用合计占GDP的比例，2015年为6.6%，2050年将提高到23.3%；如果按适中保障水平测算，该比例到2050年将达到26.9%，接近欧盟成员国的平均水平。五是影响金融系统稳定。老龄化社会中，养老金可能面临大量支出，从而会对我国证券市场的稳定带来较大影响。

(三) 对社会保障体系的影响

目前，五险一金费率高造成企业负担重，亟待降低费率；部分地区出现养老保险和医疗保险缺口；目前尚有约1/4的18岁以上人口没有纳入基本养老保险，15~59岁以上劳动年龄人口中约有四成务农或没有正式职业，他们的养老保障缴费来源十分困难，健全社会养老保障制度面临较大压力。老龄化导致养老保障支出压力大增。研究显示，2011—2050年，我国老年人口将增加160.7%，劳动年龄人口减少24.2%，老年抚养比由19.7%上升到67.8%，养老负担增加2.4倍。按保持养老金合理增长的基准方案测算，2050年养老保险资金总需求约占GDP的11.6%，比2012年增加近2倍；养老财政资金需求量占财政收入的14%，比2012年增加近2.5倍。测算表明，在未来几十年，老龄化引起的制度内抚养比上升，要求我国城镇基本养老保险的缴费率保持上升趋势。而当前我国养老保障制度并不适应老龄化发展需求，表现在：一是制度体系缺乏有效整合；二是多支柱制度体系尚未形成；三是基金投资运营效率不高；四是制度可持续性不强和制度内生激励性不足；五是补充性养老保险发展不足。

(四) 对医疗服务体系的影响

一是老龄化大幅提升健康保障需求。①老年人慢性疾病病例数也将显著增加。测算表明，2010年我国老年人慢性疾病病例数为10945万例，2050年将达到29565万例，年均增长2.5%。②未来残障老年人数将显著增加。2010年我国残障老年人数为716万人，2050年将达到2470万人，年均增长3.2%，增长2.5倍。③相关就医费用等将快速增加。二是老龄化加剧医疗保障制度可持续发展的压力。随着高龄期延长，因疾病、伤残、衰老而失去生活能力的老年人显著增加，医疗卫生费用呈现同步增长趋势。研究显示，一般情况下，60岁以上年龄组的医疗费用是60岁以下年龄组医疗费用的3~5倍。同时，高龄老人是老年人口中的脆弱群体，他们带病生存甚至卧床不起的概率最高。据测算，平均每位80岁及以上高龄老人的照料与医疗成本开支约为65~74岁老人的14.4倍。而目前的医疗保障制度尚未全面考虑老年人患病后的经济支付能力。

(五) 对基础设施和城市发展的影响

老年人生理、心理、行为特征和生活空间不同于中青年群体，对生活环境的安全性、便利性和舒适性的需要更高，因而老龄化增加了宜居环境建设压力，并相应增加了建设成本。按照老龄化的要求超前规划，公共服务硬件建设费用会增加10%的成本；如果没有超前规划，改造或重建公共服务硬件所花费的成本将倍增。我国的城乡建设理念、城乡规划和建设标准、公共服务设施、小区配套设施和居民住宅等都是年轻型社会的产物，大多数公共基础设施和建筑都是针对无残疾的群体，难以适应人口快速老龄化的需要。在城镇，七成以上老年人居住的老旧楼房没有安装电梯，老人与子女同城不同住，老年生活配套设施缺乏、养老机构郊区化等现象普遍存在；多数城镇的居家和社区养老设施发展慢，物业管理服务企业、家庭服务网络等发展滞后。在农村，绝大多数地方还未进行基础设施的适老性改造，问题更加突出。

(六) 对社会文化和社会建设的影响

随着"50后""60后""70后"等人口群体逐渐进入老年期，老年群体将对社会发展形成多层次需求，同时也对发展形成强大的推动力。老年人的能动性越来越强，老年群体日益增长的需要与社会发展的满足程度之间的矛盾日益突出。至2053年我国老年人口将达到4.87亿人，庞大的老年人口规模、复杂的结构会对养老保障、养老服务、老龄工作体制机制以及其他方面提出更多、更高的要求，老年人的需求会与年轻人的需求发生冲突，引发代际矛盾。

(七) 老龄化对国民健康的影响

发达国家的经验表明，公民老年期的健康保障问题是老龄化过程中最突出的问题之一。我国老年人口健康水平偏低增加了老龄化的压力。我国老年人口长寿不健康的现象也比较突出。据世界卫生组织统计，发达国家60岁以上老年人口中身体健康的比例超过60%，而我国只有43%左右。残障老年人数也将显著增加。2010年我国60岁以上残障老年人为780万人，预测至2050年将达到4166万人，年均增长4.3%。当前，我国老年医疗卫生服务体系仍未建立健全，老年专业性医疗机构严重不足，老年康复、护理、临终关怀机构严重不足，无法有效应对我国的老龄化现状，对国民健康带来较大影响。

二、机遇

积极应对老龄化，化挑战为机遇，可以创造老龄化红利。老龄化会降低社会储蓄率，但也会提高社会消费率水平，扩大国内需求。老龄化下的农村人口减少，会促进农业适度规模经营，提升农业集约化发展水平。老年人口比例及总量虽上升，但会产生巨大的服务老年人的就业需求，提升我国第三产业在国民经济中的比重。老龄化产生的巨大养老金需求，要求提高我国养老金收益率，使社保基金进入资本市场，推动资本市场繁荣。以房养老的需求会上升，推动我国房地产市场创新发展。

老龄人口是我国宝贵的人力资源。为了让大龄人员和老龄人员更多更好地发挥余热，增加劳动力市场供给和控制劳动力价格不合理增长，可考虑做好以下三方面的工作：一是帮助大龄体力劳动者从加工业和重体力岗位转向轻体力岗位，从事社会组织、零售业、小学校外服务、医院护工、社区服务、"一小一老"护理、物业服务等工作。二是鼓励有技能的大龄劳动者成为社区管理者、小型老人护理院长、小饭桌经理、社区洗衣店经理等管理者。三是鼓励智力劳动者为社会做贡献，包括高级公务员、专家型人才（工程技术人员、医生、教师、艺术家、社会活动家等），充分发挥他们丰富的智力资本的作用。在国家结束第一人口红利的同时，培育第二人口红利，使中国在进入银发经济时代后能够继续保持平稳较快发展。

（本文与张燕于2016年1月合作完成，并发表于2016年第56期《经济研究参考》。）

经济发展新常态下主要群体就业创业的新情况和新问题

一、人口老龄化导致劳动力供给减少和结构性矛盾突出[①]

（一）我国老龄化现状

根据1956年联合国发布的《人口老龄化及其社会经济后果》确定的人口老龄化划分标准，以及1982年在维也纳举办的老龄问题世界大会确定的比例，一个国家人口类型划分的重要指标和界限就是60岁或65岁以上老年人口占总人口的比重是否达到或超过10%或7%，并以此判断是否进入老龄社会。国际人口类型划分标准如表1所示。

表1 国际人口类型划分标准（%）

判断指标	0~14岁人口比例	60岁以上人口比例	65岁以上人口比例	老少人口比例	年龄中位数（岁）
年轻型	>40	<5	<4	<15	<20
成年型	30~40	5~10	4~7	15~30	20~30
老年型	≤30	≥10	≥7	≥30	≥30

资料来源：谢安. 中国人口老龄化的现状、变化趋势及特点 [J]. 统计研究, 2004 (8): 50.

国际上通常将老龄化社会分为三个阶段，65岁及以上老年人口占到总人口7%、14%和21%的时候，分别称为老龄社会、深度老龄社会和超级老龄社会。我国于1999年进入老龄社会，预计分别于2023年和2035年进入深度老龄社会和超级老龄社会。

2014年底，我国60岁及以上老年人口有2.12亿人，占总人口的15.5%，其中65岁及以上老年人口有1.37亿人，占总人口的10%。全国老年人口一年增加了

[①] 本部分内容属于中国国际经济交流中心重大基金课题成果。

1200多万人。其中，高龄老人有2400万人，失能、半失能老人有3500万人，低收入贫困老人有2300万人。预计2025年将突破3亿人，2033年突破4亿人，2053年达到峰值4.87亿人，届时分别占亚洲老年人口的2/5和全球老年人口的1/4。

（二）我国人口老龄化特征

一是发展速度快。1982年，我国60岁及以上老年人口占总人口的比例是5%。2010年，第六次人口普查时我国60岁及以上老年人口数量达到17759.44万人，相比第五次人口普查我国老年人口数量12997.79万人，10年间净增4761.66万人，增长36.63%。老年人口占我国人口的比重由2000年的10.46%增长到2010年的13.32%，增长了2.86个百分点。我国老龄化速度在逐步加快，我国将仅用41年就走完英国、法国、美国等西方发达国家经历上百年才走完的人口老龄化历程，是除日本外的世界人口大国在崛起过程中老龄化速度最快的国家（见表2）。

表2 中国与部分国家老年人口比例倍增时间比较

国别	10%~20%（60+）	年数	7%~14%（65+）	年数
法国	1850—1990年	140	1865—1980年	115
瑞典	1890—1970年	80	1890—1975年	85
意大利	1911—1990年	79	1921—1988年	67
美国	1937—2015年	78	1944—2010年	66
荷兰	1930—2005年	75	1940—2005年	65
加拿大	1940—2010年	70	1994—2008年	64
丹麦	1911—1980年	69	1921—1980年	59
瑞士	1930—1995年	65	1930—1985年	55
西班牙	1950—2000年	50	1950—1990年	40
中国	2000—2027年	27	2000—2028年	28
日本	1970—1995年	25	1970—1995年	25
印度	2015—2040年	25	2000—2030年	30
韩国	1997—2020年	23	2000—2020年	20

资料来源：邬沧萍，等.中国人口老龄化：变化与挑战[M].北京：中国人口出版社，2006.

二是高龄化显著。国际上通常把60~69岁称为低龄老年人口，70~79岁称为中龄老年人口，80岁以上称为高龄老年人口。从第六次人口普查的数据中可以看出，从2000年到2010年，我国60岁及以上老年人中，80岁及以上高龄老人从11991083人增加到20989346人，占老年人口的比重由9.22%上升到11.82%，增加了2.6个百分点。这表明我国高龄化速度在加快。2050年80岁及以上高龄老年人口将达到1亿人，约为2010年的5倍，高龄比（高龄老年人口占老年人口总量的比重）达到22.3%，约为2010年的2倍，相当于届时发达国家高龄老年人口的总和，占世界高龄老年人口总量的1/4。这一高龄老年人口的增长速度和高龄化过程是世界人口老龄化发展历史上少有的。

三是发展不均衡。首先是城乡不平衡，农村老龄化速度快于城镇，老龄人口比例高于城镇。根据2010年第六次全国人口普查数据，农村老年人口比重为15.6%，比城镇高4.7个百分点。21世纪农村人口老龄化程度将始终高于城镇，差值最高的2033年将达到13.4个百分点。其次是区域不平衡，人口老龄化东部快于西部。上海在1979年成为最早进入老龄化社会的地区，而整个西部地区直到2012年才进入老龄化社会。2010年，重庆60岁及以上人口占总人口的17%，为中国"老龄化最高"的地区。而西藏60岁及以上人口不到总人口的8%，为中国"老龄化最低"的地区。老龄化程度排名前六位的地区依次为：重庆、四川、江苏、辽宁、安徽、上海。老龄化程度最低的六个地区分别为：西藏、青海、宁夏、新疆、广东、云南。之所以会形成这种现象是因为我国农民工数量大，处于在外流动就业的状态，从而造成人口输入地涌入大量的年轻劳动力，使输入地实际的老龄化程度降低。如广东的老龄化程度为9.73%，低于全国水平3.59个百分点。人口输出地年轻劳动力人口数量急剧减少，只留下老年父母在家养老，因此老龄化程度增高。如四川的老龄化程度为16.30%，高出全国水平2.8个百分点。区域常住人口老龄化呈现出东部放缓、中西部不断加快的态势，且随着中西部青壮年人口向东部流动，这种态势还将进一步加剧。省份间的老龄化进程差异巨大，最早和最迟进入人口老龄化的上海和西藏之间相差几十年。

四是波动幅度大。由于1950—1957年、1962—1972年两次生育高峰导致人口发展不均衡，未来四十年我国将经历三次老年人口增长高峰，其增长数量和比例将呈现出剧烈波动的态势，波动幅度超过50%。这种大起大落的人口发展态势，将对经济社会协调发展形成剧烈的振荡效应。

五是未富先老。经济发达国家一般是在人均国内生产总值达到1万美元时进入老龄社会。1999年末，当我国开始进入老龄化阶段时，中国的人均GDP仅有840美元。同期进入老龄社会的新加坡，人均国内生产总值为2.5万美元。中国"未富先老"的特征明显（见表3）。

表3 进入老年型社会时人均 GDP 国际比较

国家 （年份）	人均 GDP（美元） （购买力平价）	老龄化程度（%） 60 岁及以上人口比例	65 岁及以上人口比例
世界（2000）	7446	10.0	6.9
中国（2000）	3976	10.1	6.8
中等收入国家（2000）	5734	—	6.6
美国（1950）	10 645	12.5	8.3
日本（1970）	11 579	10.6	7.1
以色列（1975）	12 270	11.8	7.8
韩国（2000）	17 380	11.0	7.1
新加坡（2000）	23 356	10.5	7.2

资料来源：人均 GDP（2000）数据来自《人类发展报告（2002）》或推算；日本数据来自 UN System-Wide Earhwalch Website；美国数据来自 Indur M. Coklany, Economic Growth and the State of Hunanity, PERC, 2001；老龄化数据来自 World Population Pmspect, 2002。

六是"四化"并发。我国人口老龄化表现为高龄化、失能化、空巢化、少子化"四化"并发。根据民政部的统计，2025 年之前，我国高龄老年人口将保持每年新增 100 万人的态势，高峰期 2053 年将达到 1.18 亿人；2014 年，我国失能、半失能老年人有 4000 万人，预计到 2050 年，失能、半失能老年人将会超过 1 亿人；2014 年，我国空巢老人数量已经超过 1 亿人，城乡老年空巢家庭率超过 50%，大中城市高达 70%；家庭呈现小型化、少子化特点。

七是女性比重增大。通过对我国老龄人口分年龄段的性别比分析可以看出，老年人口中随着年龄的增长，70 岁及以上老年人口男性比重越来越小，说明长寿女性的比重越来越大。

（三）人口老龄化对我国劳动力市场的影响

劳动力市场中的劳动力供给甚至需求，往往随着人口老龄化的发生和发展而产生相应的变化，是人口老龄化进程中不可忽视的一个现象。目前中国人口结构仍以劳动年龄人口数量多、比重大为特点，劳动力供给相对充裕。但是生育率已多年处于较低水平，加上不断提高的预期寿命，人口结构逐渐向老龄化发展。劳动力市场的供需格局也在发生相应变化，其中最显著、最堪忧的就是劳动年龄人口在总人口中的比例下降及其绝对数量的增长逐渐放缓，甚至停滞。人口老龄化带来的不仅是老年人口规模的增加和比重的增大，而且意味着其他年龄组人口的相应变化，尤其是劳动年龄人口的规模和比重都将会随着老龄化发展而呈现出相应的变化，从而对社会经济产生更为深刻和直接的影响。

1. 人口老龄化将逐渐减少劳动力供给数量

随着人口老龄化程度不断加深，我国人口抚养比将在近几年内由降转升，人口年龄结构将不再朝着偏向生产性的方向变化。国家统计局 2013 年初发布的数据显示，2012 年，15~59 岁的劳动年龄人口总数为 9.37 亿人，较上年减少 345 万人。随着劳动年龄人口数量的逐渐缩减，劳动力的年龄结构也在趋于老化。在过去的三十多年里，我国劳动年龄人口在总人口中的比例不断提高，1982 年时该比例约为 61.5%，2010 年时约为 71.4%，预计 2015 年时将上升至 71.5% 左右；然而劳动年龄人口结构却正趋于老龄化，1990 年以来，15~44 岁的青壮年人口在总人口中的比重一直呈下降趋势，预计该比例将由 2010 年的 48.5% 下降至 2015 年的 45.11%，即在短短五年内就会减少 4500 多万人。考察 1980 年、2010 年、2050 年时中国人口的年龄分布状况可知，1980 年时，我国人口密度最大的年龄群组主要集中在 10~19 岁的青少年；至 2010 年，人口密度最大的年龄群组已经变成 20~24 岁和 35~45 岁的青壮年，为经济发展提供了充沛的劳动力资源；然而根据当前趋势判断，到 2050 年时，曾为中国经济腾飞做出巨大贡献的劳动者已经变老，规模最大的群体变为 60 岁和 80 岁左右的老年人。

2. 2030 年之后劳动年龄人口规模快速下降

劳动力供给，包括劳动力的潜在供给和有效供给。前者主要是指劳动力资源，即具备劳动能力（体力和智力）的合法的全部人口。后者是考虑了劳动参与率以后的劳动力供给，包括参与经济活动的在业和失业人口。在统计上为了方便，将符合一定年龄的人口都视为劳动力的潜在供给人口，也就是劳动年龄人口（或劳动适龄人口）。但是不同来源的统计，年龄口径有所不同。联合国人口基金会将 15~64 岁的人口全部看作劳动适龄人口，而国际劳工组织将 16 岁及以上的人口视为劳动年龄人口。在我国，按照法定退休年龄，一般统计上将男性 16~59 岁、女性 16~55 岁的人口看作劳动年龄人口。本文为了国际比较方便，采用联合国人口基金会的口径，即将 15~64 岁的人口视为劳动适龄人口。根据联合国 2012 年的人口预测，无论未来生育率采用哪个方案，劳动力规模都将从 2015 年左右开始出现全面下降。但在 2030 年之前，总的劳动适龄人口规模下降幅度并不大，各种方案下平均每年下降速度在 0.1%~0.2% 之间。从 2015 年到 2030 年期间，平均每年减少的劳动年龄人口规模为 180 万人左右，劳动适龄人口规模每年依然有 9.8 亿人左右。而 2030 年将是一个转折点，从这一年开始，劳动年龄人口规模将出现较快速的下降，平均每年减少的劳动年龄人口规模分别为 800 万人左右，远快于前一个阶段劳动年龄人口的减少速度。到 2050 年，劳动力规模将减少到 8.23 亿人，只占 2010 年的 81%。

3. 中青年劳动力供给即将率先出现较大幅度减少

人口老龄化不仅意味着老年人口的比重和规模不断增大，同时也意味着劳动年龄人口中高年龄组劳动力人口比重和规模的不断上升。随着我国人口老龄化的发展，我国劳动力人口的年龄结构将会呈现老化，同时我国中青年劳动力即将率先出现较大幅度的下降。根据联合国 2012 年人口预测数据，我国未来劳动年龄人口中，15~24 岁组和 25~44 岁中青年组人口的规模和比重在 2035 年之前快速下降，而 45~64 岁组的劳动力人口比重明显上升，到 2040 年达到 46% 的高峰，此后略微有所下降。说明我国未来劳动力将进入老化状态。从不同年龄组劳动年龄人口的规模来看，未来 30 年内我国 44 岁以下劳动力规模将明显下降，尤其是 25~44 岁中青年劳动力，他们的规模缩小表现为开始的时间早（从现在开始）、持续时间长、下降幅度大。他们是劳动力市场最活跃和最重要的人群，其规模的下降将给未来就业和劳动力市场带来较大影响。因此，我国即将面临的还不是劳动力总供给规模的减少，而是这部分中青年劳动力的减少。这个问题需要格外引起关注。

4. 农村剩余劳动力已经开始老化

从我国农村剩余劳动力资源的年龄分布来看，处于 31~40 岁、41~50 岁和 51 岁及以上年龄组中的农村剩余劳动力分别占总量的 25.2%、20.9% 和 31.9%，剩余劳动力已经开始老龄化。本地农村劳动力的年龄分布比总体情况更趋老化，其中 40 岁以上的劳动力占 53.6%。外出打工半年时间以内的劳动力则明显更为年轻，20~40 岁的年轻劳动力居多，40 岁以上劳动力不足总量的 1/5。这种年龄分布说明随着年龄的增长，农民外出打工的意愿逐渐降低。目前农村本地劳动力的老龄化程度已经处于较高水平，可能会对今后进城务工人员的持续供给产生影响。所以，虽然目前农业部门中的剩余劳动力存量看似庞大，但农村剩余劳动力的老龄化情况已颇严重，继续维持目前农民工向城市转移的速度存在难度。在我国经济继续保持中高速发展态势的情况下，可以预计中低端劳动力短缺的现象将成为中长期内的常态。由于城镇对农民工的劳动力需求已经具有一定刚性，这必然会对传统的劳动密集型产业造成一定冲击。

5. 老龄化不利于我国劳动者快速提升受教育程度

随着我国劳动力供给规模的下降，经济发展必然进一步由劳动密集型向资本密集型和技术密集型转变，以减少对劳动力数量的需求。在这个过程中，劳动力的素质能否跟上产业结构升级的步伐，就成为一个重要的挑战。然而，我国当前劳动力整体素质很难适应未来产业结构升级的需要。根据 2010 年全国第六次人口普查数据资料，15~64岁劳动年龄人口的平均受教育年限只有9.66年，相当于初中毕业。其中，城市劳动力人口的平均受教育年限只有10.88年，农村只有7.97年。根据全国第五次和第六次人口普查资料，我国劳动力各年龄人口的平均受教育年限呈现出随着年龄提高而下降的趋势，这也符合整个国家教育发展逐步提高的实际，即年龄越小，平均受教育程度越高、越均匀，出现低教育程度者的比重就越小。根据全国第五次和第六次人口普查资料，15~64岁劳动年龄人口的平均受教育年限在这十年内从8.34年上升到9.66年。但是受教育年限随着年龄提高而下降的趋势并没有发生改变。可以预见，今后我国劳动力人口的受教育程度将会继续提高，同时受教育年限随年龄提高而降低的趋势也会随着年龄的推移和整体受教育水平的升高而趋缓，但是不会从根本上改变这种随着年龄提高而下降的趋势。这也说明，随着我国人口老龄化的加剧，高年龄劳动者占的比重增加，将会在一定程度上对总的受教育程度产生影响，减缓总的受教育程度的提升速度，从而对我国未来经济发展和产业结构升级产生负面影响。

综上所述，我国劳动力供给总体数量近年来一直呈现增长态势，但增速在持续放缓，劳动力供给总量的增长动能将会逐渐消耗殆尽。当前的劳动参与率相对较低，还存在较大的增长空间，将会是未来劳动力供给的重要增长点。农业部门中的剩余劳动力存量看似充足，但农村剩余劳动力的老龄化情况颇为严重，未来将难以维持当前农民工向城市转移的速度。如果我国经济继续保持固有的发展模式与态势，中低端劳动力短缺的现象将成为中长期内的常态。

二、互联网技术已经成为我国就业创业的新引擎

（一）互联网发展创造了大量就业岗位

麦肯锡研究表明，如果中国能发挥互联网的潜能，到2025年，互联网将创造约4600万个工作机会。根据BCG测算，2014年互联网行业在中国直接创造了约170万个就业机会。展望未来，随着行业的进一步发展，就业规模将继续扩大，预计到2020年有望直接为约350万人带来就业机会。互联网企业的发展带动了其生态圈内其他行业的发展，间接创造了更多的就业机会。若按平均每个网店雇佣员工数为2.55人计算，淘宝平台上约有340万家活跃网店，则淘宝平台创造了约867万个就业机会。围绕着这些活跃网店，从网店经营到物流配送，乃至为平台运营提供网络基础设施，淘宝平台衍生出一个完整的生态圈。据统计，2014年中国的快递投递包裹量约为140亿件，2008—2014年的年均复合增长率达到45%，其中约有70%的包裹来自电商零售。十年间，快递员规模由2005年的约16万人增长到2014年的140多万人。因此，若从生态圈的角度出发，淘宝

平台撬动了上千万个就业机会。

（二）分享经济快速崛起创造了灵活就业

自2008年全球金融危机以来，美国和中国的分享经济呈爆炸式增长。分享经济利用社会化平台，通过保留所有权而暂时让渡使用权的方式，以获得一定经济回报为目的，实现了资源利用最大化。分享经济是一种创新的商业模式，能有效减少经济社会运行成本和节约资源，是社会经济发展到较高阶段的产物。分享经济是大众参与的经济，以个性化服务和灵活性为显著特征，吸引了大量的灵活就业。国家信息中心发布的报告显示，2015年我国参与分享经济的人数达5亿人左右，参与提供服务的人数约5000万人，占我国劳动人口总数的5.5%。全球最大的出行平台滴滴出行注册用户约3亿人，有约1500万名司机，其中，约80%的是兼职司机。全球最大的自由求职平台Upwork，其使命是让全世界各个角落的人都能够找到最适合自己的工作，跨越地理位置的局限开展线上协作办公。目前，Upwork已经覆盖180多个国家，注册用户中有900多万个自由工作者及400多万个用人企业，提供的服务职能包括IT编程、文稿及翻译、设计等。截至2014年，Upwork提供了270多万个就业机会，为自由工作者带来共计超过9亿美元的收入。

（三）互联网行业人才缺口巨大

在"互联网+"浪潮下，社会经济与互联网深度融合，对互联网技术人才的需求快速增长。现有的人才培养模式难以满足互联网产业发展的需要。中国互联网络信息中心报告显示，2014年我国移动互联网行业应用开发人员需求量是200多万人，但实际从业人员不到70万人。未来五年，中国互联网的人才缺口将达1000万人。中国电子商务研究中心联合赢动教育发布的《2015年度中国电子商务人才状况调查报告》显示，75%的电商企业存在人才缺口。32%的企业业务规模扩大，人才需求强烈，招聘工作压力大。7%的企业人员流失率高，人员不稳定，招聘难度大。未来五年，如果我国3000多万家中小企业有半数企业尝试发展电子商务，按照每个中小企业需要一个复合型电商运营人才来计算，这个缺口将有1500万人。

三、机器人替代产业工人的趋势日益明显

（一）劳动力成本持续上升

近年来，我国房地产价格快速上涨，推动企业经营成本快速上升。劳动力逐步减少也是企业用工难和人工成本快速上升的重要原因。国家统计局数据显示，2012年，中国劳动年龄人口数量首次出现下降，15~59岁人口比上一年减少345

万人，占总人口的比重为69.2%。此后三年，劳动力人口的绝对量持续下降，2013年减少244万人，2014年减少371万人，2015年减少487万人，创下了历史纪录。2013—2015年，我国共减少了1000万劳动力；中国"80后"人口为2.28亿人，"00后"人口降至1.2亿人，比"80后"少了约1亿人。截至2015年末，16周岁以上至60周岁以下（不含60周岁）的劳动年龄人口为91096万人，占总人口的比重为66.3%。劳动力快速减少导致我国劳动力成本快速、持续上涨，工资水平已经超过周边的越南、老挝、缅甸等发展中国家乃至美洲的墨西哥。美国波士顿咨询集团的一份报告显示，如果以2014年美国制造业成本指数为100并综合考虑劳动力、电力和天然气成本，中国制造业成本指数已达到96，接近美国的水平，略低于俄罗斯的99、中国台湾的97，高于墨西哥和泰国的91、印度尼西亚的83。随着我国人口红利的消失，企业的社会保险费率居高不下，导致劳动力成本日益上升，已经成为我国经济社会发展的瓶颈，制约中国经济制造业转型升级。

（二）机器人大规模替代工人

由于劳动力成本上升具有刚性，企业利用机器替代劳动力的需求日益增强。伴随着机器人产业技术突破和规模量产，制造企业利用机器人代替工人的趋势日益明显。由于工业机器人价格锐降且功能稳步提升，不仅在中国，全世界范围内的机器人都在加快前进步伐。波士顿咨询集团预测，接下来十年，工业机器人及支持软件的价格将下降20%，而性能每年会提升5%[1]。2016年3月，美国政府经济顾问委员会（CEA）宣称[2]，未来低薪酬职位有83%的概率将被人工智能取代。研究报告称，在未来的几年内，薪资不足20美元每小时的人将会失业，而他们的工作将由机器人来完成。薪资超过每小时20美元的工作人员被取代的概率是31%，而每小时赚40美元的人仅面临4%的失业风险。花旗银行和牛津大学马丁学院发表的一项研究报告[3]显示，随着自动化的崛起和3D打印等技术的发展，埃塞俄比亚85%的工作岗位面临被剥夺的危险，中国和印度分别有77%和69%的工作受到自动化的威胁。

从机器人替代工人的进展看，中国加速了机器人替代工人的进程。根据国际机器人联合会（IFR）的统计报告，2013年以来，中国每年购买的工业机器人数量已经超过了其他任何一个国家，包括高科技制造业巨头德国、日本和韩国。

---

[1] 资料来源：http://www.guancha.cn/Industry/2016_05_10_359694_s.shtml。
[2] 资料来源：http://caijing.chinadaily.com.cn/2016-03/14/content_23859108.htm。
[3] 报告 The Future Is Not What It Used to Be。

2013年中国工业机器人市场占全球市场的1/5，2014年已上升到1/4，对工业机器人的迫切需求已经让中国成为最大的机器人消费国。中国是全球最大的家电制造国，大批数万工人规模的家电制造厂家遍布珠三角、长三角一带。例如，2010年，我国大型电子制造企业美的的家用空调事业部就开始在各个车间广泛应用各类三轴、四轴机器人。2011年下半年，美的家用空调事业部提出"精品战略"，机器人应用也进一步提速。2011年美的空调达到500亿元营收规模时，工人数量超过5万人以上。到2014年空调业务总营收接近700亿元时，工人数量已经缩减至2.6万人。预计到2018年美的空调营收到达1000亿元规模时，员工数量将减至2万人。除美的外，海尔、创维、格兰仕、格力、海信等大型家电企业亦已在大量使用自动化设备或机器人进行"智造"。全球最大代工厂富士康的"机器换人"计划正在加速推进，每年都会有上万机器人被投入使用。富士康目前已经装备了超过4万台机器人，部署在公司的各个生产流程和环节中，富士康昆山工厂已经裁员6万人。

四、结构性矛盾是经济新常态下就业的主要矛盾

（一）经济下行压力大，就业形势趋冷

根据国家统计局数据显示，2016年第一季度中国GDP同比增长6.7%，GDP增速创2009年以来28个季度新低，这表明我国面临较大的经济下行压力。经济下行将造成就业创造能力下降。国务院发展研究中心的一项研究表明，2013年，GDP每增长1个百分点将吸纳就业140万~160万人。按照这样的测算，2016年若要实现1500万人的新增年轻人就业，需要的经济增长率肯定要高于7.2%。当前经济下行压力对不同性质企业的就业景气有较大的影响，其中，国企的就业形势相对较差，2015年第四季度以来陆续有国企债务违约，2016年3月，出现武汉钢铁5万人大裁员。中国经济进入下行周期，大部分大型企业的扩张步伐随之放缓。智联招聘的调查数据显示，2015年第四季度我国的制造业用工需求陷入零增长。建筑行业吸纳了22.3%的农民工就业，超过6100万人的农民工从事建筑业。智联招聘与中国人民大学中国就业研究所联合推出CIER（中国就业市场景气指数），反映就业市场的整体走势[①]。从CIER指数可以看出，2015年第一季度以来，我国就业市场整体的就业形势出现趋冷迹象，就业市场景气指数持续下

---

① 该指标采用智联招聘（zhaopin.com）全站数据分析而得，通过不同行业、城市职位供需指标的动态变化，来反映就业市场上职位空缺与求职人数的比例的变化，从而起到监测中国就业市场景气程度以及就业信心的作用。

跌。其中，2015年第四季度受到招聘旺季的影响，CIER指数小幅回升至2.09，然而2016年第一季度CIER指数继续保持了下跌趋势，降至1.71，与2015年同期相比，降幅明显（见图1）。

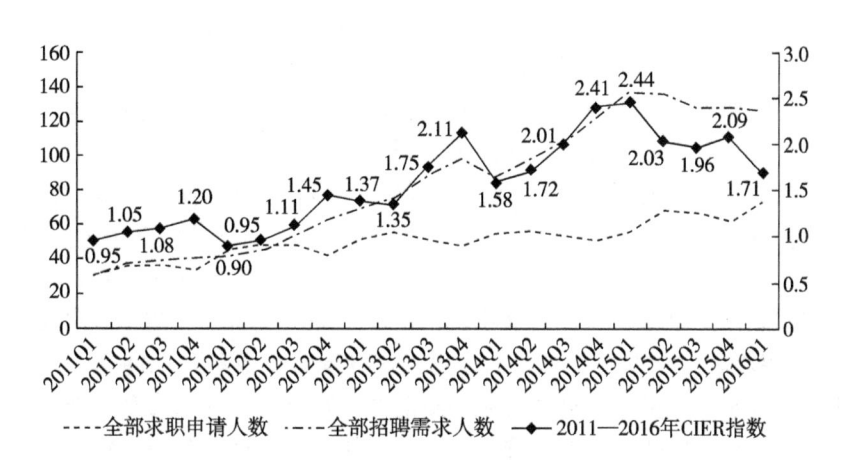

图1　2011—2016年CIER指数

资料来源：智联招聘。

（二）技术性失业将贯穿新常态的全过程

经济新常态下，我国正处于新旧动能换挡期，新技术、新业态和新模式不断涌现，信息通信技术创新及产业化加快向传统产业渗透，衍生和催生着新的业态。基于物联网、云计算、大数据、新一代互联网等信息通信技术的第三次工业革命蓄势待发，新一代信息通信技术推动着资本、信息、人才在全球范围内加速流动，研发设计、生产制造、业务重组等资源配置的全球体系加速演进，从产品制造走向工序工艺的国际分工体系正在形成。互联网革命冲击传统产业和实体经济，如电子商务使得很多实体零售门店关闭，大量员工转岗；机器人大量使用使得流水线工人失业；电子媒体使得大量传统纸媒从业人员转型。互联网革命既创造了新的就业岗位，同时也导致大量传统产业从业人员失业，技术性失业将贯穿我国经济新常态的全过程。到2025年，互联网带来的生产力提升将减少1.3%~4%的用人需求，相当于消失了1000万~3100万个标准性、重复性和流程性的工作岗位[①]。

---

① 麦肯锡全球研究院. 中国的数字化转型：互联网对生产力和增长的影响［R］.2014.

(三)"去产能"致使大量产能过剩行业工人下岗

近年来,我国以能源、化工、冶金、建筑材料、机械制造等行业为代表的重化工业呈现出高速增长的趋势,总量不断扩张,增速维持在 20% 左右,大大超过了同时期工业和 GDP 的平均增速。重化工业的高速发展成为当前我国工业发展的主要动力,为国民经济持续快速发展做出了重要贡献。但是,重化工业中的重复投资和过度竞争所导致的产能过剩问题,也严重影响了我国工业和国民经济的持续健康发展,造成其自身发展的资源利用效率不高、经济效益低下。当前,在许多重化工业行业的过剩产能中,往往还伴随着相当部分的落后产能。根据工信部的统计,炼铁、炼钢、电解铝、焦炭、水泥、化纤等 18 个行业中落后产能占总产能的比例达到 15%~25%。其中,炼铁行业 400 立方米以下的高炉还有 1 亿吨,占炼铁能力的 20%;水泥行业中落后的小水泥产能有 5 亿吨,占水泥产能的 20%[1]。这些落后产能进一步加大了重化工业发展对资源和环境的压力。除了传统产业外,近年来大量的重复建设使得新能源、新材料、电子信息等新兴产业的过剩产能问题也开始凸显,碳纤维、风电、多晶硅、锂电池等一些新兴产业领域已经先后出现产能过剩的情况。化解过剩产能使大量劳动力失业,初步统计全国钢铁和煤炭行业化解过剩产能涉及 180 万职工的分流安置。从就业景气指数看,过剩产能就业景气指数垫底。智联招聘和中国人民大学中国就业研究所 2016 年 4 月发布的《中国就业市场景气报告》显示,2015 年第四季度,能源和矿产行业的就业市场景气指数排倒数第三位,仅为 0.57,即 100 人在这个行业里面争夺 57 个职位,供求局面近乎失衡。中国东北部最大的煤矿公司龙煤集团 2015 年已宣布计划分流 10 万名员工,在 42 座煤矿削减 40% 的劳动力[2]。

(四)公务员和事业单位就业吸引力下降

长期以来,公务员和事业单位是我国的"铁饭碗",但随着我国改革的逐步深入,劳动力市场化改革加快推进,公务员和事业单位管理体制的弊端日益暴露,薪酬管理制度僵化,工资增长与经济社会发展和生活成本上升不匹配,越来越多的公务员和事业单位职工选择"下海",公务员考试的热潮也在逐步退却。数据显示,2009 年国考报名人数首次突破 100 万人,2010 年国考报名人数又攀升至 144.3 万人。随后,经历了两年的小幅下降之后,2013 年报名人数又首次突破了 150 万人,2014 年报名人数达 152 万人的新峰值。之后,2015 年报名人数下降至 140.9 万人。与报名人数相比,超过 46 万人"弃考"。从智联招聘不同企

---

[1] 工业和信息化部产业政策司. 中国产业发展和产业政策报告(2012)——产业转移[R]. 2012.
[2] 资料来源:http://www.swkk.cn/zuixin/zuixinnewshtmlb1x51012n422961588.html.

业类型用工需求数据来看，2016年第一季度，股份制企业、民营企业成为吸纳就业的稳健力量，并在人才供需总量方面占据了绝对的优势，用工需求同比增长分别为12%和8%。而大型国企、事业单位等被人们称为"铁饭碗"的企业同比2015年却出现了明显的负增长，降幅超过了20%（见图2）。

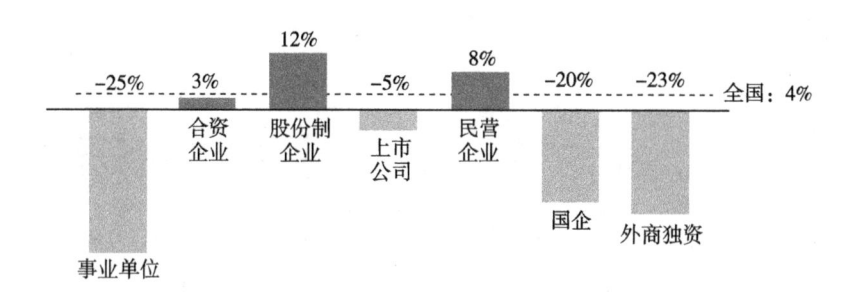

图2　2016年第一季度不同企业类型用工需求同比增长情况
资料来源：智联招聘。

按照不同企业类型的分类来看，2016年第一季度不同类型企业CIER指数的数值明显低于上一季度，而CIER指数的排名顺序变化不大，从高到低依次为民营企业、股份制企业、合资企业、国企、外商独资、上市公司及事业单位（见图3）。

（五）大学生就业形势依然严峻

自2001年来，我国高校毕业生呈快速增长的趋势，每年就业压力巨大。2001年，我国高校毕业生114万人，2008年达559万人，到2016年达到历史新高765万人（见图4）。一方面，高校毕业生人数呈上升趋势；另一方面，我国经济呈下降趋势。2015年国内生产总值（GDP）增长6.9%，创下1990年以来的新低。数据显示，2016年上半年我国GDP同比增长6.7%，GDP增速创下了2009年以来28个季度的新低。经济增长下滑，导致吸纳就业能力减弱。根据人社部公布的《2016年第一季度部分城市公共就业服务机构市场供求状况分析》，2016年第一季度用人单位通过公共就业服务机构招聘各类人员约520万人，较2015年同期减少了22.9万人，下降4.5%。同比2015年，我国东部地区市场用人需求减少了1.2万人，而求职人数却增加了14.1万人。

（六）就业供给与需求结构性不平衡问题突出

智联招聘和中国人民大学中国就业研究所联合发布的《2016年第二季度中国就业市场景气报告》显示，当前劳动力供给和需求间主要存在四大不平衡。首先，就业机会的地区分布不均。目前，东部地区的在线职位数量最高，占全国总

>> 新经济 新动能 新思路

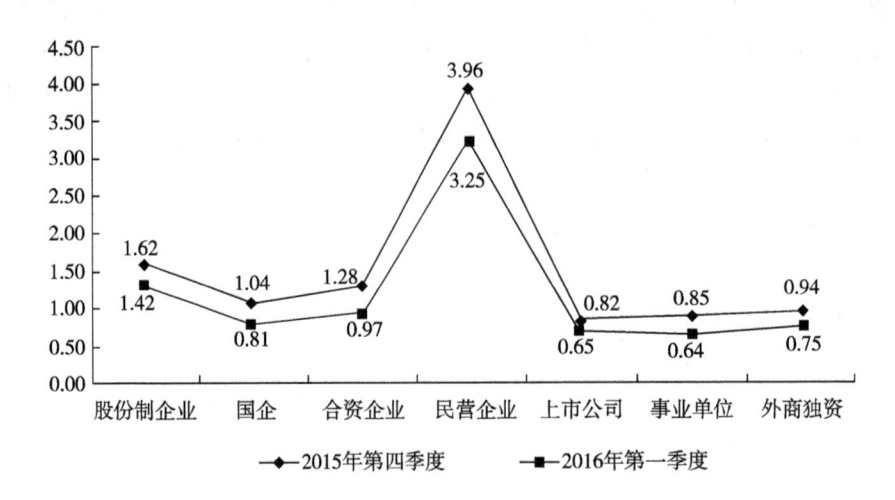

图3 2016年第一季度不同类型企业CIER指数

资料来源：智联招聘。

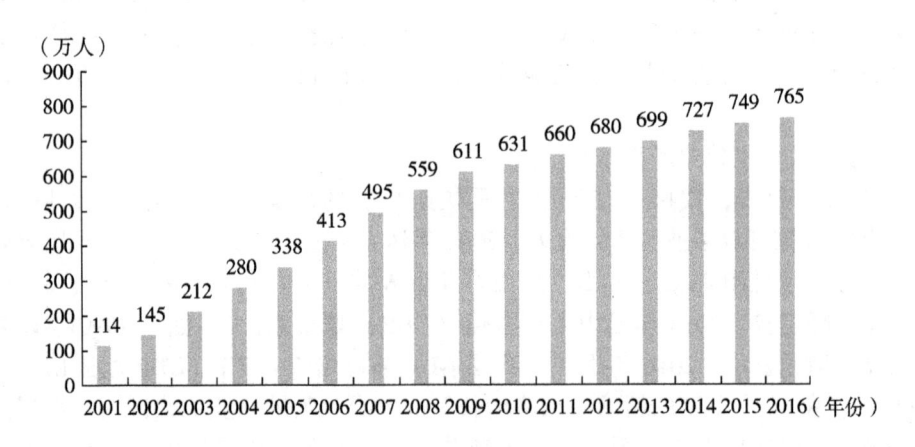

图4 2001—2016年我国高校毕业生人数

资料来源：人社部。

量的73%，中部就业机会占12%，西部就业机会占10%，而东北部就业机会仅占5%；但是，人口大省大部分在中西部地区。其次，城市分布不均。一线城市的就业人数最多，新一线城市对人才的吸引力也在不断上升，但二、三线城市人才外流的现象比较突出。一线城市在线职位数占比40%，新一线城市在线职位数占比28%，二线城市在线职位数占比20%，三线及以下城市在线职位数占比仅为

12%。再次，行业分布不均。在国家政策和新经济发展的带动下，互联网、金融等行业的就业景气程度最高，但传统服务、制造、能源、矿产等行业的招聘需求持续低迷。互联网行业 CIER 指数为 11.47、金融业为 4.24、交通和运输行业为 3.84，而传统服务、制造、能源、矿产等行业均小于 1，就业能力降低。最后，企业规模分布不均。微型企业的就业景气程度最高，人才需求最旺盛，但受到雇主品牌、福利待遇等因素的制约，人才供给面临不足；中小企业人才需求较多，竞争也最激烈；大型企业的招聘需求放缓，竞争同样激烈。

五、促进创业就业的政策建议

（一）转观念：以创业促就业

1. 将就业创业提升为"一把手"工程

各级行政部门应将就业提升为"一把手"工程，设立就业创业专项经费，加强保底就业服务。全国应建立公共就业信息服务网，及时发布相关的政策信息、招聘信息、用人单位信息等，不断完善网络功能，使区域就业信息与全国就业信息实现互动。同时，充分发挥各级就业指导中心的作用，以各种招聘会、推介会、宣讲会的方式，建立劳动者和用人单位之间更流畅、更有效的沟通交流渠道。

2. 规范灵活用工和劳动关系

应研究制定专门的劳务派遣用工政策，主要是规范劳务输出与劳务输入以及劳动者三方的关系、劳务派遣适用的范围及合同管理、劳务派遣员工与企业其他员工的平等权利等，使劳务派遣有章可循，保证该项工作的健康发展。要加大对侵犯灵活就业人员权利的行为的监察和处罚力度，尽量使灵活就业人员享有与全日制就业人员同等的权益。应研究和实行适合灵活就业形式的社会保险制度，主要是在缴费办法、缴费基数和比例、缴费年限等方面设计适中的标准，其方向应是降低门槛、灵活服务。对无用工单位的灵活就业形式，应确立灵活就业人员个人缴费的主体地位，并制定相应的政策积极为其提供服务。同时，也可探索和试行商业性保险的做法。

3. 提高国民就业参与率

中国劳动人口基数较大，但正规就业参与率不足 50%。亟待采取一系列激励政策，如根据国民平均寿命界定老人年龄[①]，建立职业养老金、住房公积金、个

---

① 人均寿命-养老金平均支付期数=老龄人口年龄。以 2014 年为例，城乡平均寿命为 76 岁，减去养老金平均支付期数（假设）15 年，当年老龄人口应为 61 岁。

人养老金账户等，鼓励国民参与就业；启动"50+"行动计划，扶助大龄人员从一产、二产向服务业转移，包括针对孩子和老人的服务业。

4. 实施积极的就业创业政策

构建就业创业驱动型的体制机制，充分发挥经济发展创造就业岗位的作用，着力提升劳动者的人力资本水平，使劳动者在就业、创业与职业转换能力建设上获得自主就业创业的内生能力，让市场机制在劳动力资源配置中起决定性作用。利用市场和法制的思维与手段，推动就业政策的法制化，反对就业歧视，确保就业公平，推动政府各项就业工作安排法制化。各级政府应着力出台普惠型、高质量的劳动力市场政策，摒弃政策对少数人的"优惠"，重点关注就业困难群体的就业问题，禁设门槛，消除制度歧视，规范各种限制条件，厘清禁止设置的"限制性条款"。着力推进重大项目建设，加大对中西部铁路、水利等重大项目的支持力度，增加就业岗位。坚持发展能够最大限度促进就业创业的包容性经济，坚持"创业创造就业"的新理念，尤其要重视非公经济、中小企业及灵活就业在吸收劳动力方面的积极作用。将各类劳动者就业与职业发展纳入统一政策体系，为促进平等就业创业提供制度统一、自由流动、公平竞争、保障有力的统一人力资源市场运行平台。

5. 加快产业结构调整和产业转型升级

从产业链角度看，研发设计、原料采购、经营管理、仓储运输、批发经营和终端零售等环节是吸纳就业的主要渠道。长期以来，我国产业结构落后，产业链在全球分工处于低端，产品附加值不高，无法吸纳高素质劳动力。除了加快"营改增"改革外，还应激活服务业市场，吸纳更多的劳动力。另外，需要加快我国产业结构调整，提升产品的研发设计能力和市场营销能力，抢占产业链全球制高点。唯有提高产品附加值，提升产业链价值，企业才有能力吸纳更多的劳动力。

（二）抓关键：解决企业用工难问题

1. 多措并举减少企业用工成本

建立更加公平、合理的费率决定机制，降低企业社保缴费比例，采取综合措施补充资金缺口。完善住房公积金制度，规范和阶段性适当降低企业住房公积金缴存比例，应规定住房公积金缴存比例不得高于12%。完善最低工资调整机制，健全劳动力市场体系。最低工资应继续"兜底线"，考虑满足低端劳动者及其赡养人口的基本生活需要，也应保障低端劳动者及其赡养人口的基本生活水平不因物价上涨而下降。各地最低工资标准应采取"差别化"政策，国家应进行"窗口"指导，引导各地最低工资标准与经济新常态下的当地经济社会发展指标相协调。

2. 大力扶持小微企业和创业者

要支持共享办公等分享模式的发展，培育专业的机构扶持小微企业和创业者，政府可以在用地、税收、社会保障等方面予以政策支持，支持专业的服务机构为小微企业和创业者提供专业的服务，包括人力资源、办公软件、财务和法律等专业知识、信息化等，帮助创业者降低创业成本。要发挥政策性金融的作用，通过金融机构为小微企业和创业者提供资金支持，通过减免利息税等优惠政策，扶持小微企业和创业者。

3. 对现有就业创业政策开展评估

积极邀请第三方机构对国家的就业和创业等重大政策进行评估，重点是政策落实情况，尤其要评估各地众创空间的运营效果、专项资金对当地创业和就业的拉动效应。要创新创业专项资金使用模式，采取公私合营（PPP）的方式建设创业孵化器，发挥市场在资源配置中的决定性作用，吸引民间资本建设众创空间。政府要着力营造良好的创业和就业环境，提高政府公共服务水平和能力，营造公平的市场竞争环境，简化行政审批，激发市场活力。在全国建立"双创"指数，利用"双创"指数对全国和各地创业与创新政策、效果、潜力及前景进行测评，推广成功经验，不断对政策进行更新迭代。

（三）防风险：制定针对大规模失业的预警机制和预案

1. 建立大规模失业预警机制

完善统计体系，对重点产业和重点区域重点跟踪，全面、准确地掌握就业和失业人员的各类信息。每月对企业就业岗位增减变化数量、原因等实施及时跟踪监测，尤其是要对钢铁、煤炭、水泥、电解铝等过剩产能行业进行重点监测。建立对行业企业的规模性、区域性失业进行监测预警的调控应急制度，建立以趋势特征和指标特征为主的黄、橙、红三级预警等级，开展分类分级预警，对不同级别的预警制订相应的调控应急方案。针对零就业家庭和失业家庭，应立即进行走访登记，了解家庭基本情况，进行实时跟踪，加强职业培训。

2. 降低创业者的风险

要具体出台鼓励公务员和事业单位人员创业的政策，通过停薪留职等政策减少创业者的风险，鼓励体制内人员创业，盘活优质人力资源。从社会层面应当鼓励天使投资、风险投资的发展。通过专业投资人来甄别有潜力的创业项目，给予资金和经验支持，降低创业者的失败风险，提高创业的成活率。从政策层面应织就一张"安全网"，尤其是完善最低社会保障制度，保障每个公民的最低生活。对创业失败的，政府应在再次创业或就业时给予倾斜政策。从宏观角度来看，应夯实低收入保障、医疗保险、失业保险等社会救济，打消很多创业者的生存顾虑。

3. 大力发展平台型经济，促进灵活就业

大力发展电子商务服务平台。推动电子商务平台向乡镇和农村延伸，支持省内大型电子商务企业走向世界，支持其拓展国际市场，建设面向全球产业链协作的跨境电子商务平台。大力发展分享经济平台，推动金融、住房、技能、生产等领域分享经济的发展，起草发布分享经济发展指南，从国家层面制定分享经济发展战略，鼓励分享经济平台企业吸纳灵活就业。支持互联网金融企业在风险可控的前提下加强信用创新和模式创新，着力构建具有网上支付、保险、融资和创投等多种功能的金融服务平台。在财政税收、土地利用、投融资、人力资源等方面给予重点支持，给予相应的制度性安排，推动平台企业整合产业链，延伸服务链。

(四) 抓重点：多措并举解决重点群体就业创业问题

1. 积极扩大大学生就业

政府要鼓励用人单位多吸纳高校毕业生就业，为各类企业，特别是中小企业和民营企业聘用高校毕业生提供便利的条件和相应的服务。通过城市社区和农村基层岗位补贴、助学贷款代偿、考研究生和考公务员加分，以及扩大"三支一扶""志愿服务西部计划""大学生到村任职""农村义务教育阶段学校教师特设岗位"等计划，多种手段鼓励毕业生到基层工作。加快小型城镇化进程，吸引更多毕业生在中小型城市就业。对大学生新办企业可以考虑试行"三免两减"的税费优惠政策。对限制大学生创业的法规和条例进行清理，创造大学生创业"零门槛"和"非禁即入"的环境。设立专项资金资助农村贫困大学生就业，给予政策优惠，鼓励大学生回乡就业和创业。加大对大学生有针对性的创业培训，实行创业手续的"一站式"服务，简化手续、降低费用。各地政府人事行政部门所属的人才中介服务机构，免费为自主创业毕业生保管人事档案（包括代办社保、职称、档案工资等有关手续），提供免费查询人才、劳动力供求信息，免费发布招聘广告等服务。加快大学生就业观念的转变，媒体应该大力弘扬正确的就业观念，鼓励大学生到艰苦落后、基层、工厂等需要人才的地方就业，引导家长改变"非国有单位不进，非事业单位不要"等固有观念，鼓励子女到更广阔的民营企业就业。

2. 安置好产能过剩行业的下岗职工

安置好产能过剩行业下岗工人是当前我国就业工作的重点，可以多措并举，采取企业、政府、社会共担的方式安排下岗职工。一是内部分流。引导企业自我吸纳，不把员工推向社会。支持企业利用现有场地、设施和技术，通过转型转产、多种经营、主辅分离、培训转岗等方式，多渠道分流安置富余人员。采取协商薪酬、灵活工时等手段稳定现有岗位。不裁员或少裁员的企业，可获得由失业保险基金给予的稳岗补贴。二是转岗就业创业。要求拟分流职工的企业提前制订好再就业帮扶计划，通过举办专场招聘活动、提供就业培训和指导、提供小额贷款等手段，帮助转岗工人就业和创业。三是内部退养。对产能过剩企业中距法定退休年龄五年之内，再就业有困难的职工，在职工自愿选择、企业同意并签订协议后，可实行内部退养。由企业发放生活费，并缴纳基本养老保险和基本医疗保险费，个人缴费部分由职工继续缴纳，达到退休年龄时正式办理退休手续。四是托底安置。对通过市场渠道确实难以就业的大龄困难人员和零就业家庭人员，各地应加大公益性岗位开发力度，提供兜底帮扶。

（五）谋长远：加快产业转型升级，建立完善法律法规

1. 适时启动修改《劳动法》

随着经济体制改革的深化，劳动关系主体日益多元化，既表现为用人单位所有制形式的多样化，也表现为"灵活用工人员""非正规就业"的大量出现。现有《劳动法》对于那些以岗位多、门槛低、机制活为特点，不同于传统的主流就业方式的各种灵活就业形式，如家庭作坊式就业，以及独立于单位就业的自由职业者等，都不能进行有效的调整。建议《劳动法》扩大调整范围，对新型劳动关系进行有效规范，把广大劳动者最大限度地纳入法律保护范围，规范用人单位在劳动合同签订、变更、解除和终止，工资支付，社会保险缴纳，工伤处理等方面的行为。

2. 破除城乡二元结构的不合理制度

取消"农业户口"与"非农业户口"的二元户口性质划分，建立城乡统一的户口登记制度。全面实行居住证制度，以居住证为载体，按照权利义务对等、梯度赋予权利的原则，逐步解决流动人口在劳动就业、子女就学、公共卫生、住房租购、社会保障等方面的实际问题，为实施阶梯式落户政策奠定基础。改革户籍制度和档案制度，按就业市场化的要求加快就业制度改革，促进劳动力自由流动。建立和实施阶梯式户口迁移制度，逐步放宽大城市落户限制。逐步实行同一行政区域内当地居民户口自由迁移，实现户口登记地与实际居住地一致。推进人社业务系统的省级集中，推动基础信息的集中统一管理，构建广覆盖、多层次、一体化的人力资源社会保障信息系统，推动人社信息资源开发应用，加快推行社会保障一卡通，实现跨业务、跨领域、跨层级、跨部门的信息共享和业务协同。健全一站式、覆盖全国的就业信息服务体系，推动就业信息全国联网，创造平等的就业机会，促进社会就业更加充分。加快普及应用居民健康卡，在全国实现一

卡通。

3. 提高制度和政策的灵活性

在数字经济背景下，现有法律和规范存在边界模糊的问题，相关的保险、税收、劳动法等法律法规也不符合数字经济发展的要求。数字经济将创造越来越多的灵活就业岗位，有利于实现整个社会的充分就业。而当前税收、劳动法、社会保障政策等制度僵化，不适应数字经济的发展。应着力提高政策的灵活性，可考虑按小时缴纳社会保险，要求个人和法人都必须依法纳税。加强信息时代商品和服务提供者的资质审查，调整数字经济模式下的财税政策，规范交易行为，保护交易双方和政府的合法权益。修改现有涉及数字经济的民法、商法、合同法、保险法等相关法规，提高社会经济政策的灵活性。

4. 大力发展职业教育

要进一步建立和完善适应社会主义市场经济体制，满足人民群众终身学习需要，与市场需求和劳动就业紧密结合，结构合理、形式多样、灵活开放、自主发展的现代职业教育体系。重点围绕现代生物与医药制造、电子及通信设备制造、新材料、新能源、汽车制造、金融和物流等现代服务业和先进制造业，构建职业院校、企业、社会三位一体的职业教育培训体系，着力培养一大批高素质的"蓝领"人才。推动职业院校与企业的合作，促进职业教育教学与生产实践、技术推广、社会服务紧密结合。加大对职业教育的支持力度，逐步增加公共财政对职业教育的投入。

5. 建立更加公平的社会保障制度

我国实行的是城乡二元社会保障制度，保障水平低、城乡保障水平差异大、区域信息分割和社会保障资金缺口巨大等是当前我国社会保障制度最主要的障碍。党的十八届五中全会提出，"要建立更加公平更可持续的社会保障制度"。任何公民都享有社会保障的权利，国家应实施全民参保计划，尤其要将2000多万失能贫困人口纳入社会保险体系，真正建立全覆盖的社会保障体系。由于社会保障缴纳费率较高，未来保障预期不明显，中断缴纳社会保险的人群规模呈上升趋势，国家应该降低缴纳费率水平，做实个人养老账户，鼓励居民参保续保。统筹救助体系，强化政策衔接，推进制度整合。把大学生纳入失业保险覆盖范围。完善失业登记制度，将未就业大学生纳入"低保"范围。

（本文完成于2016年12月，是中国行政体制改革研究会资助《2016—2017年度行政体制改革研究基金》课题部分成果。）

如何促进数字经济创造就业

数字经济作为一种新的经济形态,正成为转型升级的重要驱动力,也是全球新一轮产业竞争的制高点,将持续不断创造新的就业机会。2017年,数字经济首次写入我国政府工作报告。中国信息化百人会的研究报告显示,2016年,我国数字经济规模首次超过20万亿元,达22.4万亿元,增速高达16.6%,相当于国内生产总值(GDP)的30.1%。波士顿咨询公司发布的报告《迈向2035:4亿数字经济就业的未来》显示,到2035年,数字经济将吸纳4.15亿的就业人数,是未来经济持续发展的新引擎。但是,我国存在技术进步替代大量低技能劳动力、现有制度和法律法规不适应、某些政府产业政策制约我国数字经济发展、现有统计体系低估了数字经济对就业的贡献等问题。如何更好地发挥数字经济促进就业增长的优势,规避数字经济对就业的负面影响,需要修改法律和调整现有政策,以更好地适应新经济的发展要求。

一、我国数字经济已发挥了重要作用

(一)数字经济对我国经济下行起了缓冲作用

全球金融危机爆发至今,我国经济增速下行仍未结束,GDP增速从2007年的14.2%下降到2016年的6.7%,2017年GDP预计在6.5%左右。经济下行给我国财政收入和就业稳定带来了巨大压力。但正是在经济增长新旧动能转化期,我国大力发展数字经济,就业规模不减反增。党的十八大以来,我国高度重视数字经济发展,大力发展大数据、云计算、电子商务等新技术、新业态和新模式,我国数字经济规模迅速扩大,就业规模每年保持稳定增长。2010—2016年,我国GDP增长率从10.6%下滑到6.7%,但同期城镇新增就业人数从1168万人稳步上升到1314万人,这对于社会稳定、人民收入增加和稳定经济增长预期产生了重大作用。

(二)数字经济释放了大众创业和万众创新的潜能

数字技术正广泛应用于现代经济活动中,提高了经济效率,解放了旧的生产力,创造了新的生产力,促进了经济结构加速转变,正成为全球经济复苏的重要驱动力。数字经济是我国"双创"的重要实现方式,大量的创新和创业发生在数字经济领域。我国已是互联网第一大国，有7亿网民和4亿在线消费者，这都极大地降低了创业的门槛，激发了"大众创业，万众创新"的潜能。2011—2015年，腾讯开放平台共有600万创业者注册，其中有30家创业公司成为上市企业，这些企业从腾讯开放平台中获得的总收益超过了160亿元。

（三）数字经济缓解了产能过剩行业的职工就业难题

我国处于经济新旧动能接续转换阶段，传统产业淘汰过剩产能、去库存带来的严峻就业压力，可以靠发展数字经济来缓解。阿里巴巴、滴滴出行、京东、小米、百度、腾讯等数字经济的代表，显现出创造就业机会的巨大能量。滴滴出行年度报告显示，2016年滴滴出行平台创造了1750.9万个就业和收入机会，其中238.4万个来自产能过剩行业。数字经济帮助传统产业的劳动者获得新的工作机会，有力地抵消了淘汰过剩产能所减少的就业机会。

（四）数字经济创造了灵活就业等新就业模式

互联网技术赋予劳动者更多选择权和自由度，劳动者可以根据自己的技能优势和时间状况，选择灵活多样的就业岗位。劳动者和网络平台间是合作关系，平台为劳动者提供就业基础设施，劳动者可以在多个平台选择就业。国家信息中心发布的报告显示，2016年我国参与分享经济的人数达6亿人左右，参与提供服务的人数约6000万人，这其中大部分是灵活就业。阿里研究院预测，未来20年，8小时工作制将被打破，中国约4亿劳动力将通过网络自我雇佣和自由就业，相当于中国总劳动力的50%。

（五）数字经济对优化就业结构起到重要作用

大力发展数字经济可以促进我国就业结构持续优化，第一产业、第二产业和第三产业就业人员占比由2010年的36.7:28.7:34.6，变为2015年的28.3:29.3:42.4，第三产业对就业的贡献大幅上升。2016年第四季度《中国就业市场景气报告》显示，在能源、矿产、采掘、冶炼、印刷等传统行业就业难的情况下，互联网/电子商务、保险、基金/证券、交通运输、中介服务等行业的就业景气指数相对较高，其中互联网/电子商务的就业市场景气指数明显处于领先地位。

二、当前影响我国数字经济创造就业的问题

（一）技术进步将替代低技能劳动力，导致一些行业的就业减少

技术创新发展催生了新商业模式和新业态，打破了原有的产业格局。技术进步在不断创造新就业岗位的同时，导致技术性失业和结构性失业。电子商务蓬勃发展导致大量实体门店关闭，成千上万的零售人员失业；数字媒体发展导致大量传统纸媒和电视媒体从业人员失业；机器人的投入使用将导致大量流水线工人失

业；人工智能的广泛应用将导致一部分律师、研究助理、商业分析师和记者等失业。世界经济论坛发布的《2016全球人力资本报告》指出，到2020年，全球将会有700万个工作岗位消失，包括基础白领和蓝领技工等。

（二）就业统计体系低估了数字经济对就业的贡献

在数字经济环境下，灵活就业大量涌现。由于"众包"快速发展，出现了大量的兼职职业者；由于电子商务蓬勃发展，出现了大量自我雇佣者；由于互联网平台的发展，大量记者、咨询师、作家等自由职业者涌现。而现有的统计体系并未将灵活就业纳入国家正规就业统计体系，低估了数字经济对经济和社会的贡献。

（三）法律法规不适应数字经济发展要求，数字经济创造就业缺乏法律保障

现有的《劳动法》和社会保障政策并不能有效保护灵活就业。《劳动法》以标准工时制为基础，不适合灵活用工；《劳动合同法》对在职职工保护较多，在一定程度上造成劳动力市场僵化。此外，《劳动合同法》《社会保险法》和《社会保险费征缴暂行条例》等法律法规没能有效解决灵活就业人员的社保问题。

（四）一些管理制度仍处于传统经济状态，制约了数字经济的发展

当前我国社会管理和经济管理制度强调集权、层级管理、区域和条块分割，诸多管理制度和产业政策制约着数字经济的发展。数字经济具有去中心化、跨区域和跨行业特征，现行条块分割的行政管理体制难以适应。大量从事教育、出行、医疗、金融行业等的数字型企业，被要求完全按照线下经营实体资格条件取得相应的牌照和资质，从而提高了创业者的门槛。此外，现有税收制度都是基于区域行政的管理模式，但大多数平台型企业是跨地域的，因而地方对跨区域平台产生了排挤心理，不利于数字型企业整合资源。

三、促进我国数字经济创造就业的建议

（一）适时启动修改《劳动法》，规范灵活用工和劳动关系

建议《劳动法》扩大调整范围，对新型劳动关系进行有效规范，把广大劳动者最大限度地纳入法律保护范围，规范用人单位在劳动合同签订、变更、解除和终止、工资支付、社会保险缴纳、工伤处理等方面的行为。研究和实行适合灵活就业的社会保险形式，主要是在缴费办法、缴费基数和比例、缴费年限等方面设计适中的标准，其方向应是降低门槛、灵活服务。对灵活就业人员，应制定更加积极的社会保障政策，支持灵活就业。

（二）提高制度和政策灵活性，完善数字经济政策体系

着力提高税收、劳动法、社会保障等政策的灵活性，探索按小时缴纳社会保

险，个人和法人必须依法纳税。调整数字经济模式下的财税政策，规范交易行为，保护交易双方和政府的合法权益。修改现有涉及数字经济的民法、商法、合同法、保险法等相关法规，提高社会经济政策的灵活性。健全就业统计指标体系，完善统计口径和调查方法，建立数字经济就业新形态和创业情况的统计监测指标，更加全面地反映就业创业情况。

（三）大力扶持数字经济发展，通过创业带动就业

政府在用地、税收、社会保障等方面给数字经济创业者政策支持，支持专业的服务机构在人力资源、办公软件、财务和法律等方面提供专业服务，帮助创业者降低创业成本。鼓励金融机构为数字经济创业者提供资金支持，提供减免利息税等优惠政策。加快制定电子商务税费优惠政策。

（四）大力发展平台型经济，促进灵活就业

建立健全平台经济社会信用体系和信用评价制度，降低企业信用认证成本。创新平台型组织的管理模式，积极采用和推广"政府管平台，平台管企业"的模式。制定平台企业统计分类标准，开展平台经济统计监测。推动在金融、住房、技能、生产等领域发展分享经济，鼓励分享经济平台企业吸纳灵活就业。鼓励建立和发展各类生活服务平台，鼓励传统企业线上线下融合发展。完善低收入保障、医疗保险、失业保险等社会保障制度，减少创业者的生存顾虑。

（五）开展数字化工作技能培训，提高重点人群的就业能力

数字经济导致传统产业就业岗位减少或消失，大批传统加工制造企业人员、实体门店销售人员、传统纸媒从业者等面临重新择业。这些劳动者大部分仍处于适龄劳动阶段，政府要帮助这些人员再就业，提供新思维、新技能和新技术等方面的数字技能培训。试点推广"慕课"等"互联网+"创业培训新模式，大规模开展开放式在线培训。针对农村劳动力、困难群体、化解过剩产能职工等重点人群，提供有针对性的新技能培训，提高重点人群适应数字经济的能力。创新职业培训方式，实行国家基本职业培训制度，增强职业培训的针对性和有效性。创新培训补助方式，由政府安排培训转为由受众提出培训需求，再申请补贴的方式，提高培训补助的效果。

（本文完成于2017年5月，作为内参得到国务院领导批示。主要内容发表于2017年第5期《中国经济报告》，并选登在国家行政学院出版社出版的《数字经济干部读本》。）

盘活人力资源存量
挖掘人力资源潜力

当前我国大学生就业困难，而产业工人短缺；通用人才过剩，而高技能人才短缺；人口红利正在逐渐消失，而人力资源红利潜力巨大。这表明，我国劳动力市场结构性矛盾已十分突出。劳动力资源约束不仅制约着我国由"中国制造"向"中国智造"转变，同时也影响到我国2020年全面建成小康社会等战略目标的顺利实现。盘活人力资源存量，提升人力资源素质，挖掘人力资源红利潜力，应该成为未来一个时期我国人力资源政策的基本方向。

一、当前我国遭遇劳动力资源瓶颈

（一）"刘易斯拐点"的出现标志着人口红利开始逐渐消失

"刘易斯拐点"是指在工业化过程中，农村富余劳动力向非农产业转移时所产生的劳动力供求拐点，即劳动力供应从无限供应到有限供应的转变。从2004年开始，我国的长江三角洲、珠江三角洲以及内地一些地方逐渐出现"民工荒"，这标志着"刘易斯拐点"的到来，推涨了我国劳动力的工资，结束了我国农村劳动力无限供给的历史，表明支撑我国过去30年经济高速增长的廉价劳动力供给逐渐消失，即我国人口红利正逐渐消失。

（二）老龄化形势严峻

截至2011年底，我国60岁及以上老年人口已达1.85亿人，占总人口的13.7%，比上年末提高0.47个百分点。预计到2013年底，我国老年人口总数将超过2亿人，到2015年，老年人口总数将达到2.21亿人，占总人口的16%，人口老龄化形势严峻。按照联合国一个国家60岁以上老年人口达到人口总数的10%或者65岁以上老年人口达到人口总数的7%以上的统计标准，我国已经步入了老龄社会。

（三）劳动力人口绝对数量开始下降

2012年末，我国15~59岁劳动年龄人口为93727万人，比上年末减少345万人，占总人口的69.2%，比上年末下降0.6个百分点。这是相当长时期以来劳动年龄人口绝对数量的首次下降。人口和劳动力的供给波动变化是长期的，预计我国劳动年龄人口在比较长的一段时间，至少在2030年以前会稳步、逐步有所减少。

（四）出生率和自然增长率不断下降

我国出生率和人口自然增长率一直处于下降趋势，从1982年的22.28%下降到2012年的12.1%。与此同时，人口自然增长率从1982年的15.68%下降到2012年的4.95%。人口自然增长率下降标志着我国新增劳动力增长放缓，而老龄人口的比例会不断上升，这将进一步强化经济增长的劳动力资源约束。

（五）高技能人才短缺

随着经济结构的进一步转型和调整，我国对高技能人才的需求正飞速增长。麦肯锡报告称，2013年，接受调查的企业中有1/3很难找到高技能人才。到2020年，我国用人单位将需要1.42亿受过高等教育的高技能人才。如果劳动者的技能不能进一步提升，我国将面临2400万高技能人才供应缺口。

二、我国人力资源具有诸多新的优势

（一）拥有大批接受过工业生产训练的农民工

经过三十多年的改革开放和制造业发展，我国已经成为全球制造业大国，也因此培养了一大批具有较高职业素养的劳动力大军，大批农村转移劳动力接触到了现代制造技能和方法，有的已经掌握了现代企业的管理理念。国家统计局公布的数据显示，截至2012年底，我国农民工数量达到2.6亿人，这些农民工的平均年龄是37.3岁，这将依然是未来10年我国产业发展的主力军。

（二）农村劳动力转移的潜力巨大

据国际货币基金组织报告，2012年底我国农村人口有6.4亿人，转移出去的农民工有2.6亿人，考虑到我国农业耕作效率不断提高和农村适龄人口中的在校学生以及丧失劳动能力的群体，未来我国将会有1.5亿剩余农村劳动力需要转移，预计到2020年将会降至3000万人左右。农村剩余劳动力能否真正"剩余"，关键在于未来我国农业劳动生产与经营效率是否得到提高。

（三）受过高等教育的人群数量迅速上升

随着1998年我国大学生招生规模扩张，我国高等教育蓬勃发展，受过高等教育的学生规模迅速膨胀。目前，我国接受过高等教育的人群接近1亿人。世界银行预计，到2030年我国受过高等教育的人数将突破2亿人。与美国相比，当前我国受过高等教育的人数相当于美国劳动力数量的2/3，到2030年我国受过高等教育的人数将超过美国所有劳动力人数。

(四) 国家机关和事业单位是巨大的人力资源"蓄水池"

长期以来，我国实行的是"体制内"与"体制外"人事管理的"双轨制"，即公务员和事业单位职工享有较高的福利待遇与较完善的社会保障，而私营企业社会保障水平普遍比较低。因此，加入公务员队伍与事业单位成为我国社会就业的香饽饽，"体制内"就业也成为很多名牌大学毕业生的首选，"体制内"聚集了一批社会精英。截至 2012 年底，我国公务员总数为 708.9 万人，全国事业单位有 3000 多万正式职工，还有 900 万离退休人员。目前，我国公务员和事业单位职工还没有形成完善的人事退出机制，"体制内"成了我国人力资源巨大的"蓄水池"，行政与人事管理制度缺乏适当的灵活性，导致一大批人力资源错配和低效配置。

(五) 全球海外华人华侨数量增长迅猛

随着我国对外开放的不断深入，我国不断与世界融合，移民、出国留学、海外创业的全球海外华人华侨数量剧增。目前，全球华人华侨已超过 5000 万人。全球海外华人华侨普遍具有知识水平高、国际化程度高和开拓冒险意识强等特点，是优质的人力资源。随着我国经济对外开放程度向纵深方向发展和我国吸引海外人才政策日臻完善，全球海外华人华侨将会起到引领我国经济转型的作用。

三、盘活人力资源存量、挖掘人力资源潜力的政策建议

(一) 鼓励农民工返乡创业，发挥产业工人的技能优势

盘活农民工人力资源存量，积极引导一批有资金、有技术和有经验且创业意识强的农民工返乡创业，带动当地就业和经济发展。鼓励地方政府成立招商引资返乡创业服务领导小组，加强对农民工返乡创业的组织领导。通过统筹城乡创业服务平台，为农民工返乡创业提供全流程服务。出台农民工返乡创业土地税收等优惠政策，争取资金扶持，优化企业投资环境。强化农村创业信息化建设，提高返乡农民工创业质量。

(二) 提高农业生产经营效率，继续释放农村劳动力红利

加强农业科技创新能力条件建设和知识产权保护，继续实施种业发展等重点科技专项，加快农机装备、高效安全肥料等的研发，推进国家农业科技园区和高新技术产业示范区建设，切实提高农业生产经营效率。按照规模化、专业化、标准化的发展要求，引导农户采用先进适用技术和现代生产要素，加快转变农业生产经营方式。充分利用各类培训资源，加大专业大户、家庭农场经营者培训力度，提高他们的生产技能和经营管理水平。

（三）推动大学生向产业工人转化，为产业转型升级提供优质劳动力

改变大学生求职观念，鼓励大学生到工厂就业，缓解大学生就业压力。加强企业与高校合作，加大对大学生职业技能的培训力度，提高大学生的产业技能，鼓励其成为蓝领工人。出台税收优惠政策，鼓励有技术和实用专利的大学生投身于实体经济创业。鼓励大学生在农业、建筑业、制造业、商贸等传统产业就业，为传统产业转型升级提供智力支撑。

（四）加快公务员和事业单位人事制度改革，鼓励劳动力自由流动

逐步推广人事聘用制度，完善岗位管理制度，普遍推行公开招聘制度和竞聘上岗制度，建立健全考核奖惩制度，形成健全的管理体制、完善的用人机制和完备的政策法规体系。国家确定事业单位通用的岗位类别和等级，事业单位则按照有关规定自主确定岗位，自主聘用人员，实现按需设岗、竞聘上岗、按岗聘用、合同管理。按照"老人老办法"和"新人新办法"，统筹事业单位和公务员养老保障制度，逐步消除公务员、事业单位与企业的二元社会保障制度。

（五）多管齐下吸引海外华人参与我国经济建设，提升我国经济的全球竞争力

继续实施引进海外高层次人才的"千人计划"，重点引进具有影响力的专家学者，在国际知名企业和金融机构担任高级职务的专业技术人才和经营管理人才，拥有自主知识产权或掌握核心技术、具有海外自主创业经验、熟悉相关产业领域和国际规则的创业人才。建立人才移民制度，改革国籍、绿卡和签证制度，完善移民"绿卡"制度，简化往返国内的签证手续，吸引海外顶尖人才回国或入籍。建立与产业结构调整相适应的国家风险基金与担保机构，通过与产业、项目、资金相结合的政策，吸引和凝聚海外高端人才。建立留学人员创业导师库和留学人员回国创业榜样库等制度，为海外高层次人才创业提供培训和导向服务。

（六）适度放开计划生育政策，延缓我国劳动力人口数量下降的趋势

面对新的人口形势变化，再造人口资源比较优势，是未来人口政策调整中需要解决的核心问题。我国应实施"生育自主，倡导节制，素质优先，全面发展"的新人口政策。近期应调整目前的计划生育政策，有计划地放开二胎生育政策。首先，选择部分城市地区和严格执行一胎政策的农村地区放开二胎试点；其次，在实行"一胎半"政策的地区逐步放开二胎政策（即有的地区第一胎为女孩的夫妇可以生二胎），最终实现全国全面放开二胎的目标。

（本文完成于2013年7月，作为内参报送有关部门参阅。）

当前我国金融体系中的主要潜在风险及其对策

一、外汇市场波动加剧，对经济的负面影响上升

（一）外汇市场风险分析

2015年8月11日，人民币汇率机制进行新的改革之后，人民币兑美元汇率逐渐走低，外汇市场波动加剧。近期汇率走势趋稳，但基础不牢。汇率波动由多种因素造成，预期和投机是主要因素。经济下行为投机者提供了口实，市场对经济形势预期不稳也放大了汇率波动。美联储开始加息，中美之间利差缩小，资金流出带动汇率贬值。由于在岸市场和离岸市场联系紧密，国际市场影响加大，导致人民币汇率在岸、离岸市场波动加大，使得汇差套利激增，资本外流加快。我们估计，2015年资本外流规模约为6000亿~7000亿美元。

资本流出加速的主要原因是：经济增速放缓，结构性问题突出，投资动力不足。其他原因还包括：国内股市下行，国际经济形势分化，美国加息缩减利差，以及人民币汇率贬值预期上升。资本外流已对货币环境造成一定程度的冲击，导致外汇储备急剧下降。3月外储虽然呈现微弱上升，但主要是受非美元货币对美元升值的影响。资本加速流出也对金融体系形成压力，增加了不稳定因素。

（二）政策建议

一是以预防为主，化解各种潜在风险。主管部门应加强与市场的沟通，稳定市场预期，防范羊群效应和踩踏事件，承诺人民币汇率参考一篮子货币保持基本稳定。协调推进利率和汇率市场化改革。增加债券交易品种，完善国债期限结构和收益率曲线，构建疏导货币政策传导机制。扩大外汇市场参与机构类型，拓宽市场深度与广度，适度扩大人民币兑主要货币汇率浮动区间，平抑市场异常波动。有序推进境内外人民币的利率、汇率接轨，扩大债券市场参与主体的范围，吸收国际开发性金融机构和其他符合条件的金融机构进入上海银行间市场。适时开征金融交易税，抑制短期资本频繁流动。完善跨境资本流动风险监测预警指标体系，健全外债管理制度。做好压力测试、情景分析，防患于未然。在上海推出

人民币期货交易，掌握人民币汇率定价权。

二是稳步推进资本账户对外开放。未来五年是我国加快资本账户开放的关键时期。上海作为在岸国际金融中心，中国香港作为离岸国际金融中心，应该携手合作，相互支持。鼓励经贸伙伴使用人民币，在全球扩大布点，形成离岸人民币业务中心网络。扩大与人民币直接交易的货币种类，发挥中国香港在人民币离岸业务中的"一传手"作用，同时发挥新加坡、悉尼、首尔、中国台北、伦敦、法兰克福、多伦多等的"二传手"作用。在海外形成市场化的人民币利率和汇率指标体系，为央行汇率政策提供参照。做大亚洲债券市场，完善海外人民币支付结算体系，发挥中央银行的主导作用，利用东道国现有银行体系，包括信用卡和互联网等手段，促进人民币在国际市场上的广泛流通。

二、商业银行坏账增加，潜在风险不容忽视

（一）商业银行风险分析

2015年第四季度，我国商业银行整体不良贷款率为1.67%，其中农村商业银行的不良贷款率最高，达到2.48%；但从国际横向对比来看，经合组织国家近年平均的银行不良贷款率维持在3.5%左右，因此，目前国内商业银行不良贷款水平相对较低。但是，实际情况可能比数字体现的要严重得多。2016年第一季度，金融机构新增人民币贷款4.61万亿元，规模创下历史新高，较2015年同期增加了近1万亿元。其中，长期信贷资金的相当部分可能用于借新还旧，实体经济实际受益程度因此打了折扣，银行坏账可能会被掩盖。总体来看，一季度这种大规模信贷扩张形势难以持续。随着去产能和供给侧结构性改革深入，金融机构将收紧对落后产能的信贷条件，并将关停、清理靠政策性贷款输血的"僵尸企业"，其背后大量坏账将浮出水面。

（二）对策建议

在相当长的时间内，商业银行仍将是我国金融体系的主体部分。面对新形势，商业银行应积极调整思路，创新管理方式，防范潜在风险。

第一，通过资产证券化和融资证券化，化解资产负债期限错配风险。针对长期按揭贷款，以其未来现金流为支撑发行债券，根据投资者风险收益偏好，设计不同的证券化产品，如按揭贷款支持证券（MBS）和抵押债务凭证（CDO）等，实现期限转换，分散和转移风险。同时，通过融资证券化，把期限较短的储户资金变成长期、可稳定使用资金，以实现银行负债的长期化，典型形式即大额可转让定期存单（CDs）。

第二，转变服务重心，深挖客户潜在需求。降低对"两高一剩"和"僵尸

企业"贷款的比重,支持产业转型升级和企业并购重组。加大对战略性新兴产业、居民生活服务业、创业群体和小微企业的信贷支持,大力发展绿色金融、普惠金融和消费金融,深挖各类客户的个性化需求,提供高适配性的金融服务。加快从传统的存贷汇等转向提供适应跨界竞争的顾问式解决方案,满足客户资产负债管理、财富管理、资本运作、创新孵化、产业链组织、交易管理、行业解决方案、数据分析和信息技术服务等多样性的金融服务需求。

第三,加快产品创新。现在我国银行存款实际利率为负值,金融产品结构单一,这不利于保护储户的利益,应加快银行产品创新。"十三五"期间,我国银行产品创新的主攻方向应是资产证券化。在长期信贷资产中拿出20万亿元,通过证券化来提高人们的投资收益率。对于中低收入群体,通过互联网手段提升其消费能力。

第四,提升银行的国际竞争力。全面提升银行机构的互联网金融和物联网金融服务能力。建设综合金融、产业协作服务平台,提高专业服务能力。提供具有行业针对性和客户适配性的个性化解决方案,支持产业链、金融服务链分工协作。建设适应市场需求和监管要求、具备灵活机制和协作能力的管理架构、快速反应和协同机制。培养专业化人才队伍,完善一体化的营销服务模式,建立高效决策协调机制、专业规划引领机制、正向考核激励机制和业务保障体系。

第五,发展中小金融机构,开展灵活多样的金融服务。加快发展村镇银行、小贷公司、融资租赁公司、融资担保公司,与商业银行形成配套,助推创新创业活动深入开展。融资租赁非常有利于大型装备制造业发展,应该大力推广应用。融资担保对小微企业发展非常重要,应借鉴中国台湾中小企业信用保证基金的经验,完善我国小微企业融资担保体系。

三、证券市场需要修复,各项改革应稳定推进

(一) 证券市场风险分析

股票市场方面。主板市场大幅下跌。上证综合指数收盘价从2015年6月12日的5178.19点跌到2016年4月15日的3078.12点,A股市值也因此减少了近30万亿元。尤其是年初实行熔断机制,导致股市大幅下跌,严重影响了投资者信心的恢复。随着主板市场大幅下挫,创业板市场也出现了"过山车"行情。2015年6月以来,创业板指数下跌过半,市值下跌接近50%,市盈率也由140倍下降到49倍。在不到一年时间里,创业板市盈率减少91倍,这对市场信心造成沉重打击。与此同时,市场对注册制改革信心不足。目前,股票市场并未做好相应准备,赔偿制度不健全、信息披露制度不完善、退市机制不健全、股市投资者

结构不合理、股市估值偏高等问题依然突出。注册制匆忙实施，可能会加剧股市震荡。

债券市场方面。一是信用风险上升。近些年，债券市场迅速扩容，扩容太快本身也是一种风险。2015年，我国债券市场发行各类债券规模高达22.9万亿元，较2014年同期增长108.3%。截至2015年底，各类债券余额48.8万亿元，同比增长38.1%。在当前经济下行、企业库存高企、银行坏账增加的背景下，债券违约风险加大。从公开数据看，2014年有6只债券违约，2015年有24只债券违约，2016年至2月底已有5只债券违约，即将赶超2014年全年债券违约数量。二是债券收益率大幅下降。2015年12月末，1年期和10年期国债收益率分别由2014年底的3.2586%和3.6219%下降到2.2979%和2.8215%，分别下降了0.96个百分点和0.8个百分点。10年期与1年期国债期限利差为0.52个百分点，较2015年末扩大0.16个百分点。其中，公司信用类债券收益率曲线大幅下行，年末5年期AAA、AA+企业债收益率较2014年末分别下降了1.5个百分点和1.72个百分点。

（二）对策建议

一是夯实股票注册制改革基础。建立适应注册制改革要求的民事赔偿制度，保障投资者依法获得赔偿的权利，让违法者付出高昂的成本和代价；完善中介机构特别是保荐机构和会计师事务所的执业规范和监管规则，落实中介机构的勤勉尽责和信息披露把关责任；加强对欺诈发行和虚假信息披露的惩罚力度，通过责令回购股份、先行赔付等方式，使投资损失获得及时补偿；严格实施上市公司退市制度，对欺诈发行和重大违法上市公司实施强制退市；积极开展新股发行注册制压力测试和相关准备，做好市场大幅波动的应急预案。

二是加快《证券法》修订。新《证券法》应为新股发行注册制的实施提供法律基础，提高欺诈发行处罚标准，为上市公司现金分红提供法律安排，逐步取消证券管制的行政许可，新增禁止跨市场操纵条款，严惩利用"未公开信息"进行内幕交易的行为，修改和新增有关境外上市的法律法规，完善上市公司退市条款。

三是改善金融机构和上市公司治理。加快推进混合所有制改革，创新国有资本管理模式，推广市场经理人制度，强化派驻纪检组的作用，优化大型国有金融机构公司治理，建立股东大会、董事会、监事会及高级管理层等组织机构职责分工的权力制衡机制，完善风险控制体系。完善上市公司及证券中介机构内幕交易人员持股报告制度。

四是优化金融市场结构。提高直接融资比例，完善多层次资本市场体系。在股票市场方面，大力发展机构投资者，丰富投资品种，完善市场机制，提高运行效率。在债券市场方面，改革债券发行制度，规范信息披露制度，充分发挥自律监管组织和市场中介机构的作用，减少债券发行和交易的相关税收与费用，鼓励个人参与债券市场投资。增加社保基金、企业年金、保险公司等对证券市场投资的比重。加快引进合格境外机构投资者（QFII），增加其投资额度。扩大人民币合格境外机构投资者（RQFII）试点范围和投资额度，扩大双向跨境的交易所交易基金（ETF）规模。

五是完善金融监管体系。建立宏观审慎政策框架，强化央行监管职能。在"三会"成立审慎监管局，负责行为监管和金融消费者权益保护。完善"一行三会"协调机制，重点强化人民银行和银监会的协调，建立信息共享平台，加强对跨行业跨市场交叉性金融业务的联合监管。

（本文与林江于2016年12月合作完成，是在中国国际经济交流中心徐洪才副总经济师指导下的基金课题成果。）

人民币加快国际化背景下我国金融体系面临的潜在风险及对策

一、人民币国际化背景下我国金融体系面临的潜在风险

（一）外汇市场

目前，受人民币远期汇率下降、外汇储备减少和衰退性贸易顺差扩大的影响，人民币贬值风险将继续存在。一是衰退性贸易顺差影响汇率稳定。2015年10月出口1924.14亿美元，同比下降6.9%；进口1307.74亿美元，同比下降18.8%；顺差616.40亿美元，扩大34.88%。二是汇差带来的套汇风险。人民币远期汇率低于在岸即期汇率反映了对人民币汇率的贬值预期，一些投资者选择做空人民币各类产品，现期按一定汇率以美元为抵押获取人民币，到期日按先前汇率结算获利。三是外汇储备下滑明显。从2014年6月最高点近4万亿美元到2015年8月的3.56万亿美元，约减少4400亿美元，而8月比7月骤减939亿美元，是历史最高单月跌幅。四是存在资本加速外流的趋势和风险。考虑8月外汇储备减少939亿美元，去掉贸易顺差584亿美元，还尚未去掉流入的外商直接投资（FDI），资本净流出就已超过1500亿美元，创下了惊人的历史纪录，实际资本流出可能更多。

（二）股票市场

2015年6~9月，我国股市经历了一场剧烈震荡，给投资者带来了巨大损失，暴露了我国股市在监管、金融机构公司治理、投资者结构、公司上市发行制度等方面存在的问题。在监管上，大量场外配资处于监管真空状态，监管技术手段落后，无法即时有效跟踪分析股市风险；在金融机构的公司治理方面，监事会和独立董事发挥的监督作用不够；投资者结构也不尽合理，散户占投资者的八成左右，缺乏专业知识，风险意识较差；发行制度方面，目前仍然实行审批制，大量公司信息造假，投资者无法依据真实信息做出理性投资决策。另外，股指期货、融资融券、高频程序化交易等已经相当普及，而相关制度并不完善，对出现的一些新情况，监管部门又常常反应迟缓。特别是对于一些新的内幕交易和操纵市场行为打击不力，对市场过度投机情绪缺乏前瞻性疏导和正确引导。

(三) 债券市场

一是市场规模太小。截至 2015 年 11 月，债券市场总规模为 46.4 万亿元。2014 年底，债券市场规模占国内生产总值（GDP）的比重为 56.59%，而美国和日本的这一比例高达 200% 和 250% 左右。二是投资主体比较单一，个人投资者比例较低。2014 年我国国债个人投资者持有比例不到 2%，而银行持有国债达 70%，个人持有比例远远落后于美国、日本和英国等发达国家成熟债券市场。三是市场流动性不足。由于多数金融机构市场判断趋同，对债券以持有而非交易为主要目的，导致债券交易流动性不足。四是多头监管，难以形成监管合力。银行间债券市场由中国人民银行监管，交易所债券市场由证监会监管，商业银行柜台市场由中国人民银行监管。五是托管结算体系分散。全国银行间债券市场和商业银行柜台交易市场的登记结算机构为中央国债登记结算有限责任公司，交易所债券市场的登记结算机构为中国证券登记结算有限责任公司。六是国债市场国际化程度较低。持有人多为国内机构，2014 年国有机构持有国债比例高达 95% 左右。

(四) 商品期货市场

一是定价缺乏国际影响力。大宗商品现货和期货市场的定价权均被英美等国控制，而且主要以美元计价。二是市场套期保值作用有限。期货市场的套期保值可以为企业避免由原材料价格波动、产品价格变化和人民币汇率调整等带来的风险提供风险管理手段。但现实情况是，参与期货市场交易主要是为了投机炒作。三是产品结构不合理。以商品期货为主，金融期货及场外衍生品发展严重滞后。四是投资者结构不合理。市场参与者多为本国企业和个人，外资机构和投资者参与程度不高。此外，我国期货市场主要以散户为主，法人占比不到 3%，机构投资者和套期保值企业参与程度较低。

二、应对潜在风险、维护金融稳定的建议

(一) 构建适应人民币国际化要求的风险管理体系

加强"一行三会"间的金融监管协调，完善现行协调机制，建立和完善信息共享平台，明确央行对系统重要性金融机构和金融控股公司拥有监管职能，负责宏观审慎管理和系统重要性机构的监管，以及对系统性金融风险的监测、评估、处置。对金融控股公司以理财产品、私募基金、场外配资等为代表的跨行业跨市场交叉性金融业务实施监管全覆盖。完善集中、统一、全球化的货币支付、清算、结算体系，以适应人民币国际化过程中对货币安全的需要；建设统一的金融产品登记、托管、清算、结算系统，以适应综合经营进程中对金融市场安全的需要；建立统一、全面、共享的金融业综合统计体系。完善金融监管组织和制度

体系，依法开展跨境人民币业务的银行必须建立"外汇人民币"账户。适时推出跨境资本交易税，即托宾税，防范国际热钱投机的风险。建立健全预警机制，实时监控往返境内外的资金，全面跟踪股票市场资金流动和交易等情况。完善境外人民币清算体系，严格境外人民币清算的清算机构资格审查，动态监测异常的交易行为。完善国际收支统计分析体系，将"外汇人民币"纳入国际收支统计分析范畴。

（二）完善宏观审慎管理框架，做好市场预期管理

我国已经是系统重要性国家，要自觉减小宏观经济政策的负面溢出效应，防止人民币贬值过快和股市大幅波动对全球市场造成冲击。应建立并完善识别和检测系统风险的指标体系，储备干预系统性的政策工具，做好压力测试和情景分析。与此同时，应做好市场的预期管理。短期内人民币应该适度贬值，但也要防止贬值预期过高，陷入类似1997年东南亚金融危机的恶性循环，特别是要防止出现羊群效应和踩踏性事件。当前股市监管的首要任务是稳住市场信心，恢复市场功能，加强制度建设，发挥媒体在引导市场预期中的作用，防止市场出现过度投机或做空情绪，维护市场稳定。

（三）加快离岸金融中心建设，稳步推进资本账户开放

确立中国香港在人民币离岸中心的枢纽地位。将新加坡、首尔、中国台北、伦敦、多伦多、法兰克福等地打造成人民币国际化的重要支点，发挥"二传手"的作用。我国应争取获得环球同业银行金融电讯协会（SWIFT）的支持，加强与各国中央银行的合作，扩大货币互换；充分利用境外各国银行体系，发展代理行网络；同时，我国金融机构应加快"走出去"，积极形成合理的境外机构网络布局。有序推进人民币资本项下可兑换，实行负面清单外汇管理制度，逐步放宽对市场主体运用外汇的限制和推进资本市场双向开放。在沪港通基础上，探索资本市场与周边地区和国家资本市场的互联互通，为境外人民币提供更多的回流机制。逐步放开对合格境外机构投资者（QFII）、人民币合格境外机构投资者（RQFII）交易范围的限制，增加QFII、RQFII在银行间债券市场以及交易所市场的债券回购交易额度，提高境外机构投资者的市场参与度。加快人民币产品创新，推出多种期限结构的人民币债券，以及人民币股票、基金和权证产品，丰富离岸人民币产品。扩大外汇市场参与机构类型，拓宽市场深度和广度，进一步扩大人民币兑主要货币汇率浮动区间，适时推出外汇平准基金，平抑汇市价格异常波动。有序推进境内外人民币利率和汇率接轨。加快推出原油期货合约、黄金国际板远期和期权交易，积极推进商品期权、商品指数、碳排放权等新交易工具上市。大力发展金融衍生品，适时推出人民币期货，加快推出期货期权交易。积极

推进期货市场对外开放，在成熟品种上引入境外投资者，扩大交割试点范围，鼓励交易所积极开展对外合作，增强国际竞争力。

（四）改善金融机构公司治理，优化金融市场结构

应进一步推进混合所有制改革，创新国有资本管理模式，培育经理人市场，强化派驻纪检组的作用，优化大型国有金融机构股权结构，建立股东大会、董事会、监事会及高级管理层等组织机构职责分工的权力制衡机制，完善风险控制管理体系，包括信用风险、市场风险、操作风险的评价和控制体系。提高企业直接融资比例，完善多层次资本市场体系。在股票市场方面，应大力发展机构投资者，改变过去性质单一、散户占主体的市场结构。在债券市场方面，应改变债券发行制度，规范信息披露制度，充分发挥自律监管组织和市场中介机构的作用，减少债券发行和交易的相关税收与费用等，鼓励个人参与债券市场的投资与交易。在商品期货市场方面，引入各类机构投资者。完善银行、保险、证券、基金等金融机构参与期货交易的政策。减少对产业客户、国有企业等利用期货市场进行风险管理的限制，抑制市场过度投机行为。

（五）完善金融市场相关制度

一是完善法律法规。加快《证券法》修订，推动《期货法》尽快出台，梳理整合期货市场制度规则，统筹兼顾商品与金融、期货与期权、场内与场外衍生品市场的发展。二是强化信息披露制度。完善上市公司内幕人员及律师事务所、证券公司、会计师事务所等证券中介服务机构等内幕交易人员持股报告制度。强化上市公司责任人的信息披露义务，对上市公司的并购重组、业绩预告、利润分红等重大事件的信息披露情况进行重点监测，对虚假披露信息者制定严厉的惩罚措施。三是完善内幕交易民事赔偿制度。应通过立法提供高效、便捷的诉讼途径。打击内幕交易行为，完善内幕交易民事赔偿制度。四是加强跨市场、跨境监管。加强国际合作，严厉打击跨境市场操纵等违法违规行为，维护市场"三公"原则，保护投资者，尤其是中小投资者合法权益。五是推进股票和债券发行交易制度改革。规范股票和债券发行，由审批制改为注册制和备案制。转变政府管理职能，监管部门集中精力做好事中事后监管，维护市场秩序，保护投资者合法权益。六是完善企业外汇风险管理制度。做好应对汇率双向剧烈波动的各种准备，强化企业的汇率风险管理意识，制定系统有效的汇率风险管理策略。在汇率出现大幅波动时，选择有利的计价货币，灵活采取提前支付或延迟支付手段及金融衍生工具，及时规避汇率风险。

（本文与刘翔峰、綦鲁明于2014年12月合作完成，是在中国国际经济交流中心徐洪才副总经济师指导下的基金课题成果。）

关于国开行重新定位及深化改革的建议

一、国开行为什么要重新定位为开发性金融

(一) 开发性金融是现代金融体系不可或缺的重要组成部分

开发性金融是指通过建立具有国家信用的金融机构,为特定需求者提供中长期融资服务,推动服务对象和自身业务稳定发展,从而实现国家战略目标的一种金融形式。商业性金融以追求利润为主要目标,而开发性金融主要是为了弥补市场失灵和政府功能不足,维护国家经济安全,增强国家竞争力,同时自身又具备可持续发展能力。开发性金融是政策性金融在引入市场化运作机制下的新发展。在长达200多年的政策性金融发展历史中,政策性金融作为一种特殊制度安排,具有强大的生命力。政策性金融从19世纪初期出现以来,不仅广泛存在于发展中国家,也存在于市场体制和金融体制完善的发达国家,成为市场机制的有益和必要补充。美国、日本、德国、韩国都存在较大规模的政策性金融机构。目前,作为政策性金融最新表现形式的开发性金融,其战略地位与不可替代的作用日益凸显,它在贯彻与实现国家经济金融战略、社会发展战略、对外经济战略和政治外交战略,维护国家资源安全、经济安全以及提高国家国际竞争力等方面,比商业性金融更直接、更有力。开发性金融的地位是战略性的、不可替代的。

(二) 我国迫切需要大力发展开发性金融

在未来相当长的时间里,我国仍将处于社会主义初级阶段,"发展"特点突出,"建设"任务繁重,存在不少瓶颈领域和薄弱环节。特别是完成"两个一百年"奋斗目标和"五位一体"总体布局,完善基础设施、调整产业结构、推动经济转型、鼓励企业"走出去"、发展普惠金融、改善民生和社会保障、保护生态环境等建设任务十分艰巨,而且实施新型城镇化、棚户区改造和能源资源保障等国家战略对发展中长期投融资提出了巨大需求。这些领域财政资金涉足有限,商业银行资金介入意愿低下,将国开行定位为开发性金融,是我国经济社会可持续发展的需要。

（三）国开行定位为开发性金融具有独特优势

国开行从成立之初就定位为政策性金融机构，服务于国家战略。国开行主要靠股东筹资和发债融资，没有商业网点吸收存款。从历史沿革和现实情况看，国开行并不具备转型为商业银行的基本条件。相反，过去二十多年，国开行积极践行开发性金融，探索出了一条符合我国国情的开发性金融发展道路，即以国家信用为依托，以资金运用保本微利为原则，以市场化为基本运作模式，以建设市场、信用、制度为核心原则，以银政合作和社会共建为主要抓手，发展中长期投融资业务，服务于国家经济与社会发展战略。国开行作为我国最大的政策性金融机构，在支持国家基础设施、基础产业、支柱产业等重点领域建设，促进投融资体制改革，探索金融创新和金融合作，以及支持经济社会发展中发挥了重要作用，国开行定位为开发性金融具有独特的优势。

二、目前国开行发展与改革面临的主要问题

（一）战略定位不清晰

长期以来，国开行一直从事的是外部性较强、盈利能力较低、难以获取商业金融支持的基础设施、能源交通、城镇化、西部开发等领域的信贷业务。2008年，国开行成立股份有限公司，确定了商业银行的战略定位，使得国开行的改革发展面临诸多体制机制障碍，这种尴尬的定位严重限制了国开行服务于国家战略目标。

（二）债信缺乏长期性和资金来源单一

2008年改革后，国开行长期债信一直没有明确，目前采取"一年一延"的权宜方式，资金来源面临困难。国开行单靠发债具有脆弱性，容易受到市场波动的影响，在流动性趋紧的情况下，发债难度增大和成本升高。此外，一些大型商业银行对国开行的授信已接近上限，近几年已基本不再新增投资国开行债，严重制约了国开行的中长期融资能力。

（三）国开行资本补充渠道有限

国开行业务以中长期贷款为主，具有风险资产占比高、资本消耗大的特点。如按新资本管理办法，2013年底，国开行一级资本充足率已经低于监管标准。国外开发性金融机构一般通过立法，建立国家注资、税收返还、免税、免分红等多种资本补充渠道，以保持较高的资本充足率。目前，国开行资本补充渠道有限，制约了国开行进一步发挥作用。

（四）监管标准不匹配

国开行是中长期投融资银行和债券银行，资产以集中、大额、长期贷款为

主,负债以依托国家债信发债为主,贷款集中度高,在贷款集中度、资本充足率、资本利润率和流动性等指标上,难以简单套用商业银行监管规则。从国外看,开发性金融机构均实行专门的监管评价标准。

(五) 绩效考核不适宜

由于业务特点不同,开发银行的盈利能力远不能与其他商业银行相比。国开行发债来自商业银行的"二手资金",筹资成本高于商业银行,息差较薄;营业收入结构单一,非利息收入有限;中长期信贷风险权重大,占用资本多,但是国开行未能建立区别于商业银行的绩效考核体系。

三、深化国开行改革与发展的对策建议

(一) 坚持国开行开发性金融机构的定位和发展方向

中共十八届三中全会提出了"推进政策性金融机构改革"的要求,因而明确国开行政策性金融机构的性质,是贯彻落实中共十八届三中全会精神和国务院决策部署的具体举措。与传统政策性银行相比,开发性金融的效率更高、作用更大,更符合我国国情和发展阶段的需要,符合"使市场在资源配置中起决定性作用"的改革方向,在中国有广阔的发展空间。在下一步深化国开行改革中,应重新明确国开行开发性金融机构的定位和发展方向。

(二) 明确国开行的长期国家债信,支持国开行拓展多元化的中长期资金来源

目前,国开行债信政策已得到阶段性延续,应进一步明确国开行的长期国家债信政策。在此基础上,国开行要不断探索其他中长期资金来源,以增强筹资稳定性,实现可持续发展。继续支持国开行依托国家债信发债筹资,同时创新金融债发行渠道与方式,依法受托管理和运用财政资金、财政贴息、财政专项资金、国债资金、社保资金、住房公积金、养老金、存款保险资金、外汇储备等政策性资金,以及各类法定保证金、保值储蓄存款等,从而拓展多元化的中长期资金来源。

(三) 建立国开行集团组织架构

结合中共十八届三中全会提出的研究建立城市基础设施、住宅政策性金融机构的要求,建议借鉴国际经验,立足中国国情和国开行实践,以建立住宅金融事业部为契机,建立国开行集团组织架构。在母公司层面,抓紧推进住宅金融事业部试点,以此为突破口,探索完善国开行集团架构。在子公司层面,在服务国开行大局和协同业务的前提下,着力推进市场化运作,条件成熟时推动部分子公司上市,增强资本实力和市场竞争力。

第一篇　经济新常态下的机遇与挑战

（四）建立系统、配套的制度安排和政策支持

第一，建立持续的资本金补充机制。包括：财政部、汇金公司等股东单位通过增资，以及利润不分红、税收返还等方式补充资本；也可以考虑国家利用外汇储备注资；通过发行资本工具、优先股等方式完善外部资本补充渠道。第二，针对中长期投融资和债券类银行特点，为国开行建立差异化的监管考核标准。制定差异化的资本监管政策，对政策性业务给予优惠风险权重，继续探索完善对贷存比、贷款集中度、流动性比例、监管评级等方面实施差异化的监管标准；研究建立以"突出服务国家战略，侧重风险控制，兼顾利润回报"为导向的绩效评价体系。第三，完善开发性金融机构的治理结构。可借鉴德国复兴信贷银行等国外开发性金融机构的经验，增加由发改委、财政部、人民银行、商务部、住建部等国务院有关部委代表担任的非执行董事，以更好地体现服务国家战略的宗旨要求。第四，在明确国开行定位和架构的基础上，适时推进国开行立法。可先从修订国开行章程入手，积极推进制定《国家开发银行条例》，使国开行纳入依法经营、依法管理的法治轨道。

（本文与徐洪才于2013年7月合作完成，由中央政策研究室原副主任、中国国际经济交流中心副理事长郑新立指导，并作为内参得到了国务院领导的重要批示。）

我国房地产行业融资形势分析

一、我国房地产行业融资规模及结构

近年来，我国房地产投资保持长期较快增长，2006—2013年，我国房地产行业实际到位资金（除上年末结余资金）分别为2.71万亿元、3.75万亿元、3.96万亿元、5.78万亿元、7.29万亿元、8.57万亿元、9.65万亿元和12.21万亿元，年均增长率为50%（见图1）。

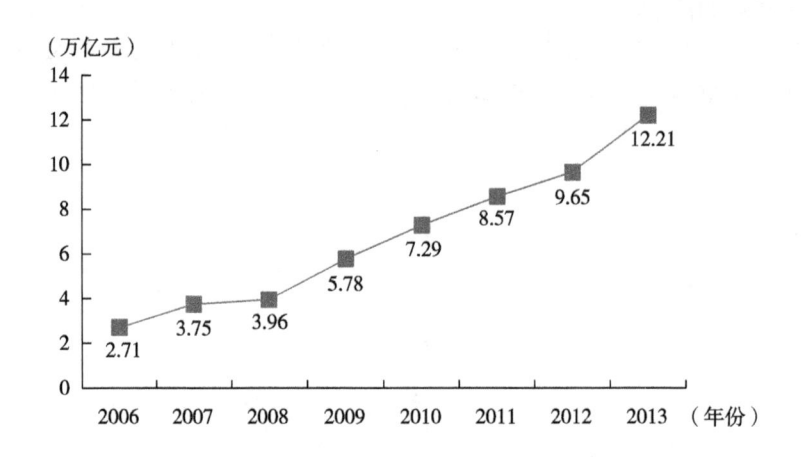

图1 2006—2013年我国房地产行业实际到位资金
资料来源：Wind数据。

在房地产行业实际到位资金中，主要包括国内贷款、利用外资、企业自筹和其他资金来源四个主要融资来源。2006—2013年，其他资金来源占比一直处于上升趋势，从2006年的38.11%上升为2013年的49.87%；企业自筹占比也一直处于稳步上升趋势，从2006年的25.49%上升到2013年的30.33%；国内贷款占比略有下降，从2006年的23.87%下降到2013年的18.40%；利用外资在整个房地产行业融资中占比最小，且呈下降趋势（见图2）。

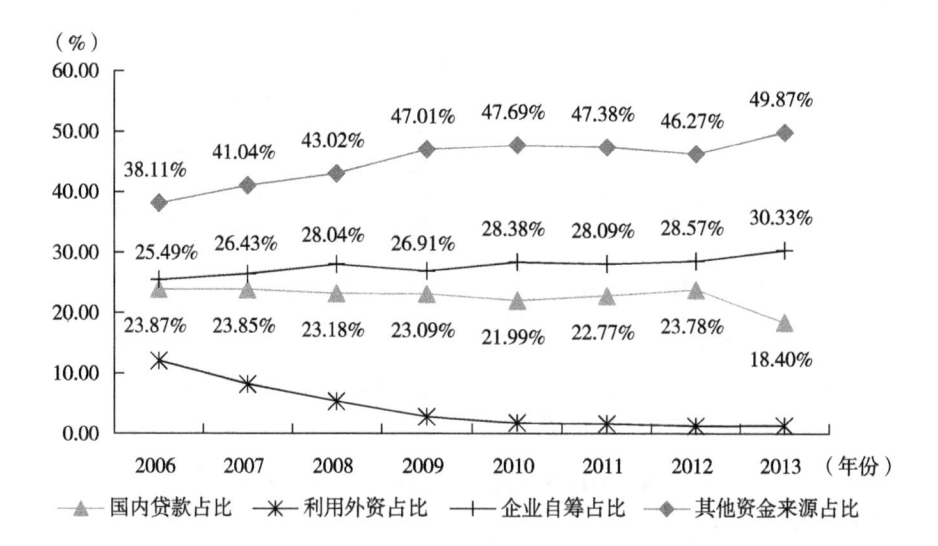

图 2　2006—2013 年房地产行业融资结构

资料来源：Wind 数据。

具体而言，2013 年房地产开发企业其他资金来源筹集资金为 5.45 万亿元，其中，定金及预售款为 3.45 万亿元，个人按揭贷款为 1.4 万亿元，两者合计 4.85 万亿元，占其他资金来源的比例为 89%；2013 年开发企业自筹资金总共为 4.74 万亿元，其中，企业自有资金为 2.05 万亿元，占自筹资金的比例为 43.25%；2013 年开发企业国内贷款筹集资金为 1.96 万亿元，其中，银行贷款为 1.72 万亿元，占国内贷款资金的 87.8%，非银行金融机构贷款为 0.24 万亿元，占国内贷款资金的 12.2%。

二、我国房地产行业银行信贷情况

（一）房地产贷款规模占比逐年增加

2006—2013 年，我国房地产信贷规模占社会总信贷规模的 16%~20%，房地产是我国信贷资金流向最密集的行业。2006 年 6 月，我国商业性房地产贷款余额为 3.4 万亿元，全国各类金融机构各项贷款余额为 21.54 万亿元，商业性房地产贷款余额占金融机构各类贷款余额的比重约为 16%。此后，该比重一直稳步上升，并保持在 20% 左右。截至 2013 年底，我国商业性房地产贷款余额为 14.61 万亿元，全国各类金融机构各项贷款余额为 71.9 万亿元，商业性房地产贷款余额占金融机构各类贷款余额的比重约为 20%（见图 3）。

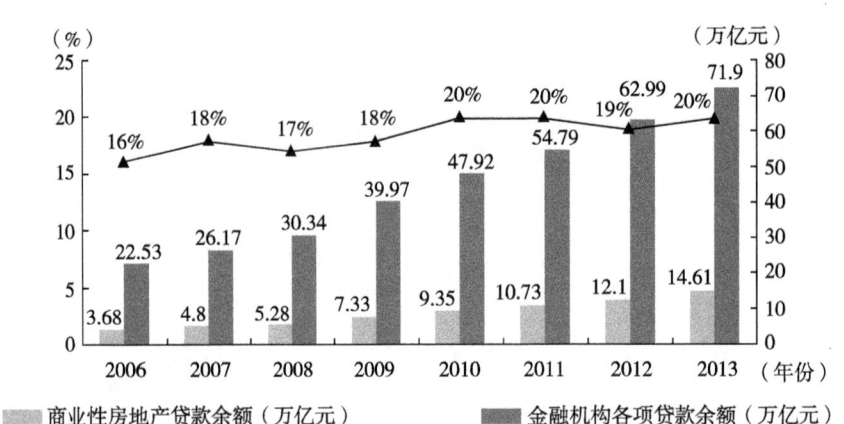

图 3　2006—2013 年我国商业性房地产贷款余额占比

资料来源：Wind 数据。

(二) 房地产信贷规模增速快于社会总信贷规模增速

2007—2013 年，我国商业性房地产贷款余额分别同比增长约 30%、10%、39%、28%、15%、13% 和 21%；与此同时，全国金融机构贷款余额增长速度分别约为 16%、16%、32%、20%、14%、15% 和 14%，商业性房地产增速与金融机构贷款余额增速之比分别为 1.88、0.63、1.22、1.39、1.03、0.85、1.47，该比值大于 1 则表示房地产信贷规模增速超过社会总信贷规模增速。2007—2013 年，除了 2008 年金融危机和 2012 年我国房地产实施最严格调控外，我国房地产信贷增速远高于全社会信贷增速，2013 年房地产信贷增速是全国信贷增速的 1.47 倍 (见图 4)。

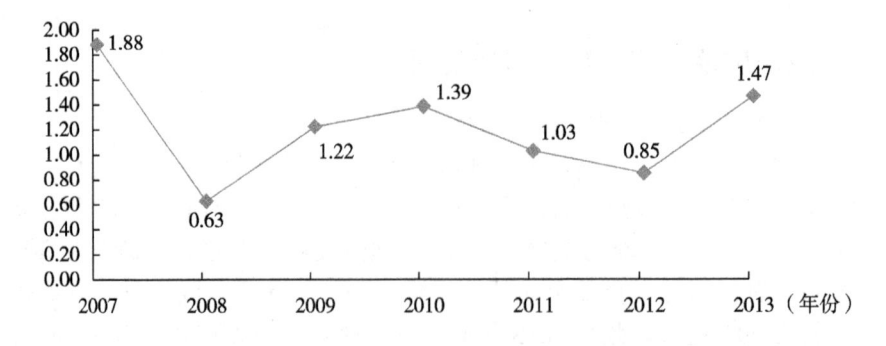

图 4　2007—2013 年商业性房地产增速与金融机构贷款余额增速之比

资料来源：Wind 数据。

(三) 个人贷款是房地产信贷的主体，且比重逐年上升

2007—2013年，我国房地产开发贷款余额占全国商业性房地产贷款余额的比重保持在30%以上，且比重逐年下降；而个人购房贷款余额占全国商业性房地产贷款余额的比重为60%以上，且比重逐年上升。2006年6月，我国商业性房地产贷款余额为3.4万亿元，其中房地产开发贷款余额为1.3万亿元，占商业性房地产贷款余额的比例为38%；个人购房贷款余额为2.1万亿元，占商业性房地产贷款余额的比例为62%。到2013年，我国商业性房地产贷款余额为14.61万亿元，其中房地产开发贷款余额为4.59万亿元，占商业性房地产贷款余额的比例下降为31.42%；个人购房贷款余额为9.8万亿元，占商业性房地产贷款余额的比例上升为67.08%（见图5）。

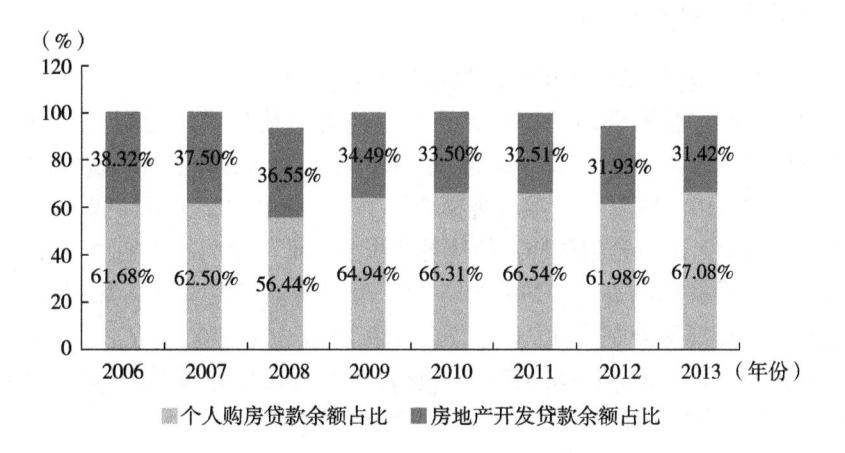

图5 2006—2013年我国个人与房地产开发企业贷款余额占比
资料来源：Wind数据。

三、我国房地产行业资本市场融资情况

(一) 房企股市融资急剧减少

股票市场作为成熟国家房地产行业融资的重要渠道，在我国并没有发挥积极作用。近几年，随着我国房地产调控趋紧，房地产企业几乎无法从股市融资。2010—2013年，我国房地产行业几乎没有新增一家企业首次公开发行（IPO），只有少数几家上市公司定向增发。2009—2013年，上市房地产企业通过沪深股市融资分别为600.97亿元、66.62亿元、211.93亿元、16.74亿元和3.07亿元，2013年房企股市融资几乎降至冰点（见图6）。

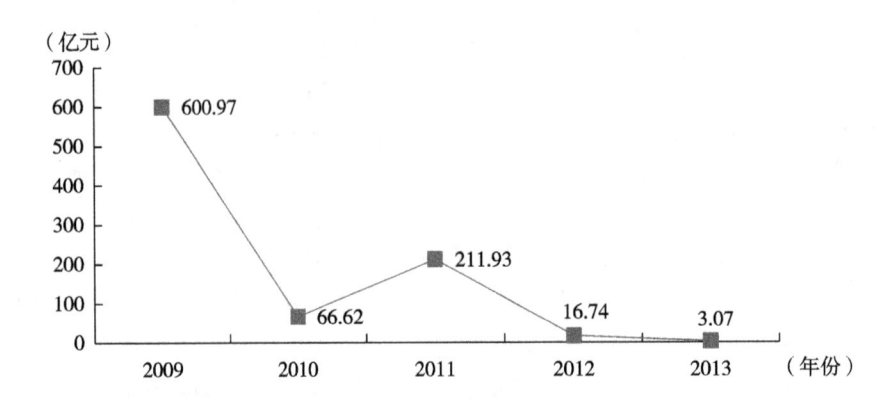

```
（亿元）
700
600  ■ 600.97
500
400
300
200              ■ 211.93
100     ■ 66.62           ■ 16.74
 0                                ■ 3.07
   2009  2010  2011  2012  2013  （年份）
```

图6　2009—2013年房地产行业沪深股市融资规模

资料来源：Wind 数据。

（二）境外债券融资成为房地产融资新渠道

随着国内股市融资受阻，房地产企业纷纷转向债券市场融资。2009—2013年，我国房地产债券融资规模分别为607.03亿元、270.86亿元、667.88亿元、906.36亿元和1504.93亿元，融资规模增长了1.5倍。由于近几年我国境内资本市场低迷，加上人民币升值预期致使境外融资成本低于境内，房地产企业逐步转向境外市场发行债券融资。2009—2013年，境内房地产企业在新加坡和中国香港市场发行债券规模分别为30.13亿元、164.86亿元、456.88亿元、385.36亿元和841.28亿元。境外债券融资规模占房地产企业总债券市场融资规模的比例从2009年的4.96%上升到2013年的55.90%（见图7）。

（三）房地产信托融资放缓

近几年，受存贷款利率管制的影响，影子银行发展迅猛，信托日益成为资金突破利率管制的重要渠道。2010—2013年，我国投向房地产行业的信托资金余额分别为0.43万亿元、0.69万亿元、0.69万亿元和1.03万亿元，占当年信托资金余额的比例分别为14.83%、14.87%、9.89%和10%。2010—2013年，我国新增房地产信托资金总额占每年新增信托资金总额的比例分别为12.89%、11.6%、7.06%、11.35%。从这两个比例变化情况看，我国房地产信托融资比重在逐渐降低，2013年出现回升（见图8）。

（四）房地产私募基金稳步发展

根据清科研究中心统计数据，2010年全国房地产基金公司已达100余家，2011年房企常规的融资渠道受限，私募房地产基金迎来一波发展高峰。2012年共完成新募集房地产基金94只，为2011年的1.4倍，持续保持增长。其中，90

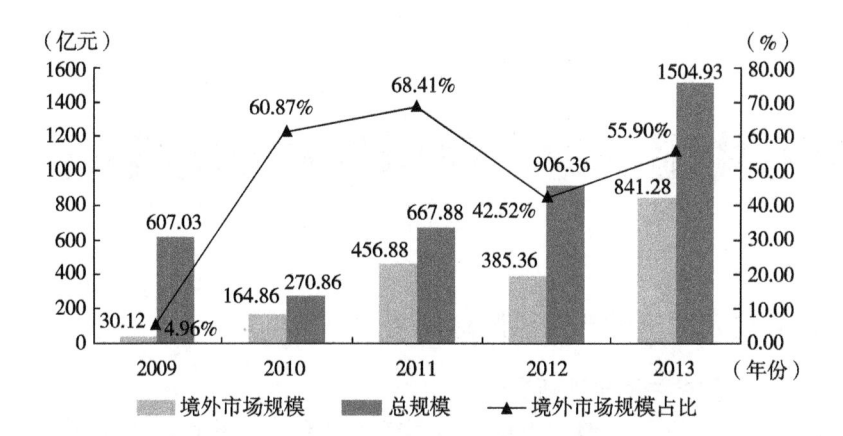

图7　2009—2013年我国房地产债券市场融资规模

资料来源：Wind 数据。

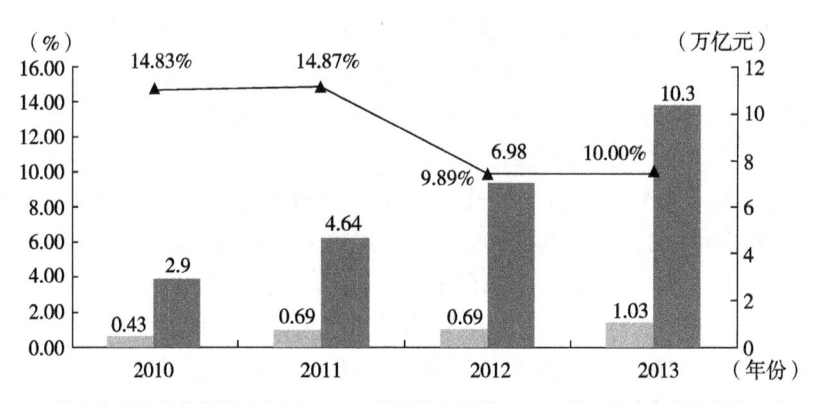

图8　2010—2013年我国房地产信托融资规模

资料来源：Wind 数据。

只披露金额的房地产基金募资59.55亿美元，同比上涨1.6%。

（本文完成于2014年5月，是在中国国际经济交流中心副总经济师徐洪才指导下的基金课题成果，主要内容以《房企钱从哪里来》为题发表在2014年第7期《中国经济报告》。）

防范我国房地产金融风险的政策建议

一、当前我国房地产金融风险增大

（一）市场供求关系出现新变化

2014年以来，我国房地产市场发生了较大变化，逐步由卖方市场向买方市场转变，市场分化趋势明显。一方面，北京、上海等一线城市新房价格回落，二手房成交量下降，需求观望情绪上升。2014年3月，商品房销售面积和销售额的增长率分别由37.1%和61.3%同比下降3.8%和5.2%。另一方面，部分城市商品房库存快速增加。国家统计局数据显示，2014年3月末，全国住宅商品房待售面积为5.21亿平方米，同比增加23.2%，按照2013年月均销售速度，预计需要销售14.5个月。秦皇岛、绍兴等部分城市库存消化周期超过了2年。

（二）开发企业经营风险上升

一是部分房企负债率超过了警戒线。上市地产企业资产负债率从2005年的60.66%上升到2013年的74.68%。截至2013年，在81家公布企业年报的上市房地产企业中，负债率低于60%的有29家，负债率在60%~70%的有20家，负债率在70%~80%的有23家，负债率超过80%国际警戒线水平的有9家。二是部分企业出现资金链断裂。2014年以来，在浙江宁波、江苏南京和无锡、安徽合肥、湖北襄阳、陕西神木等地，已有多家中小房企因资金链断裂陷入破产危机，房地产企业"跑路"现象增多，致使很多项目出现烂尾楼。

（三）房地产融资风险日益加大

一是房价下跌可能会导致银行不良资产增加。2013年末，全国房地产信贷规模占全社会银行信贷规模的21.3%，20家主要银行的房地产贷款及其他以房地产为抵押的贷款合计占其贷款的比重为38%，房地产市场变化将对相关贷款质量产生冲击。二是房地产销售下降导致信托兑付风险。截至2013年底，中国房地产信托存量规模为1.03万亿元。据海通证券测算，2014年房地产信托到期量将达6335亿元，其中5月将迎来全年最高峰，预计达1200亿元。三是影子银行蕴含巨大的房地产金融风险。《中国金融政策报告2014》称，中国影子银行体系所涉及的非传统信贷融资规模大致为27万亿元,占银行业资产的比例为19%,也超过了我国GDP的40%。其中,通过信托、委托贷款、基金等业务,超过30%的影子银行资金流向房地产业。四是民间"高利贷"盛行。社科院研究报告认为,中国民间借贷市场总规模超过4万亿元,约为银行表内贷款规模的10%~20%。大量"高利贷"民间资本进入房地产行业,根据中国人民银行的监测数据,鄂尔多斯民间借贷利率一般为月息3%,最高可达4%~5%,"高利贷"加大了开发商的违约风险。

二、房地产金融风险加大的主要原因

(一) 房地产市场预期发生改变

多项政策叠加,导致楼市由卖方市场向买方市场转变。一是中共十八届三中全会提出要加快房地产税立法,不动产登记、全国住房信息联网和房地产双向调控等一系列房地产调控政策也将陆续成为现实,多项政策利好抑制了房产投机性需求。二是政府反腐进程加速和持续深入,加大了对官员非法获得房产的审查力度,部分官员非法持有房产加速入市。三是国家加大了保障房和棚户区改造力度。2014年计划改造棚户区470万套以上,到2017年预计共完成1500万套,加上自住型商品房入市预期明显,导致有效需求减少。

(二) 房地产行业融资结构不合理

一是过度依赖银行信贷资金。截至2013年底,我国商业性房地产贷款余额占金融机构各类贷款余额的比重为21.3%,加上定金及预收款和企业自筹的资金,房地产直接和间接通过银行融资的比例超过50%。日本、泰国等在房地产泡沫时期房地产贷款占总贷款的比例均超过20%。二是房企直接融资比例过低。2013年房企通过股票市场、债券、信托、私募基金等间接融资渠道合计融资1.21万亿元,约占当年房地产行业实际到位资金12.21万亿元的10%,而美国等发达国家房企证券融资约占企业外部融资的55%以上。

(三) 金融机构违规操作较普遍

金融机构住房信贷管理制度,尤其是内部控制不完善,银行对房地产企业贷前资质审查不严格,开发商将同一商品房"重复抵押"给银行,套取银行贷款。同时,很多房企通过发行信托计划充当资本金,再到银行获得信贷,这种空手套白狼的现象并不鲜见。此外,在庞大的影子银行体系内,信托公司贷款和投资大量投向各级政府基建项目和房地产项目,规避了相应的准备金计提和资本监管要求。部分银行理财产品和信托产品透明度较低,运作不规范,加剧了房地产金融风险。

(四)房地产市场泡沫化趋向加剧

房价收入比过高。世界银行认为,房价收入比在3~6倍为合理区间,发达国家一般在3~4倍,发展中国家一般在4~6倍。2013年我国房价收入比为7.75,北京房价收入比为13.28。考虑到买房新交契税和二手房手续费,我国房价收入比不仅高于发达国家,也远远高于发展中国家。此外,早在2009年,一线城市租售比就大大低于1:300。深圳是1:400,北京是1:550。按照2009—2013年北京房价25%的上涨速度估算,2013年北京租售比为1:687,远远超过租售比1:300~1:200的合理区间,这表明北京房地产市场泡沫化情况比较突出。

三、防范房地产金融风险的建议

(一)正确引导房地产市场预期,防止发生系统性金融风险

房地产价格上涨过快,会引起购房者的不满;房地产价格下跌,也会引起有房者的不满,而且会导致开发商资金链紧张和银行坏账增加,引发金融风险。因此,应维护房地产市场平稳运行。加强舆论引导,减少媒体炒作,引导市民理性消费,保障刚性需求,抑制投资投机性需求,让市场回归理性。

(二)密切监测房地产市场运行,建立房地产风险预警制度和联动机制

一是进行房地产贷款业务风险压力测试,模拟在房价下跌等各种情况下的银行承压能力。二是高度关注重点区域、重点企业,强化"名单制"管理,及时释放风险,防范个别企业资金链断裂。三是尽快建立房地产风险预警制度,及时监测房地产市场供需整体走势和结构变化。四是建立房地产风险应急处置联动机制。加强银行、住建部门、社保、公安等部门的信息联动与共享,建立房地产抵押违约风险爆发的跨部门应急联动处置机制。

(三)加强房企金融风险排查,完善银行内部风险控制,规范影子银行发展

一是在全国范围内对房企进行资金风险排查,重点检查银行贷款的合理合规使用,坚决惩治企业骗贷和资金违规使用行为,建立企业信贷诚信体系。二是进一步完善期房预售制度,切实加强预售款监管,规范预售款的收存和使用,确保预售房所得的款项用于项目开发建设。三是改进银行风险评估方法和手段,采取谨慎原则,根据当前市场价值和未来估值重新抵押房地产,最大限度减小抵押物的处置风险。四是各银行进一步健全房地产信贷风险管理的长效机制。切实加强对房地产企业经营的实时跟踪,完善房地产市场信息披露制度,及时发出风险预报,果断采取应对措施。五是规范业务人员行为。加强对信贷业务人员的风险意识教育,定期对个人住房贷款业务进行事后稽核和责任审计。六是规范和促进影子银行健康发展。加强银行、证券、保险等多个金融行业部门的协调,制定统一

的监管规则,加大信息共享及协同监管力度,增强监管有效性,防止出现监管空白与监管重叠,防范系统性金融风险。建立信息披露机制,明确影子银行信息披露标准,将其纳入征信系统,减少信息不对称。

(四)改善房企融资结构,建立多层次的房地产金融风险分担体系

一是继续依靠银行信贷走间接融资的道路,同时,拓宽在资本市场的直接融资渠道,包括恢复房企首次公开发行(IPO)和增发等融资形式,扩大债券市场融资。二是积极推进住房抵押贷款证券化(MBS)。逐步向保险金、养老基金等机构投资者开放资产证券化市场;培育抵押贷款证券化市场,大力发展相关中介机构,建立多元化的融资体系。三是大力发展房地产投资信托基金(REITs)。加快制定相关政策、法律法规,为房地产投资信托发展创造良好的政策和法制环境。四是完善房地产贷款担保和保险制度。制定所得税优惠政策,鼓励保险公司经营房地产贷款保险业务,减少房地产抵押风险。五是修改《预算法》并建立统一的地方政府市政债券发行制度,通过市场机制解决地方政府市政建设资金需求和城镇化资金来源,化解地方融资平台风险。六是探索住房开发性金融业务,发行住房金融债券,采取市场化方式,为我国保障房建设筹集资金。

(五)建立房地产调控长效机制,促进房地产持续健康发展

近期看,要稳定重点热点城市地价房价,合理引导市场预期。包括在热点城市继续严格执行住房限购、限贷政策;增加热点重点城市城镇商品住宅用地有效供给;扩大房产税试点范围和加快推进房地产税立法进程。中长期看,要针对深层次矛盾,采取系统、配套与综合性措施,建立制度和健全机制。包括:全面推行不动产统一登记制度;建立城乡统一建设用地市场;健全房地产市场全过程税收制度;建立城镇统一保障房制度;加快制定《住房合作社条例》《住房保障法》《住房租赁法》等法律法规。

(本文完成于2014年5月,是在中国国际经济交流中心副总经济师徐洪才指导下的基金课题成果。)

建立多层次房地产风险分担体系

2015年我国经济发展面临诸多挑战,下行压力仍然较大。对房地产行业而言,各地房企去库存任务繁重,短期看房地产市场不太可能走出低迷,但仍存在很多有利于房地产市场发展的积极因素。

一是货币政策适时宽松,将会释放合理住房需求。2014年,工业生产者出厂价格指数(PPI)同比下降1.9%,已连续34个月负增长;同时,CPI(居民消费价格指数)比上年上涨2.0%,持续回落;广义货币(M2)余额122.84万亿元,同比增长12.2%,低于市场预期;石油、煤炭、钢铁、铁矿石等国际大宗商品价格持续下跌,而美元逐步走强。这一系列影响因素叠加,致使2015年我国面临通货紧缩风险。为了应对通货紧缩,应在积极财政政策和稳健货币政策的总基调下,相机实施相对宽松的货币政策,包括继续实施常设借贷便利工具(SLF)、央行逆回购操作、定向降准或降息等政策,从而有利于支持居民合理的住房消费。

二是有效需求继续增加,支撑房地产市场发展。首先,购房适龄人口将达到峰值。根据2010年全国人口普查数据,2010年我国购房适龄人口(25~49岁)约为5.47亿人。据此推算,2015年达到5.68亿人口峰值。其中,2012年我国城镇购房适龄人口为3.28亿人,2016年约为3.35亿人,之后加速下滑。此外,按照中国城镇化率计算,每年大概有1000万农村劳动力人口转移到城市,成为购房的潜在需求者。其次,改善性需求继续上升。世联行数据显示,2015—2020年,我国34~49岁人群(即改善性购房者集中的人群)在2015—2035年均达到3.1亿人以上,占总人口的比例约为23%,表明未来改善性购房需求将持续增加。再次,国家一系列重大区域发展战略开始实施。京津冀一体化规划公布与实施、长江经济带规划开始落地和"一带一路"倡议进一步推进等会带动一批二、三线城市的产业发展,提高城市就业吸附能力,加大城市基础设施投资,从而带动房地产行业发展。

三是加快关键领域改革,将促进房地产业发展。2015年是改革关键年,涉及房地产领域的一些改革将会获得实质性进展。首先,在户籍制度上,各地将加快落实国务院《关于进一步推进户籍制度改革的意见》，更多省份将取消农业户口和非农业户口的性质划分，统一登记为居民户口，建立和完善居住制度，加快推进公积金和社保异地接续与缴纳等，这对于促进住房消费、实现楼市"去库存"有积极意义。其次，在土地制度上，将加快农村土地合理入市流转，大大提高农民资产性收入，增强农民工购买力。再次，按照国务院颁发的《不动产登记暂行条例》，2015年开始要健全配套制度，平稳有序实施，这将进一步抑制投机性住房需求。最后，在房产税方面，2015年房地产税进入立法程序，房地产税全面开征进程加快，这将盘活二手房市场。

四是继续支持保障性安居工程建设，有利于房地产市场平稳发展。2014年，我国全面完成700万套的保障性开工建设任务。根据城乡和住房建设部任务安排，2015年计划建设保障性安居工程700万套，基本建成480万套，继续大规模推进棚户区改造。同时，城乡和住房建设部初步确定了北京、上海、广州、深圳等城市房地产投资信托基金（REITs）试点方向，包括公共租赁住房、廉租房，通过资产证券化，有效解决租赁型保障房租金短板。保障性住房规模进一步扩大，能够有效稳住房地产市场预期，保证房地产市场平稳有序发展。

总的来看，2015年我国房地产投资将继续下滑，房地产市场将明显分化，价格总体仍处于缓慢回调阶段，房地产金融风险将逐步显现。具体而言，一线城市受相对宽松的货币政策和刚需释放的影响，量价存在反弹空间；受京津冀一体化、长江经济带建设等一系列重大区域发展战略的利好影响，武汉、昆明等部分二线城市房价存在上涨空间，其他二线城市房价将继续小幅回调；三、四线城市由于市场需求前期透支，人口吸附能力较弱，房价或将继续下行，面临较严重的系统性风险。

从政策层面看，房地产宏观调控政策将更加灵活，定向降准或降息将释放流动性，行政化的楼市调控政策将逐步弱化或退出，分类和双向调控有望加强，保障房建设力度加大，房地产长效调控机制逐步建立。

笔者认为，当前应正确引导房地产市场预期，防止发生系统性金融风险。一要正确引导市场预期。房地产价格上涨过快，会引起购房者的不满；房地产价格下跌，也会引起有房者的不满，而且会导致开发商资金链紧张和银行坏账增加，引发金融风险。因此，应维护房地产市场平稳运行。加强舆论引导，引导市民理性消费，保障刚性需求，抑制投资投机性需求，让市场回归理性。二要进行房地产贷款业务风险压力测试，模拟在房价下跌等各种情况下的银行承压能力。三要高度关注重点区域、重点企业，强化"名单制"管理，及时释放风险，防范个别企业资金链断裂。四要尽快建立房地产风险预警制度，及时监测房地产市场供需整体走势和结构变化。五要建立房地产风险应急处置联动机制。加强银行、住建部门、社保、公安等部门的信息联动与共享，建立房地产抵押违约风险爆发的跨部门应急联动处置机制。

改善房企融资结构，建立多层次房地产金融风险分担体系。一要继续依靠银行信贷走间接融资的道路，同时，拓宽在资本市场的直接融资渠道，包括恢复房企首次公开发行（IPO）和增发等融资形式，扩大债券市场融资。二要积极推进住房抵押贷款证券化（MBS）。逐步向保险金、养老基金等机构投资者开放资产证券化市场；培育抵押贷款证券化市场，大力发展相关中介机构，建立多元化的融资体系。三要大力发展房地产投资信托基金（REITs）。加快制定相关政策、法律法规，为房地产投资信托发展创造良好的政策和法制环境。四要完善房地产贷款担保和保险制度。制定所得税优惠政策，鼓励保险公司经营房地产贷款保险业务，减少房地产抵押风险。五要探索住房开发性金融业务，发行住房金融债券，采取市场化方式，为我国保障房建设筹集资金。

（本文完成于2015年2月，公开发表在2015年4月2日《中国证券报》。）

规范地方投融资平台
深化投融资体制改革

一、我国地方投融资平台存在的主要问题

（一）地方投融资平台数量过大

自 2008 年为应对国际金融危机实行扩大内需政策以来，特别是 2009 年 3 月人民银行和银监会联合下发《关于进一步加强信贷结构调整促进国民经济平稳较快发展的指导意见》对地方融资平台表示支持之后，地方融资平台数量猛增。审计署报告显示，截至 2013 年 6 月，全国共有 7170 个融资平台公司。地方政府负有直接偿还责任的债务为 10.88 万亿元，负有担保责任的债务为 2.66 万亿元，可能承担一定救助责任的债务为 4.34 万亿元，占国内生产总值（GDP）的 37%。

（二）地方投融资平台运营管理不规范

目前，我国对投融资平台尚没有出台明确的法律规定，各部门对投融资平台的定义模糊，无法明确界定债务的责任主体及相关的管理和偿还责任。面对庞大的债务余额，也没有权威部门给出明确的分类，比如，其中多少是财政必须偿还的，多少是财政负有兜底责任的，等等。我国很多地方投融资平台管理极不规范，一些地方政府投融资平台的法人治理结构不健全，缺乏严格的管理规范，大多高管人员由原政府官员担任，缺乏必要的企业经营管理经验和风险防范意识。此外，地方融资平台项目普遍存在资本金不足、挪用银行贷款充当资本金以及违规担保的问题。

（三）投融资平台缺乏可持续发展能力

我国地方投融资平台名义上是一个公司主体，实际上行政色彩较浓，融资行为根据政府有关部门的行政指令确定，基本未建立现代企业制度规范下的有效公司治理结构。大多数地方投融资平台仍是单纯作为政府借款机构，自身不具备良好的商业模式和自我发展能力。大多数地方投融资平台基本不参与项目前期规划及建设过程，也未参与项目施工过程的监督与建成后的管理，对多数项目贷款的真实用途也无从监督，市场盈利能力非常弱。此外，债务偿还与财政资金捆绑，

财政还债压力很大。目前,大多数投融资平台的债务偿还主要依靠财政性资金和借新还旧的方式,造成财政偿债规模和举债规模逐年扩大,很容易形成举债的恶性循环,最终给地方带来巨大的财政风险。

(四) 债务偿还对土地收入的依赖过高

政府投融资平台偿还债务能力与土地市场收入高度相关,还债能力极易受到政府土地政策和宏观调控的影响。土地出让金从2000年的510亿元,占地方政府预算收入的9%,迅速攀升至2013年的3.9万亿元,占地方政府预算收入的58%。如果土地价格上涨,土地顺利出让,地方政府就可以得到丰厚的土地出让金,顺利偿还贷款。如果地价下跌,土地出让困难,一旦平台还款发生困难,将给银行带来高额的坏账。2014年随着房地产市场下行,土地出让金锐减,中国指数研究院发布的报告显示,1~9月,全国300个城市土地出让金总额为17109亿元,同比减少20%,地方投融资平台面临巨大的偿还压力。

二、我国地方投融资平台产生和发展的原因

(一) 中国城市化进程需要大量的基础设施建设资金

在我国现阶段城镇化建设中,基础设施建设任务最为繁重,包括交通运输系统、通信设施、发电设施、金融设施、教育和卫生设施等,每个领域均需要大量建设资金。据统计,在中国年均10%的经济增长率中,城镇化率贡献了3个百分点;而城市化率每提高一个百分点,新增投资需求达6.6万亿元。到2020年,中国城镇化所产生的资金需求将超过40万亿元,而自1994年我国财税体制改革后,地方财力难以支撑规模巨大的基础设施建设。

(二) 分税制改革导致地方财权与事权不匹配

自1994年分税制改革后,中央财政在财政收入中的比重提高,几个主要税种的大部分收入都划归中央,留给地方的多是一些增收潜力较小和征管难度较大的零散税种,其收入不仅不稳定,而且增长缓慢。此后,地方各级政府纷纷仿效上一级财政将主体税源划归本级财政,最终形成了层层向上集中的收入分配格局。此外,《预算法》对地方融资的支持有限。在新《预算法》修改以前,关于地方发债,《预算法》规定:"地方各级预算按量入为出、收支平衡的原则编制,不列赤字。除法律和国务院另有规定外,地方政府不得发行地方政府债券。"2014年9月修改后的新《预算法》规定,地方政府可以在国务院确定的限额内发行债券筹措建设资金,但发行额度和用途受到中央政府严格限制。与此同时,中央政府与地方政府、各地方政府之间事权不明确,导致支出责任层层下放,特别是本应由上一级政府承担的义务教育和公共卫生等普遍性和基础性服务责任不

断下移。这就造成地方政府，尤其是基层政府的收入能力与日益增加的支出责任表现出极大的不适应。据统计，1978年我国地方政府财政收入占比为84.5%，此后逐年降低，1993年为78%，1994年骤降为44.3%，此后一直稳定在45%~50%。财政支出自1978年的52.6%上升至1994年的69.7%，此后均超过70%，2011年为84.2%，大部分地方政府收入往往仅够维持政府的正常运转，基本没有太多剩余的资金用于投资或经济建设支出。

（三）我国地方政府垄断经营的土地制度

现行的《土地法》规定，我国的土地有两种所有制形式，一是国有土地，二是集体土地。城市的土地属国有土地，政府可以对它直接挂牌出让。对集体土地的征用，必须先由国家征用为国有土地，然后再由政府对外出让。出让所得资金，由各级政府按《土地法》规定的比例分成。政府对土地的经营和土地的收益，实行高度的垄断。法律还明确规定，除了县级以上各级政府外，其他单位和个人都不允许经营土地。土地是地方政府的第二财政，地方政府可以对土地进行抵押、转让，为地方投融资平台注资，地方政府的土地垄断经营是地方投融资平台发展的最重要原因。

（四）地方政府以GDP增速为主要考核指标

长期以来，"发展是硬道理"的发展思路深入各级地方政府，中央也一直以经济增长为地方政府政绩考核的最重要指标。在这一发展理念指导下，地方政府大力发展房地产，各地方、各大城市都在比增长速度，都在忙着上项目、找项目、争项目，这就需要巨大的资金投入。由于地方财力有限和长期实行的旧《预算法》规定我国地方政府不能发债融资，于是各级地方政府成立了形形色色的投融资平台，为当地经济发展破解资金难题。

三、深化地方投融资体制改革，规范地方投融资平台

（一）深化地方政府投融资体系改革

应按照国务院颁布的《关于深化预算管理制度改革的决定》的精神，加快地方政府投融资体系改革。正确划分政府与市场的责任，厘清金融管理责任与政府财政责任。非公益目的的商业融资需求将交与市场主体；没有收益的公益性事业发展确需政府举借一般债务的，由地方政府发行一般债券融资，纳入一般公共预算管理；有一定收益的公益性事业发展确需政府举借专项债务的，由地方政府通过发行专项债券融资，以对应的政府性基金或专项收入偿还。

从地方政府投融资的现状看，首要任务是进一步改革投融资体制，培植政府投资主体，完善公司治理结构，真正建立起"政府引导，社会参与，市场运作"

的社会投资增长机制,运用多种融资手段,构建投资主体多元化、资金来源多渠道、投资方式多样化、项目建设市场化的新型投融资体制。其次是完善投融资政策,严格界定政府投资范围,使政府投资主要用于市场不能有效配置资源的经济社会领域和对地方经济社会发展全局有重大影响的项目;完善科学决策程序,建立政府投资决策咨询评估制度,实现政府投资管理的科学化、民主化和法制化;加强投资监督管理,建立责任追究制度和权力制衡机制,加强项目跟踪协调管理,完善稽查制度。此外,还需加快地方投融资平台分类改革。第一,承担的商业盈利性业务,将其债务与经营打包,改制为国企或按市场机制转让给非国有企业;第二,承担一定收益的公益性事业,可与社会资本成立混合所有制企业或进行特许经营合作(PPP模式),实现融资平台公司的转型;第三,没有收益的公益性事业,将直接由地方政府负责,纳入政府预算管理,从融资平台中剥离。

(二)地方政府应建立科学、合理、高效的债务管理模式

要建立"负债有度,总债有数,用债有方,偿债有钱,管债有规,举债有责"的科学、规范、合理及切实可行的债务管理模式。一是适度发行地方政府债券,由上级政府和中介机构对地方政府举债能力进行科学评估,并提供相应的信用保证,将政府性债务控制在地方财力可承受的范围之内。二是严格控制银行贷款行为,可将银行融资行为限于以有效储备建设土地为目的的土地抵押中短期贷款,减少不可处置的国有资产抵押贷款。三是通过立法建立偿债长效机制。既要将政府性负债建设项目、投资规模和偿还本息等计划纳入预算控制,建立政府偿债基金和债务风险预警机制,又要本着"谁借,谁还,谁受益"及"谁审批,谁担保,谁负责"的原则,建立起借用还相统一、责权利相结合的债务偿还机制,严格确定偿债单位,确保落实偿债资金来源。

(三)妥善处理政府性项目贷款遗留问题

一是要全面清理政府性债务。积极开展对政府性债务的清理工作,全面核实债权债务关系、时间、数额及用途、期限、利率、偿还情况等,重新确认债权债务关系,落实债权债务主体。二是明确旧债处置的相关政策。本着"谁举债,谁负责"和"谁受益,谁偿还"的原则,进行旧债处置。三是安排财政专项还贷资金,制定遗留问题贷款本息还款计划,逐步偿还不良贷款本息。四是完善相关贷款手续,做到抵押、担保合法有效,切实保障银行债权,增强金融机构信贷信心。

(四)积极探索和尝试多种直接融资方式

要稳步推进政府性投资项目融资方式实现多样化,有效缓解银行信贷投放压力。包括:发行债券融资,如市政债券、企业债券等;尝试资产证券化融资,引

导国有优质资产通过上市实现直接融资，扶持融资平台公司控股、参股公司上市，提升融资平台公司的直接融资能力；推进市政公用事业产业化，将城市公用事业所有权、经营权和养护管理进行有效剥离，吸引各种社会资金直接投资建设和经营；推行项目融资，对一些大型基础设施项目，如桥梁、水厂、污水处理厂等，可采取"建设—经营—转让"（BOT）、"转让—经营—转让"（TOT）、公私合作模式（PPP）等方式，筹措建设资金。

（五）银行要加强对地方投融资平台的风险控制

首先，银行要针对政府融资平台项目贷款主体、担保方式的多样性和特殊性，充分参与到项目评审中去，在现有法律框架下对各种贷款方式予以深层次理论剖析，有效规避贷款风险。同时，银行要求投融资平台公司将资金回笼账户或者收益账户为贷款设立质押担保，以确保对该账户项下的资金有优先受偿权。其次，要建立银行监管账户，确保贷款资金能做到"专款专用"，防止被挪作他用。最后，要尝试逐步建立一套完备的政府背景类贷款风险评估体系，加强对地方经济发展的分析和预测，对已发放贷款项目未来现金流量的变化情况进行跟踪评估，对贷款使用实行全程跟踪和严密监控，对挪用贷款的平台公司采取必要的信贷制裁措施。

（本文完成于2014年5月，是在中国国际经济交流中心副总经济师徐洪才指导下完成的基金课题成果。）

建立和完善我国政策性住宅金融体系的建议

一、我国保障性住房建设现状

（一）我国保障性住房建设严重滞后

我国目前的保障房建设远远落后于国际水平。2014年，全国计划新开工城镇保障性安居工程700万套以上（其中各类棚户区470万套以上），基本建成480万套。截至9月底，已开工720万套，基本建成470万套，分别达到年度目标任务的103%和98%，完成投资10700亿元。截至2014年9月，全国累计建成的城镇保障性安居工程3114万套。根据国务院公布的《国民经济和社会发展第十二个五年（"十二五"）规划纲要》，在"十二五"期间，全国计划新建保障性住房3600万套。根据"十二五"规划，期末城市化率将达到51.5%，以13亿人口概算，覆盖20%的城镇人口，即1.4亿人，以三口之家测算，需住房4700万套。若2014年能顺利完成保障房计划，2015年完成"十二五"规划目标还有1500万套，按目前的建设速度来看任务艰巨。即使2015年能顺利完成规划目标，我国城镇保障性住房覆盖面才达到20%左右，与日本44%、中国香港50%的保障房覆盖率相距甚远。

（二）保障性住房财政资金严重不足

在目前我国保障房政策中，中央财政长期缺位，地方财政无力保障。从推出经济适用房制度开始，中央财政在此类房屋建设中始终处于"只出政策，不给资金"的状况，财政资金中没有专项对口资金进行财政拨款。并且在财税制度改革后，出现财权向中央集中、事权向地方下放的状况，使得地方政府在保障房建设上举步维艰。据测算，要完成"十二五"规划指标，每年需开工1000万套，需要投资1.3万亿~1.4万亿元，按照2013年我国保障性安居工程财政支出3816亿元、保障性住房的销售及租金收入6000亿元和住房公积金增值收益400亿元，预计每年有3000亿~4000亿元缺口靠社会融资来解决。

(三) 部分保障房使用效率偏低

相对于低收益、高投入的保障房项目，地方政府趋于关注高收益、低投入的普通商品房。所以城市中较好的位置会更多地让位于商品房，保障性住房存在位置相对偏远、交通不便、生活设施不完善等不利情况，这在一定程度上造成了保障房利用率低下。2013年，山东省审计机关对15个市城镇保障性安居工程的投资、建设及分配情况进行审计发现，有9个市、40个县的1.29万套保障性住房处于闲置状态，其中近四成空置6个月以上。从全国一些省份的2012年度审计结果看，"有房无人"的保障房闲置问题十分普遍。在海南，9个市、县9077套保障性住房处于闲置状态；在广东，有13个市本级、28个县（市、区）的11464套住房处于闲置状态；在云南，有2.3万套保障房被闲置，造成社会资源的严重浪费。

二、建立政策性住宅金融体系的必要性

(一) 我国政策性住宅金融还处于初级阶段

无论在市场规模还是在市场体系上，我国政策性住宅金融都才刚刚起步。资金供给比较单一，主要靠住房公积金。而目前我国住房公积金存在覆盖面窄、缴存率低、运营管理效率低下、资金违规发放和投资效率低等问题。在机构设置上，我国目前虽然有了专业性的政策性住宅金融机构国家开发银行住宅金融事业部，但还未探索出符合中国国情的政策性金融路径。且机构形式也较为单一，目前仅有国开行的政策性住房金融事业部，还缺乏住房融资担保、住房融资保险等相关机构。此外，我国的政策性金融法律还是空白，亟须通过法律来规范政策性金融的发展。

(二) 建立政策性住宅金融体系具有重要意义

在现代市场经济国家中，商业性金融机构是金融体系的主体，充分体现了社会资金配置的"效率优先"原则。但由于住房金融业务融资期限长、资金量大、流动性差、风险性大，而商业银行的经营目标是追求安全性、流动性、盈利性，这使得商业银行在从事住房金融业务方面存在较大的局限性，加之个人住房贷款的流动性极差，一旦宏观经济出现波动，必然会给商业银行带来很大的风险。因此，商业性住宅金融存在先天不足，会出现市场失灵。

完善的政策性住宅金融体系，不仅能有效弥补商业性住宅金融的不足，为社会提供住宅公共服务，提高人民生活质量，更重要的意义在于，在房地产市场出现极端波动，导致金融危机的时候，政策性住宅金融体系能有效稳定市场，防止金融风险进一步蔓延。政策性住宅金融具有逆周期性，可以成为住宅金融市场的

"稳定器"。2008年金融危机后，美国政府接管房地美和房利美两家公司的股份，大量注资购买住房抵押债券，通过完善的住宅金融体系，稳定了房地产市场，推动了美国经济复苏。

三、发达国家政策性住宅金融发展经验

(一) 正确处理政府与市场的关系

1. 政府的积极支持是前提

发达国家政府几乎都深度参与房地产市场，建立了完善的政策性住宅金融市场。一方面，政府建立了完善的政策性住宅金融体系，包括设立监管机构、培育市场、成立政府信用担保的专业经营公司；另一方面，直接向住房金融机构拨发资金或通过制定优惠政策，为住房消费信贷的发展创造有利的外部条件，包括对专业性住房金融机构存款减免利息税、向专业性住房金融机构吸收的存款提供保险、向金融机构发放的住房贷款提供担保或保险等。尤其是特殊时期，如2008年美国金融危机期间，美国政府通过大量向房地美和房利美注资，防止了房地产市场的继续恶化，稳定了美国经济增长的预期。

2. 市场机制是制度基础

虽然各国政府给予住房消费信贷大力支持，但是并没有改变以市场机制为基础的局面。政策性金融机构筹集的资金大多来源于市场，发放贷款的具体安排，包括贷款对象、偿还方式、偿还期限、贷款利率等都由金融机构自己确定，金融机构自担风险、自负盈亏。住宅抵押债券的发行与流转都建立在发达的金融市场基础上，由市场来决定住宅抵押债券的利率、规模、期限及资金配置等。可以说，如果住宅性金融离开了市场机制，则容易导致资源配置的低效、无序和腐败，也就容易政策性金融目标偏离服务于低收入人群的使命。

(二) 形成相对完善的房地产市场金融体系

在产品体系上，随着信用工具的日益发达和不断创新，西方发达国家房地产金融市场的产品体系日益完善，包括各类住房储蓄存款、住房贷款、房地产抵押贷款、房地产信托基金（REITs）、房地产抵押证券（MBS）、房地产保险、房地产典当等，这些各式各样的房地产金融产品，不仅能为房地产金融市场增添活力，而且将金融业与房地产业密切结合起来，便于国家运用有关金融运行机制，对房地产业发展进行宏观调控。在市场主体方面，各国都设有门类齐全的专业性和非专业性的住房融资机构。专业性住房金融机构是专门从事住房金融业务的金融机构，如日本有住宅金融公库，新加坡有中央公积金局，美国有房利美、房地美和吉利美，德国有住房储蓄银行，还有建房互助信贷合作社等。非专业性住房

金融机构则是指各种兼营住房金融业务的金融机构,如各国的商业银行都兼营住房金融业务。

四、建立和完善我国政策性住宅金融体系的建议

(一) 明确我国政策性住宅金融体系的总体思路

总体目标:建立与我国基本住房保障制度相配套的金融支持政策体系,覆盖保障性住房土地开发、房屋建设、消费和运营管理的全过程,以形成长期、充足、稳定、低成本的融资机制,平滑宏观经济波动带来的冲击,实现应保尽保的目标。

基本原则:一般而言,政策性住宅金融机构享有国家主权信用待遇,并充分体现公共性的政策性金融本质属性;融资对象必须是不能或不易或无力从商业银行获得资金的强位弱势群体;有专门的立法和独立的监管体制及考评指标体系;不主动与商业性金融机构展开不公平市场竞争;适度有限的市场化运作与保障财务稳定及可持续发展的非主动竞争性盈利机制;有自动而稳定的政策扶持体系与利益补偿机制。

(二) 建立和完善我国住宅性金融组织体系

一是建立政策性住宅银行体系。在现有国家开发银行住宅金融事业部的基础上,将住房公积金管理中心改造成政策性住房银行。也可以根据地域特征成立一批直接受国家监管机构监管的住宅储蓄银行,分别主导不同区域的政策性金融业务。

二是明确监管主体。为了防范金融风险,应成立一个独立于政策性住宅金融机构的风险管理委员会,建议由人民银行牵头成立政策性住宅金融风险管理委员会,主要负责我国政策性住宅金融产品的风险评估、监控和防范,确保金融市场稳定。

三是成立住房融资担保与住房融资保险等机构。为提高政策性住房资金的安全性,应建立健全与我国政策性住房金融风险转移相适应的住房抵押贷款寿险和住房抵押贷款信用保险等相关主体之间的风险共担机制,成立专门的国家住宅贷款保险公司。

(三) 加快符合我国国情的政策性住宅金融立法

通过对政策性住房金融体制及运行机制的国际比较来看,在住房问题解决比较好的国家,大多有专门的政策性住房金融法,而且是先立法、后建机构,或立法与组建机构同步进行。相关法律应对政策性住房金融机构的创设目的、法律地位、资金运用和业务范围、资金来源、融资原则、国家信用支持和优惠政策、组

织体制、监督检查机制、法律责任等方面进行规范。应抓紧制定和出台《国家住房保障银行法》及其相应的银行章程，构建外部差别监管体制，并以政策实现度评价为重点，从社会、经济、生态环境三个系统和经营绩效、公共绩效两个维度，设计银行绩效考评与标准化监管指标体系和计分模型，实现依法运营、监管和考评。

（本文完成于2015年1月，核心内容发表于2015年3月《中国经济报告》，作为内参得到国务院领导批示。）

房地产市场短期对策与长效机制建议

一、我国经济严重依赖房地产业

房地产业对我国经济发展举足轻重，但我国经济已经严重依赖房地产业，这在世界上是少有的。

一是社会投资严重依赖房地产。2013年房地产全行业投资占全国投资的25.5%。二是地方财政严重依赖房地产。2013年全国土地出让金高达4.12万亿元，占全国地方财政收入（6.89万亿元）的59.79%。三是国家税收严重依赖房地产。2013年全国房地产行业税收总额为1.54万亿元，占全国税收（11.99万亿元）的12.84%。四是银行信贷严重依赖房地产。2013年底，我国商业性房地产贷款余额为14.61万亿元，占金融机构各类贷款余额的比重为20%，占影子银行资金流向的30%。五是企业赚钱严重依赖房地产。2012年全国房地产开发企业营业利润率和人均利润分别是规模以上工业企业的近2倍和4倍多，而过去只有工业的一半左右。六是居民财富严重依赖房地产。我国城镇居民家庭财产总价值中，房产价值占比由十多年前的20%~30%提高到现在的60%~70%。

二、我国房价、房租已远超百姓支付能力

2013年，我国地价、房价、房租均大幅度上涨，政府调控目标远未实现。我国房价收入比远高于3~6倍的国际平均水平。2012年全国商品住宅平均售价5542元/平方米，城镇家庭平均一套商品房总价达52万元，城镇居民户均可支配收入为70256元/年，房价收入比为7.4倍。考虑到新房税费与装修等费用，实际房价收入比平均在8倍以上，一、二线城市在15倍和10倍以上，北京超过20倍。同时，快速上涨的租金已经成为企业经营和百姓生活难以承受之重。在我国一、二线城市，商业租金已经占普通商店经营成本的30%左右，占普通餐饮业经营成本的40%左右；普通住宅月租金已经占居民月收入的50%左右。

三、我国房价畸高源于供给成本畸高、供给结构扭曲与需求投机盛行、收入分配不公

（一）房地产市场供给成本有"六高"

一是地价成本高。我国商品房地价占成本的40%左右，占售价的30%左右。二是税费成本高。2013年全国房地产业税收为1.54万亿元，占房地产业增加值3.33万亿元的46%。三是资金成本高。开发商银行贷款实际利率超过10%，信托、基金等非信贷渠道融资一般在15%~20%。四是公关成本高。房地产商要盖110多个公章才能开发与销售一个房产项目，大量环节均需要支付"灰色成本"。五是房企利润高。我国房地产商毛利率近40%，真实利润率近30%，远高于其他行业。六是中介费用高。城市二手房中介费率在2%以上，北京在2.8%左右。

（二）住房供给形式多样、价格扭曲

城市住房有商品房、公开的经济适用房、小产权房、不公开的国有企事业单位经济适用房、党政机关公务员房等，各类住房价格差异极大，后几类住房价格分别相当于商品房价格的2/3、1/2、1/3、1/5左右。

（三）房地产市场投资投机行为严重

许多房地产企业采用"囤地""捂盘"等方式投机，推动房价上涨。房价过快上涨又吸引投机者纷纷流向房地产市场，成为房价上涨的主要推动者。

（四）居民收入分配严重不公

2013年我国基尼系数为0.47，远远高于0.4的国际警戒线。收入分配不公导致部分高收入者在房地产市场投资投机，既推高了房价，又进一步拉大了社会贫富差距。

四、房地产市场短期对策与长效机制

从近期看，要针对当前突出问题，重点严控热点城市地价、房价、房租继续上涨势头，稳定市场预期；从中长期看，要针对深层次矛盾，采取系统、配套与综合性措施，从根本上建立制度和健全机制。

（一）遏制热点城市房价过快上涨，完善房地产市场政策调控机制

近期对策：一要在热点城市继续严格执行住房限购、限贷政策；完善购房资格跨部门审核工作机制，加强购房资格联网审核，严肃查处违规行为。二要在政策上鼓励城镇民居"以旧换新"和"以小换大"，对改善型住房需求与首套需求一视同仁，实行同等的信贷按揭政策。三要规范中介机构行为，降低费率标准，减轻二手房交易负担，禁止卖方将二手房所得税向买方转移。四要在新任各级国

家机关主要领导和国有企事业单位高层管理人员就任前公示家庭住房等财产情况。

长效机制：一要全面推行不动产统一登记制度，完善住房基础信息。二要将不动产登记与健全社会公民个人征信系统结合起来。三要制定《公务员财产公开法》，全面推行公务员财产公开制度，要求在一定范围内公开与公示家庭或个人住房及其他财产情况。四要在国有控股企事业单位的中高层管理人员中，全面推行住房及其他财产公开与公示。五要制定《住房合作社条例》，允许住房合作社参与城乡土地公开市场购买或租赁农村和国有建设用地，开展合作建房，增加房屋供给。

（二）加大热点城市土地有效供给，建立全国城乡统一建设用地市场

近期对策：一要增加热点重点城市城镇商品住宅用地有效供给。二要责成地方将地价控制在总体物价上涨水平之内。三要增加保障房建设土地供给量，做到应保尽保。四要盘活农村闲置建设用地，增加城镇土地供应。五要制止开发商的捂地捂盘行为。

长效机制：一要全面落实宪法赋予农民的对集体土地的完整权利；着手建立城乡统一建设用地市场，保障农民公平分享土地增值收益；实行城镇建设用地增加规模与吸纳农村转移人口落户数量挂钩政策。二要制定农村集体建设用地与国有土地同权同价同等入市的专门法规政策；改革与完善现行国家土地征用制度，严格界定"公益公共性用地"范围，公开征地条件、程序、标准，提高公益公共性用地征收补偿标准；推进城乡建设规划和土地用途管制规范化、公开化、公平化。三要全面调整工业与开发区用地结构，降低其用地比重；逐步提高工业项目容积率、土地产出率门槛；推行长期租赁、先租后让、租让结合的工业用地制度改革；健全工业用地批后监管，对新增工业用地项目做到全程监管。四要全面摸清国有企事业单位占有与使用国有土地情况，并向社会公示；取消国有企事业单位无偿或低价使用国有土地的做法；规范国有企事业单位占有土地转让交易行为；禁止国有单位在其占有土地上擅自建设住宅，若要建设住宅，必须补交土地出让金和相关税费，并纳入商品住宅开发销售公开市场范围。

（三）规范与严格税法执行，健全房地产市场全过程税收制度

近期对策：一要扩大房产税试点范围，扩展到一线城市和部分二线热点重点城市。二要加快推进房地产税立法进程，争取在近两年内出台房地产税法。三要调整城市土地供给结构，适当提高工业用地出让价格，开辟土地收入新渠道。四要探索解决国有土地无偿使用与低价使用问题。五要加大对二手房交易税和房屋租金所得税的征管，清理偷税漏税行为。

长效机制：一要对房地产购地、开发、销售和二手房交易各个环节的税种与税率进行全面重新评估，采取改革措施，降低房地产供给端，即购地、开发与销售的总体税费水平，提高房地产保有环节，即占有、使用和二次转让的总体税费水平。二要建立房地产开发销售成本与销售成交价格信息的全程监督制度；根据房地产行业平均利润率和全国各主要行业平均利润率，确定当地各类型房地产项目最高合理利润率，对超额利润项目按累进制征收所得税。三要争取尽快出台并全面施行房地产税法。房地产税改革的主要方向是，对居民基本住房免征房地产税，对超过基本住房面积的部分，按超额程度累进征税；对高档公寓和别墅征收累进税。

（四）加大保障房建设力度，建立城镇统一保障房制度

近期对策：一要发行住房金融债券筹集资金，加大城镇棚户区改造和保障房建设力度。二要加快《城镇住房保障条例》的出台和实施。三要全面清理我国保障房建设、分配、使用、转让过程中的违规和违法使用行为，做到保障房公平。四要加快完善政府集中建设保障房片区的教育、交通、医疗等公共配套设施。

长效机制：一要制定《住房保障法》，推动保障房建设有法可依。二要结合我国新型城镇化规划，做好保障房的顶层设计。三要利用市场手段，创新金融产品，建立保障房的稳定投入机制，扩大保障房有效供给。四要建立健全保障房准入、使用、退出等规章制度和运行机制，从制度上防范和有效治理非法占有保障性住房的行为。五要制定公务员住房管理专门法规，推进公务员住房管理公开化与透明化。六要建立公务员与普通居民住房保障相协调的统一、公开制度。

（五）规范房屋租赁行为，发展房地产租赁市场

近期对策：一要规范租赁中介行为，降低房屋租赁中介费，严格加强房屋租金所得税的征管，防止租金逃税。二要严格落实房屋租赁备案登记制度，不断完善"以房管人、以证管人、以业管人"相结合的工作机制。三要严禁房屋分拆、隔断"化整为零"的群租行为。四要禁止公租房、廉租房和单位住房违规出租。五要开展住房空置调查，推动空置房屋入市。

长效机制：一要制定城乡居民住房租赁法，全面规范与引导城乡居民住房租赁市场。二要支持房地产开发商和住房合作社投资经营住房租赁，允许企事业单位公开租赁住房。三要通过加大对公租房建设的资金保障和土地供给，并通过财税和金融政策，增加中低端租赁住房的供应。四要建立住房租赁差别化政策，对于低收入群体以公租房为主，对于租赁商品房的"夹心层"以补贴为主，对于中等收入群体需要重点保护租房人权益。五要建立城乡住房租赁信息系统，全面

加强房屋租金税收征管。

（六）查清房地产市场真实数据，建立房地产市场监测长效机制

近期对策：一要开展房地产市场和居民住房情况普查，重点查清房屋真实价格，城镇居民实际住房拥有量是多少，政府土地征收与开发成本和出让收益与支出是多少，全国房地产商的实际成本与利润是多少，全国各城市房屋空置率是多少，全国小产权房有多少，等等。二要加快制定《不动产登记条例》，争取年内出台、明年实施。三要加快推进住房信息全国联网步伐，争取在今年底或明年上半年完成。四要推进城市住房信息查寻制度建设。

长效机制：一要完善房地产市场信息披露制度，推动房地产信息公开化。二要加快个人住房信息系统建设，切实推进住房系统与民政、公安、税务及银行等部门信息互联，破除"信息孤岛"，实现各部门、地方数据的横向整合和共享。三要推进房地产信息系统和预警预报体系建设，加快建立房地产市场监测的长效机制。

（本文与陈永杰于2015年4月合作完成，发表于《第一财经》，是中国国际经济交流中心和中国行政管理学会联合课题组成果内容，作为内参得到国务院有关领导批示。）

第二篇

数字经济提升中国经济发展质量

数字经济与宏观经济政策调整研究

问题： 数字经济是否会引发新一轮经济泡沫？信息技术是否会带来更大规模的失业？信息技术扩散是否带来收入差距缩小？信息技术集聚效应是否带来了新的垄断与不平等？

从"技术-经济"范式的角度看，数字经济①是基于数字技术的相关经济活动的总称。狭义的概念包括计算机制造、通信设备制造、电子设备制造、电信、广播电视和卫星传输服务、软件和信息技术服务；广义的概念是指一切基于数字技术的产品和服务，以及数字技术在各产业的融合部分。数字经济是信息技术由科技革命向产业革命转变的重要特征，也是经济社会发展的高级阶段。发展数字经济已经成为主要发达国家的共识，2016年杭州G20峰会更是提出《二十国集团数字经济发展与合作倡议》，将发展数字经济推向新一轮高潮。

中共十九大提出，要推动互联网、大数据、人工智能和实体经济深度融合，建设数字中国。发展数字经济，根本上是要让人民有获得感，关键是要推动经济增长，创造更多就业岗位和缩小收入差距，提高人民生活质量。研究发现，信息技术革命延缓了自20世纪70年代以来经济快速下滑的趋势，成为全球经济增长的新引擎，并创造了大量就业。但是，信息技术并未能缩小收入差距，导致了大量技术性失业，现行的GDP统计体系低估了数字经济的贡献，并且信息技术的集聚效应导致了新的技术性垄断，这给全球数字经济和信息技术革命带来了新挑战。

对于中国而言，我们正处于第二次工业革命和第三次工业革命的交汇期，很多省市是两次产业革命同时发生，对经济和社会产生了巨大冲击。发展数字经济，我们要有正确的技术和经济发展观，要从人类经济发展历史长河的纵深看待

---

① 根据《二十国集团数字经济发展与合作倡议》对"数字经济"的定义，数字经济是指以使用数字化的知识和信息为关键生产要素、以现代信息网络为重要载体、以信息通信技术的有效使用为效率提升和经济结构优化的重要推动力的一系列经济活动。

>> 新经济 新动能 新思路

这一轮新技术革命。具体而言，要构建符合数字经济特点的 GDP 统计体系，为宏观经济政策提供更加科学的数据支撑。要着力提高社会政策的灵活性，创造更多的灵活就业。要将缩小信息时代收入差距的重点放在新技术推广和普及上。要修改现行垄断法，营造公平的竞争环境，保持社会经济的创新活力。

一、数字经济依然是全球经济增长的新引擎

人类有 250 万年的历史，但人类的经济增长史只有 250 年[①]。经济学研究表明，人类所经历的经济增长与技术革命是分不开的，目前人类经历了三次技术革命和产业革命，每次技术革命都带来了经济的巨大增长。第一次工业革命大约从 18 世纪 60 年代开始持续到 1840 年，其标志是蒸汽动力的发明、纺织业的机械化和冶金工业的变革；第二次工业革命大约从 19 世纪 60 年代开始持续至第二次世界大战之前，其标志是电力和内燃机的发明与应用，还有石油化学、家用电器等新产业的出现；第三次工业革命大约从 20 世纪 50 年代开始直到现在，其标志是计算机的发明、信息化和通信产业的变革。

历史清楚地表明，人类经历的前两次工业革命对经济增长的推动是非常显著的。根据经济史学家的测算，1700 年之前，世界 GDP 年均增长不到 0.3%。在 1820 年之后的两个世纪里，全世界人口的实际平均收入从 1820 年的 667 美元增加到 1913 年的 1512 美元，在 2000 年又进一步达到 6000 美元（全部以 1900 年的国际美元计算）。更为重要的是，在工业化国家中，人均收入已经增长了 15~20 倍[②]。从产品数量更是可以看到经济增长的成就，250 年前，人类生产和消费的产品种类大概只有 100~1000 种，今天则是 10 亿~100 亿种。根据 2017 年 10 月的统计，仅亚马逊网站销售的商品就有 5.98 亿种。

第三次科技革命可能还没有像前两次工业革命对经济推动那么显著，但也确实是世界各国延缓 20 世纪 70 年代以来全球经济增速下滑的共同选择，尤其是成为应对 2008 年全球金融危机的一剂良药。新技术催生了新产业和新商业模式，为经济增长带来了新的动力。美国经济学家乔根森的研究表明，1960—2007 年，计算机制造业占美国 GDP 的比重仅为 0.3%，但能产生 2.7 个百分点的经济增长，以及导致劳动生产率提高 25%[③]。尤其值得一提的是，20 世纪 90 年代，全

---

① 张维迎. 我所经历的三次工业革命 [N]. 经济观察报，2018-01-05.
② 杨·卢腾·范赞登. 通往工业革命的漫长道路 [M]. 杭州：浙江大学出版社，2016：1.
③ Dale W. Jorgenson, Harvard University, Mun Ho, Resources for the Future, and Jon Samuels, Johns Hopkins University, Information Technology and U.S. Productivity Growth: Evidence from a Prototype Industry Production Account.

球经济表现平平，美国却保持了持续快速的发展。截至 2000 年底，美国实现了连续 118 个月的增长，创造了连续增长时间最长的历史纪录，而且呈现出"两高两低"的特征，即高经济增长率、高生产增长率和低失业率、低通货膨胀率并存。

二、当前 GDP 测算方法低估了数字经济的贡献

在讨论信息技术革命对经济增长的影响时，不可回避地要回答"索洛悖论"。20 世纪 80 年代，美国经济学家索洛提出了非常著名的"索洛悖论"，即"计算机到处都看得见，就是在生产率统计中看不见"。过去五十年的经济增长数据并没有支撑过去人类的"成功经验"，即信息技术革命并没有带来经济的飞速发展，也没能改变人类经济自 20 世纪 70 年代以来全球经济增长下滑的趋势。信息技术在经济社会广泛扩散，但经济增长数据却是令人沮丧的。美国从 1950 年开始，GDP 增长率总体保持下滑趋势，从 1950 年的 8.7% 下降到 2016 年的 1.5%，五年平均增长趋势线也是下降的，如图 1 所示。

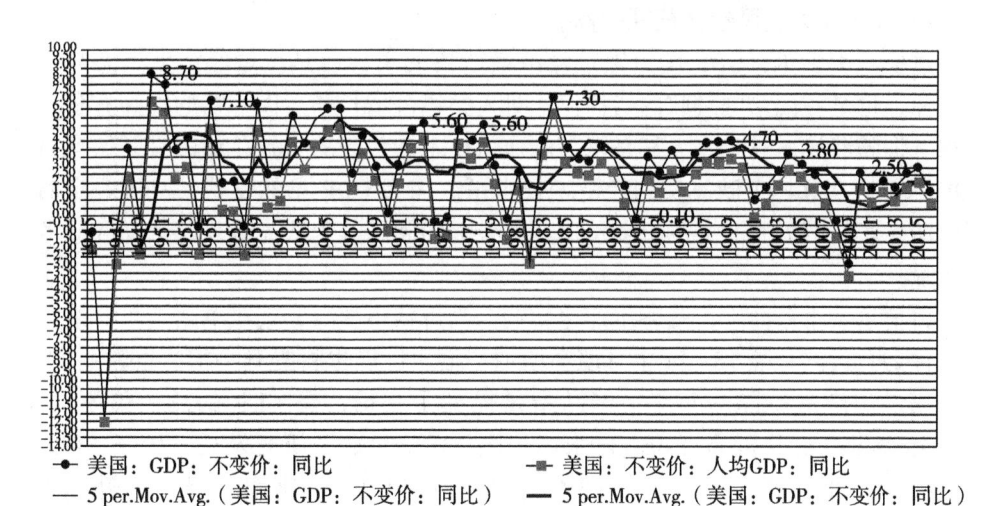

图 1　1945—2015 年美国 GDP（不变价）

资料来源：万得数据。

令人不解的是，信息技术革命并没有改变经济增长长期下滑的趋势，但为什么主要发达国家纷纷将发展数字经济作为国家战略？美国 1992 年就提出"信息高速公路"战略，欧盟 2002 年提出"电子欧洲"战略，德国 2010 年提出"数

字德国 2015"战略，英国 2010 年提出"数字经济法案"等，其目的都是要发展数字经济。尤其是 2008 年全球金融危机后，主要发达国家纷纷将发展数字经济作为挽救经济的救命稻草，提出了更为具体的发展方略，包括建设智慧城市、实施大数据战略、发展人工智能等。

现在需要解释的是，自 20 世纪 50 年代开始的信息技术革命为什么没有扭转全球经济增速下滑的趋势。有两种可能的解释：一是当前 GDP 测算方法低估了信息技术对经济增长的贡献；二是信息技术引发的工业革命才刚刚开始，还没有完全展开，信息技术对经济增长的潜力还未充分发挥出来。

诺贝尔经济学奖获得者保罗·萨缪尔森认为，GDP[①] 是人类 20 世纪最伟大的发明之一，它是美国经济学家库兹涅茨为准确统计美国 1929 年大危机后的经济状况而设计的国民经济核算方法，于 1934 年由美国商务部开始使用。GDP 被公认为衡量国家经济状况的指标，不仅可以反映一个国家的经济表现，还可以反映一国的国力与财富。从此，GDP 不仅成为经济学家研究经济增长的重要指标，同时也是世界各国比较不同经济发展水平的最重要指标。我国从 1985 年开始正式使用 GDP 作为国民经济核算指标。

过去八十多年，GDP 作为宏观经济最重要的指标，是全球经济发展态势的风向标，也是各国治国理政的指挥棒，对人类经济增长和人民福祉的提高有积极贡献。但随着技术进步，尤其是以信息通信技术为代表的科技革命的展开，现行 GDP 核算方法无法反映真实的经济增长水平。因为 GDP 虽然反映了一国一定时期内所生产的产品和服务的市场价值，但最大的问题是无法充分反映产品和服务的质量。

在信息技术革命下，受摩尔定律影响，当价格不变时，集成电路上可容纳的元器件的数目约每隔 18~24 个月便会增加一倍，性能也将提升一倍。也就是说，我们衡量的产品每隔一年半，产品质量提高了一倍，但 GDP 的总价值不变。1998 年美国经济分析局（BEA）采用美国 NIPA 的数据研究发现，1974—1996 年，存储芯片（Memory Chip）的价格以每年 40.9% 的速度下降，逻辑芯片（Logic Chip）每年下降的比例为 54.1%，也就是说，以芯片为主要生产资料的产品和服务的 GDP 核算每年低估了 40%~55%。

我们知道，芯片是目前人类经济活动中最重要的生产资料，已经广泛应用于各个产业，包括智能终端、无人驾驶汽车、生物医疗、基因测序、人工智能、物

[①] 国内生产总值（Gross Domestic Product, GDP），是指在一定时期内（一个季度或一年），一个国家或地区的经济中所生产出的全部最终产品和劳务的价值。

联网等领域。芯片应用越广泛,现行 GDP 核算方法对经济增长的低估程度越高。除了最终产品低估以外,消费者所使用的大多数互联网应用也没有被计入 GDP 核算范围,这部分低估程度更高。消费者免费或低价使用互联网服务被认为是互联网时代最重要的商业模式创新,用户可以免费使用搜索引擎,以几乎零成本搜索到用户需要的信息,即知识获取成本几乎为零。在传统农业经济或工业经济时代,用户获取知识或信息的成本也是 GDP 的重要组成部分,但在信息经济时代,这部分 GDP 则无法统计出来。可以举一个简单的例子来说明,如果我要搞清楚"数字经济"的含义,在过去,需要到图书馆查询相关资料或到书店购买相关图书,这部分支出是可以计算到 GDP 中的;但在信息经济时代,我们只需要简单地动动手指,在手机或电脑上就可以获得大量关于"数字经济"的文献,很快就能掌握这一概念,但这一过程几乎没有支出可以计入现行的 GDP 核算范围。

因此,GDP 反映出来的数据并没有改变全球经济自 20 世纪 70 年代下滑的大趋势,重要原因是现行的 GDP 统计方法低估了以信息技术为核心特征的经济的发展水平。美国国家经济研究局萨瓦尔森[1](2016)研究团队测算的数据显示,2016 年美国低估的 GDP 数量约为 2.7 万亿~6 万亿美元,占 2016 年美国 GDP 的 14.96%~33%。可以肯定的是,这一测算还是相当保守的,如果加上消费者福利和社会最终产品质量的提高,被低估的 GDP 数量要远远大于这个数字。

三、信息技术革命不是替代而是转移了工作

技术是否会替代更多工作,造成更多人失业,这是经济学家长期讨论的一个话题,也是施政者关心的话题。过去二百多年的技术发展和就业数据表明,技术并没有造成更多人失业,而更多的是转移了工作岗位,最终创造了更多的就业岗位。

即使这样,人们还是担忧,信息技术革命与前两次技术革命不一样,信息技术使得更多的简单重复劳动被计算机和机器人取代,甚至一些有知识含量的会计、银行柜员、律师也逐渐被人工智能取代,人类将面临更大规模的失业。尤其是一些全球著名智库机构发布的研究报告,更加剧了人们对快速发展的信息技术的恐慌和不安。比如,麦肯锡全球研究院(McKinsey Global Institute)在 2017 年 11 月发布报告称,在自动化发展相对缓和的情况下,到 2030 年,机器人将取代全球 4 亿个工作岗位;在自动化发展迅速的情况下,到 2030 年,全球 8 亿人口

---

[1] Syverson Chad. Challenges to Mismeasurement Explanations for the US Productivity Slowdown [R]. NBER Working Paper 21974, 2016.

的工作岗位将被机器取代①。2017年李开复公开表示："不久的将来或许有50%人类的普通工作将被人工智能取代，10年后有些领域甚至90%的人类工作将被取代（比如翻译助理、记者等）。"② 这样的报道一出来，经常被媒体炒作，加剧了"技术恐慌论"的气氛。

要回答信息技术对就业的真实影响，需要从历史发展的维度来看，需要从20世纪50年代以来全球范围发生的信息技术革命的实践来看，尤其要深入分析作为信息技术革命"领头羊"的美国在过去六十年就业数量和就业结构的变化。詹姆斯·贝森（James Bessen）通过实证研究发现，1982—2012年，美国劳动力总数每年增长1.1%，其中使用计算机更多的职业人数增长速度更快，而不是更慢。

表1 美国1982—2012年技术和行业变化

行　业	使用计算机员工的比例（2001年）	年工作增长率（1982—2012年）	2012年聘用员工总数（百万人）
科学、工程和计算机行业	85%	2.1%	8
受办公室计算机技术和互联网影响的行业	69%	1.2%	55.5
医疗卫生行业	55%	2.5%	11.3
受技术直接影响较小的行业	31%	1.4%	52.6
受制造自动化和境外生产影响的行业	51%	−1.1%	13.3
所有行业	51%	1.1%	140.7

注：这五大行业中主要职业分组如下：①计算机和教学职务，建筑和工程职务，生命、物理和社会科学职务；②办公室和行政助理职务，销售和相关职务，管理职务，商业和金融职务；③医疗卫生从业者和技术服务，以及医护助理服务；④运输和物流相关职务，视频准备及服务职务，教育、培训和图书馆职务，建设和物流行业职务，建筑物和地面清洁与维护职务，个人护理和服务职务；⑤生产职务，安装、维护以及修复职务。

资料来源：詹姆斯·贝森. 创新、工资与财富 [M]. 北京：中信出版集团，2017：132.

上述实证研究表明，信息技术并没有减少就业岗位，反而越是信息技术密集的行业，就业增长越是明显。如科学、工程和计算机行业，美国1982—2012年年均就业增长率是2.1%，是所有行业就业增长率1.1%的近两倍，可见信息技术是促进就业的倍增器。

---

① 资料来源：https://wallstreetcn.com/articles/336047.
② 资料来源：http://tech.163.com/17/0110/15/CAE7HPH900097U80.html.

信息技术对就业影响的机理大致是，信息技术减少了信息不对称，提高了微观主体的经营效率，短期内企业会减员。但由于效率提高了，企业竞争力增强了，企业受规模报酬影响，会扩大生产经营，开设更多的工厂和门店，从而大大增加了就业。以美国银行业中的柜台员为例，美国自20世纪70年代就开始大规模部署自动柜员机，由于效率提升了，美国银行每个分行出纳员的在职人数由1998年的平均20名下降到2004年的平均13名。但由于效率提升，银行开设分行的数量急剧增加，城市商业银行数量在1998—2004年增加了43%，抵消了每家支行减少的员工数（见图2）。

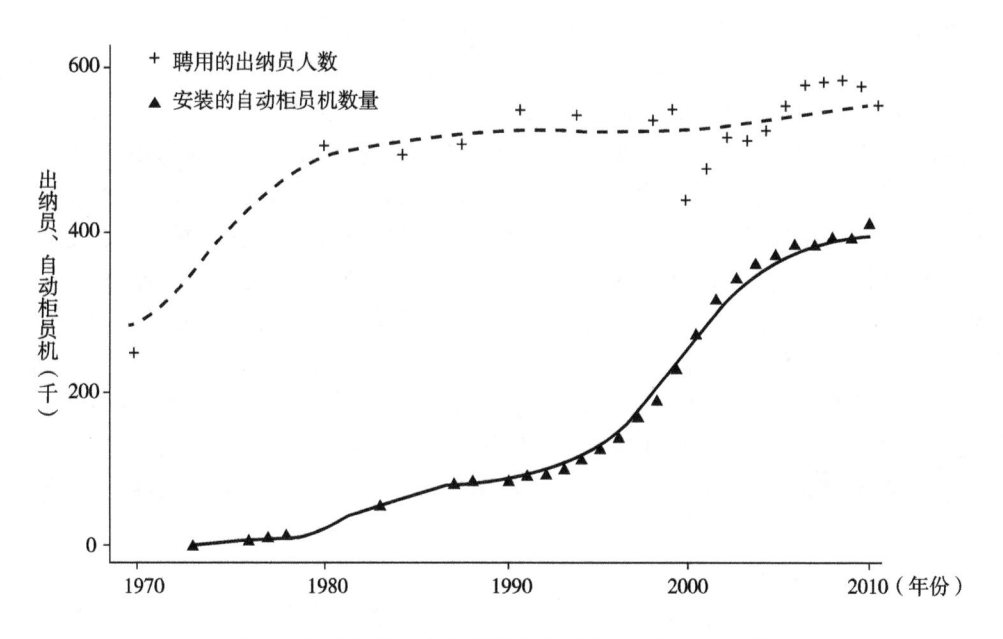

图2 自动柜员机的使用并没有减少出纳员在职人数

资料来源：詹姆斯·贝森. 创新、工资与财富[M]. 北京：中信出版集团，2017：117.

四、信息技术革命给经济增长带来的负面影响

（一）被低估GDP无法准确支撑宏观经济政策

既然反映人类经济增长最重要的指标GDP被低估，则现行GDP无法反映全球经济增长的数量和质量，尤其是低估了率先进入信息社会的美国、日本、韩国等发达国家的经济发展水平。综观全球宏观经济政策，都是基于传统GDP测算的数据。在这样的情况下制定的宏观经济政策，不仅会导致政策失效，而且不利

于树立全球经济复苏的信心。

IMF 发布的《世界经济展望》系列报告显示,2013 年,"全球增长主要面临的仍是下行风险:过去的风险依然存在,而新的风险已经显现"。2014 年,"全球经济活动总体加强,预计 2014—2015 年将进一步改善,其中主要增长动力将来自先进经济体"。

IMF 预测发达经济体 GDP 的增长率 2013 年为 1.2%,2014 年为 2.1%。

更为严重的是,对于中国这样的发展中国家而言,我国是根据全球经济发展形势,尤其是发达经济体的数据来制定相应的战略。在现行 GDP 核算方法低估经济增长的背景下,最有可能形成对发达经济体复苏的误判。

(二)信息技术快速发展给就业结构变迁带来了巨大挑战

不可否认的是,信息技术确实造成了技术性失业,尤其是低技能劳动者容易受到新技术的冲击。信息技术扩散给就业带来的最大挑战是就业结构顺利变迁。以大数据、云计算、人工智能、区块链等为代表的新一代信息技术的大规模应用,对传统产业的就业冲击巨大,使得越来越多的低技能就业岗位被迁移,造成了数以亿计的劳动者面临重新择业。麦肯锡研究院 2017 年发布的研究报告称,到 2030 年,在自动化发展迅速的情况下,3.75 亿人口需要转换职业并学习新的技能;而在自动化发展相对缓和的情况下,约 7500 万人口需要改变职业。中国在自动化发展迅速的情况下,到 2030 年约有 1 亿人口面临职业转换,约占当时就业人口的 13%。[①] 如何顺利使这么大规模的就业群体实现就业迁移,是对各国政府的重大考验。如果迁移不顺利,轻则影响经济增长,重则影响社会政治稳定。

(三)信息技术进步并没有缩小收入差距

发展技术和经济,落脚点是要提高人民收入,缩小收入差距,提高社会的公平感。在这方面,信息技术容易给人造成错觉。信息技术作为通用技术,能应用到经济社会生活的方方面面,具有典型的普惠性。托马斯·弗里德曼所著《世界是平的:21 世纪简史》曾风靡一时,书中描述的科技和通信领域如闪电般迅速的进步,使全世界的人们可以空前地彼此接近。信息技术快速普及确实给人民生活带来了极大的便利,但并没有缩小收入差距。美国国会预算办公室的统计数字表明,在美国新经济高速发展的黄金期,1989—2013 年,美国前 10% 的家庭拥有的财富占全国所有家庭财富的比重从 2/3 增加到超过 3/4;中间 40%(51%~90%)的家庭拥有的财富占比从 30% 下降到 23%;后 50%(0%~50%)的家庭

---

① 资料来源:https://wallstreetcn.com/articles/336047。

拥有的财富占比从3%下降到1%。从更长的历史周期看，1967—2015年，美国基尼系数呈缓慢上升趋势，收入差距并没有随着信息技术革命的扩散而缩小，反而在缓慢扩大（见图3）。

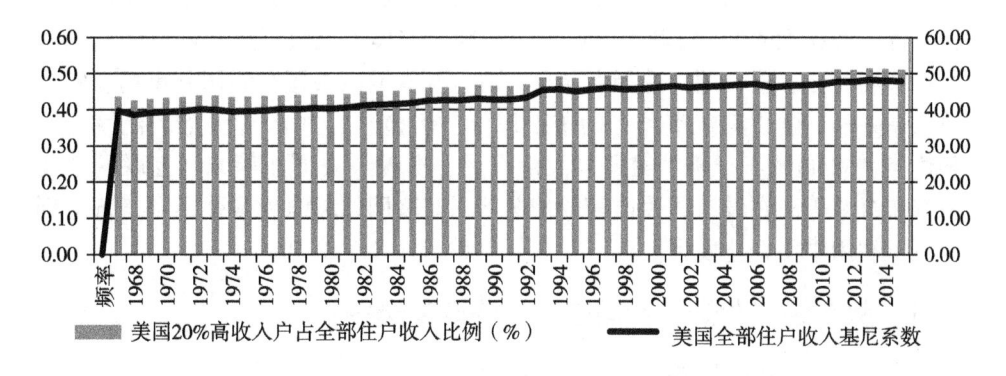

图3　1967—2015年美国收入差距变化

资料来源：万得数据。

（四）技术性垄断妨碍了市场创新

自由竞争是市场经济遵循的基本原则，也是市场经济保持创新活力和长期繁荣必须恪守的法则。在人类过去两百年的发展历程中，市场经济国家历来将反垄断作为市场经济最基本的原则。垄断与竞争天生是一对矛盾。从经济学看，垄断企业通过垄断获得超额利润，损害了消费者福利，妨碍了效率的提高，阻碍了创新。在工业经济时代，各国形成了一套完善的反垄断法，以保障市场经济的创新活力，目前世界上已经有一百多个国家和地区制定并颁布了反垄断法。但在信息技术领域，"技术为王"是企业和国家竞争的法宝，具有技术领先优势的企业会集聚海量用户，企业会继续利用技术和用户优势，通过排他性竞争或捆绑销售等手段，强化其在该领域的竞争优势，最终形成事实上的技术性垄断。尤其在互联网时代，因网络的集聚效应，技术性垄断更加明显。在传统的计算机时代，英特尔在处理器市场的份额最高达80%，微软在20世纪末凭借Windows操作系统和Office系列软件占据全球PC近90%的市场，形成了"Wintel"联盟。在移动互联网时代，脸书（Facebook）拥有全球22亿用户，谷歌占据全球搜索市场75.8%的份额[①]，智能终端操作系统也被苹果公司的iOS和谷歌的安卓垄断。在中国，互联网经济也出现了一家独大的局面，如搜索领域的百度、电子商务领域的阿里

---

① 资料来源：http://www.sohu.com/a/129279375_118786。

巴巴、社交领域的腾讯、网约车领域的滴滴等。近年来，相关实证研究表明，信息技术领域的垄断对技术创新产生了不利影响。尤其是中国还有诸多领域未完全开放，国内互联网公司垄断带来了创新活力的下降。由于垄断企业缺乏有效的监督与竞争，逐步在市场中漠视消费者体验，甚至侵犯广大用户的权益。例如，魏则西事件、"3Q大战"、阿里"二选一"事件等都集中反映了互联网巨头利用其技术和市场优势，影响用户选择。从目前看，互联网巨头还在利用其市场和资金优势大举并购，强化其在市场上的垄断地位。例如，从2015年开始，滴滴与快的和优步、58同城与赶集、美团与大众点评、携程与去哪儿等知名互联网企业先后宣布合并等。在没有相关监管的情况下，互联网领域强者愈强不利于行业创新，也不利用中小企业发展。

五、数字经济背景下我国宏观经济政策选择

（一）探索符合数字经济特点的GDP统计体系

GDP核算不仅要反映经济增长速度，更要反映经济增长质量。党的十九大指出，中国正由高速增长向高质量增长转变，要继续实施国家大数据战略，推动互联网、大数据、人工智能和实体经济深度融合，发展数字经济。现行GDP统计方法无法反映经济增长质量和人民生活水平的提高，因而要研究符合数字经济时代特点的GDP统计新体系。新的统计指标体系要充分考虑到信息技术领域摩尔定律产生的价格通缩效应，要充分考虑到创新对消费者福利剩余增加的影响，要充分反映经济结构由工业经济向信息经济转变的特征，要充分反映各部门知识经济增加值的比重。利用新的GDP统计指标体系评估经济发展速度和质量，可以为宏观经济政策提供更加准确的决策数据，更好地引导民间投资，寻找经济增长新的动力。

（二）构建符合灵活就业特点的积极就业政策体系

创造更多的就业既是民生的头等大事，也是我国治国理政的头等大事。我国正处于工业革命和信息技术革命的交汇期，一部分发达地区已经完成了工业化，进入信息化时代；还有一部分落后地区工业化和信息化同时推进，第二次工业革命和第三次科技革命对就业同时产生冲击，各级地方政府稳定就业面临前所未有的挑战。应牢牢把握信息科技革命对产业和组织结构的改变，实现经济组织更加扁平化，就业形式更加灵活。

一是适时启动修改《劳动法》，规范灵活用工和劳动关系。建议《劳动法》扩大调整范围，对新型劳动关系进行有效规范，把广大劳动者最大限度地纳入法律保护范围，规范用人单位在劳动合同签订、变更、解除和终止，工资支付，社

会保险缴纳，工伤处理等方面的行为。研究和实行适合灵活就业形式的社会保险制度，主要是在缴费办法、缴费基数和比例、缴费年限等方面设计适中的标准，其方向应是降低门槛、灵活服务。对灵活就业人员，应制定更加积极的社会保障政策，支持灵活就业。

二是提高制度和政策的灵活性，完善数字经济政策体系。着力提高税收、社会保障等政策的灵活性，探索按小时缴纳社会保险。调整数字经济模式下的财税政策，规范交易行为，保护交易双方和政府的合法权益。修改现有涉及数字经济的民法、商法、合同法、保险法等相关法规，提高社会经济政策的灵活性。健全就业统计指标体系，完善统计口径和调查方法，建立数字经济就业新形态和创业情况的统计监测指标，更加全面地反映就业创业情况。

三是大力发展平台型经济，促进灵活就业。建立健全平台经济社会信用体系和信用评价制度，降低企业信用认证成本。创新平台型组织的管理模式，积极采用和推广"政府管平台，平台管企业"的模式。鼓励和规范共享经济发展，提高参与者的社会保障水平，探索共享经济模式下的社会保障新模式。

四是更加注重商业模式的创新和技术推广。商业模式创新是当前我国经济转型期吸纳就业的重要模式。新技术催生了新商业模式，新商业模式在摧毁传统就业关系的同时，创造了更多新的就业岗位。我国新媒体、电子商务、网约车等商业模式创新，盘活了社会闲置的人力资源。国家信息中心数据显示，2016 年参与共享经济就业的人数约 6000 万，共享经济不同程度地为这部分人群提供了新的就业机会。商业模式创新的制约主要来自不适应新技术和新商业模式的规章制度。在短期内难以调整政府组织结构的情况下，要在国家层面建立独立于部门和地方政府利益的专家咨询委员会，要发挥专家咨询委员会对新技术和新商业模式的研判作用。

五是更加注重对重点人群数字化工作技能的培训。数字经济导致传统产业就业岗位减少或消失，大批传统加工制造业人员、实体门店销售人员、传统纸媒从业者等面临重新择业。这些劳动者大部分仍处于适龄劳动阶段，政府要帮助这些人员再就业，提供新思维、新技能和新技术等方面的数字技能培训。试点推广"慕课"等"互联网+"创业培训新模式，大规模开展开放式在线培训。针对农村劳动力、困难群体、化解过剩产能职工等重点人群，提供有针对性的新技能培训，提高重点人群适应数字经济的能力。创新职业培训方式，实行国家基本职业培训制度，增强职业培训的针对性和有效性。创新培训补助方式，由政府安排培训转为由受众提出培训需求再申请补贴的方式，提高培训补助的效果。

(三) 缩小收入差距的重点是要推动新技术快速普及

发展数字经济,要防止虚假繁荣,要让更多群众有获得感。信息技术让社会更加扁平化,但社会的收入差距日益呈金字塔结构,占有社会财富的人越来越少。缩小信息技术革命下的贫富差距,既不能简单地采取"杀富济贫"的方式,也不能简单地搞平均主义。信息技术革命下的收入差距有其自身规律,在技术被广泛推广前,只有少部分人拥有技术,大多数人仍停留在传统技术领域,这个时候容易产生技术性收入差距的扩大。要缩小信息技术革命条件下的收入差距,关键是要加速新技术的推广普及,让更多的普通劳动者获得新技能,快速转化到生产率更高的岗位和部门,从而增加收入。缩小数字鸿沟,推动新技术普及,应成为信息技术革命下缩小收入差距的主攻方向。一是要实施更加高效的知识产权保护制度,缩短新技术扩散和商业化的周期;二是政府要多措并举,既要通过转移支付加强对重点人群的技能培训,也需要发挥龙头企业的力量,增加对偏远地区和重点人群的技能培训;三是推动新技术快速标准化,降低微观主体和个人使用新技术的门槛。

(本文完成于2018年3月。)

发展互联网经济，打造中国经济升级版

最新数据显示，目前我国经济下行压力加大，世界主要发达国家经济还在缓慢复苏。经验表明，后危机时代的经济结构调整注定是痛苦的、漫长的，现在发达国家和发展中国家都在深刻检讨和反思现有经济模式，寻找新的经济增长点，拓展新的增长空间。互联网作为20世纪人类最伟大的发明，在促进社会生产力发展和人类文明进步中已经发挥并将继续发挥重要作用。互联网经济是一种以互联网为依托，以信息技术为主要支撑的现代服务业态，其低碳、绿色、吸纳就业强和产业带动效果明显等特点，有助于打造我国经济发展升级版。

一、互联网经济引领经济强劲增长

互联网经济发展能有力推动我国经济发展方式转变。

（一）互联网经济是拉动经济增长的新引擎

作为一种新兴产业，互联网能够直接拉动经济增长。特别是在后危机时代，互联网经济正在成为一个新的经济增长点。麦肯锡最新报告称，互联网经济已占到全球国内生产总值（GDP）的3.4%，超过农业和能源，成为经济的巨大推动力。在过去五年里，发达国家的互联网经济对GDP增长的贡献平均为21%，该比例还在不断增加。随着全球经济发展以及未来更多国家进入知识经济发展阶段，互联网经济将会扮演更加重要的角色。

（二）互联网推动传统产业转型升级

互联网可以有效降低企业成本，缩短产品开发周期，增加新的商机，从而推动传统工业转型升级。互联网与传统产业的边界日益交融，促进了多专业、跨企业研发协同创新，推进了企业管理信息系统综合集成，带动了工业设计和管理咨询等现代服务业发展，并不断催生出新的商业模式，为经济发展方式转变提供了有力支撑。

（三）互联网经济有利于缓解通胀压力

电子商务已全面渗透到经济各个领域和各个产品类别，通过电子商务销售的产品的价格总体上低于线下交易的产品的价格。电子商务可以降低采购和营销成本。据测算,通过互联网进行的货物与服务采购通常可以节省采购成本的 5%~10%。电子商务可以减少库存,缩短生产和产品周期,降低企业生产成本。电子商务本质上具有产生通货紧缩的性质。淘宝网公布的 2013 年 1~5 月的总体物价指数分别为 3.93%、0.47%、-6.36%、-2.5%、-0.6%,国家统计局公布的同期消费物价指数(CPI)分别为 2%、3.2%、2.1%、2.4% 和 2.1%,远远高于淘宝物价指数。

(四)互联网经济是吸纳就业的新渠道

互联网产业本身就是一个巨大的就业平台,同时还带动了相关行业的增长,创造了更多的就业岗位。麦肯锡报告称,互联网每摧毁 1 个就业岗位,便新创造 2.6 个就业岗位。人力资源和社会保障部 2013 年首次向社会发布的《网络创业促进就业研究报告》称,我国网络创业就业已累计直接制造岗位超过 1000 万个,有力缓解了近几年的就业压力,并日益成为创业就业的新增长点。互联网数据中心统计也显示,截至 2012 年 12 月,电子商务平台中仅淘宝网一家即创造直接就业机会 467.7 万个,拉动间接就业约 1333 万个。

(五)互联网经济是绿色低碳经济

互联网产业作为战略性新兴产业,具备资源消耗少的特点,互联网产业单位占地面积对 GDP 增长的贡献远高于传统制造业。更重要的是,互联网技术应用到其他行业,可以减少大量的能源消耗。据《SMART2020:实现信息时代的低碳经济》研究报告称,预计 2020 年全球碳排放量将达到 519 亿吨,其中信息产业自身碳排放量仅为 14 亿吨,利用信息技术能够帮助其他行业减少碳排放达 78 亿吨。

二、当前我国互联网经济发展喜忧参半

(一)互联网经济增长速度远远高于 GDP 增长速度

艾瑞咨询公司的数据显示,2003 年我国互联网经济规模为 49.2 亿元,2013 年达到 5646.5 亿元,年均增长率为 59.3%,不仅远远高于同期 GDP 10% 的增长速度,而且也高于同期中国进出口贸易总额、汽车销量、建筑业增加值等的增长速度。在 2011 年,中国电子商务交易量保持了 30% 的增长率,其中网购交易年增幅达到 66%。在电子商务细分领域中,商家对顾客(B2C)的发展更为迅猛,增长率达 130%。

(二)互联网拉动内需强劲增长

电子商务平台继续向行业纵深化发展,网络购物市场规模快速增长,成为带

动消费、拉动经济增长的巨大动力。商务部发布的《中国电子商务报告（2012）》显示，2012年中国电子商务市场交易额突破8万亿元，同比增长31.7%，交易增速超过当年GDP增长率的4倍，电子商务为拉动内需提供了强劲动力。

（三）互联网经济发展潜力巨大

2013年1月，中国互联网络信息中心（CNNIC）发布的第31次《中国互联网络发展状况统计报告》称，截至2012年12月底，我国网民规模达到5.64亿，互联网普及率为42.1%，我国手机网民数量为4.2亿，年增长率达18.1%。5.64亿的庞大网民基数为互联网产业的发展带来了巨大的商业机遇和广阔的市场空间。

与此同时，我国互联网经济发展也存在以下问题：

一是网络基础设施与国际水平相比差距明显。我国宽带网络建设已有长足的进步，但与国际水平的差距还在拉大，2010年我国的宽带普及率仅为11.7%，远低于发达国家25.1%的现状，落后的差距从2005年的10%扩大到13.4%，互联网接入的家庭比例为30.9%，远低于发达国家70%的水平。国际电联报告显示，2011年我国宽带在国际上的排名为78位。

二是互联网法律法规建设滞后。新一代信息技术风起云涌，基于互联网的应用层出不穷。现有法律法规已不能适应互联网经济的发展。比如，2001年制定的《著作权法》等相关法规已不能完全适应互联网经济快速发展的情况。现行的很多工商与税务等法律法规也不适应电子商务发展的需要，导致网络逃税、网络欺诈大量发生，侵害了国家利益和消费者利益。此外，在移动互联网时代，保护个人信息安全显得日益迫切，而保护网民信息安全的法律法规迟迟没有出台。

三是网络与信息安全形势更趋严峻。随着网络融合以及新技术、新业务的发展，互联网本身容易受到来自内外部的攻击。据美国斯诺登称，2009年以来美国已针对中国网络发动了大规模的入侵活动。攻击目标多达数百个，其中包括学校和政府部门。据统计，2012年上半年我国大约有780万台计算机遭到境外2.79万个IP地址的攻击，严重威胁到我国政府、金融等重要敏感信息的安全。

三、打造中国经济升级版，加快发展互联网经济的五大建议

（一）全面升级互联网信息基础设施

在宽带普及提速工程的基础上，制定实施"宽带中国"战略，部署"宽带中国"工程，加快构建宽带、融合、安全、泛在的下一代国家信息基础设施，推进"三网融合"和光纤到户，扩大无线宽带接入覆盖面。建立健全促进宽带建

设和应用的相关财税政策，把宽带列入国家基础设施，通过财政补贴、税收减免、建立普遍服务基金等方式，加大对宽带网络建设的投资规模。大力培育宽带应用，支持移动互联网、云计算、物联网、"三网"融合等领域的业务创新。

（二）加快发展新一代信息技术产业

大力发展新型信息终端和智能家居设备。着力构建"智能终端+内容分发渠道+应用软件与数字内容服务"的产业生态系统，创新经营和服务模式。加大对集成电路、高端软件、高端服务器、新一代移动通信、下一代互联网、云计算、物联网等重点领域关键技术研发的支持力度，突破制约产业链的核心关键环节。引导信息技术与文化产业相结合，促进数字内容产业发展，形成覆盖各种终端的数字内容生产、供给、传播服务体系。

（三）加大融资与税收优惠政策支持

政府从税收减免上创立专项基金，鼓励中小互联网企业的创业投资。建立社会投融资信息平台，帮助中小互联网企业进行融资、私募，为投资者和互联网企业搭建沟通平台。鼓励各类担保资金向互联网产业倾斜，通过贷款贴息等方式引导金融机构支持互联网产业发展。

（四）营造互联网创新发展环境

设立专门的互联网产业资金，对互联网企业给予资金支持，包括互联网产业核心技术攻关、互联网应用示范工程建设、互联网基础能力建设、互联网企业的技术和商业模式创新、新兴互联网应用的启动、互联网公共信息平台的投入等。重点扶植"草根创业"，对互联网上的商务、消费类应用给予创业资金支持，支持大学生利用互联网开展创业。加强知识产权保护，保护互联网企业创新的积极性。

（五）提高互联网信息安全保障能力

开展网络信息安全评估，建立信息安全报备审批制度。建立互联网全流程监管体系，创新互联网领域信息安全监管的体制机制，通过多主体、多手段、多技术完善全流程监管体系。加强对互联网企业的服务、引导和监管，建设"信息安全领域重点跨国企业监测和预警平台"，及时监测、评估和预警跨国互联网公司对我国信息安全构成的潜在风险。加强信息安全意识教育，倡导人民养成良好的手机和互联网使用习惯，警惕信息安全风险，提高信息安全防护技能。

（本文完成于2013年7月，作为内参报有关部门参阅。）

推动我国新经济发展的政策建议

金融危机后，各国都开始反思过去的经济发展模式，探寻未来经济增长的引擎是技术革命还是能源革命。21世纪初，互联网经济泡沫的破裂给美国20世纪90年代的新经济以重磅一击，人们开始怀疑信息技术革命能否带来经济的持续增长。在经历了2003—2006年美国经济增长反弹和2008年全球金融危机阵痛后，人们再一次将目光聚焦于技术革命，期待在技术革命的推动下，以"高增长、低失业和低通胀"为主要特征的新经济增长模式能重现。我国应紧紧抓住时代战略机遇，不可再一次错失历史发展机遇的垂青。2013年11月，李克强召开经济形势座谈会时指出，要护航新经济，培育"中国增速"新动力，这给我国经济增长指明了前行的方向。

一、新经济是未来经济发展的趋势

（一）以"高增长、低失业和低通胀"为主要特征

新经济出现在美国20世纪90年代，是美国20世纪70年代"石油危机"后新一轮"一高两低"式的经济繁荣，即高增长、低失业和低通胀。美国经济增长从1991年3月至2000年6月共持续了112个月，经济平均增速达到4%，失业率从6%降到4%，通胀率也不断下降，远远超过战后美国经济连续增长50个月的纪录。美国《商业周刊》正式将这一阶段的经济发展定义为"新经济"，打破了传统经济学上"高增长与高通胀"两难的经济增长模式。

（二）信息技术革命是新经济增长的关键因素

和以往的经济持续增长相似，美国新经济主要源于新技术革命。信息技术的创新与扩散应用是美国经济增长的主要动力，据测算，信息通信技术生产和集中使用的部门对美国20世纪90年代经济增长的贡献超过60%。更为重要的是，互联网引起了生产变革，智能制造、网络制造等新型生产革命正在加快传统制造业转型升级，互联网金融快速发展推动了现代服务业创新发展，互联网经济正成为全球经济增长的新引擎。

(三) 新业态、新商业模式加快涌现

在新经济时代，由于技术创新加速，新业态与新商业模式加速出现。互联网与新闻媒体和出版的融合，使数字音乐、网络出版、在线游戏、手机媒体等数字内容产业茁壮成长。电子商务与传统零售行业逐渐走向融合发展，企业对企业（B2B）、企业对消费者（B2C）、消费者对企业（C2B）和消费者对消费者（C2C）等模式各显神通，线上线下买卖（O2O）的商业模式异军突起。随着互联网与传统金融的结合，互联网金融发展迅猛，淘宝"余额宝"、苏宁"零钱宝"、百度"百发"、平安"平安盈"等产品齐上阵，倒逼传统金融企业改革创新。另外，微信、微博、易信等社交产品的商业化步伐也在加快。

(四) 生产方式更加智能、开放、灵活和高效

信息技术与研发、生产、管理、控制以及营销等各环节的模块化和综合集成，产生了智能制造、网络制造、柔性制造、绿色制造等新型生产模式，引发了企业间生产组织和管理体系的变革。商品和服务的生产更加国际化，企业在全球范围内整合生产资源，信息通信技术将全球各地的研发、生产、销售、售后等环节无缝整合，实现全球资源的最优配置。3D打印产业和电子商务的深入发展使得个性化生产日益流行，正在改变传统的规模化生产方式。互联网等已深入应用到生产生活各个方面，企业组织形式更加灵活，远程办公日益普及。

二、我国已经进入新经济发展战略机遇期

(一) 信息通信技术设施发展迅速

截至2013年6月底，我国网民规模达5.91亿，我国手机网民规模达4.64亿，3G用户总数超过3.2亿，4G商用逐步开启。我国有线数字电视用户达到14618.9万，有线数字化程度约为68.12%。行政村宽带通达率在90%以上，使用4Mbps及以上接入带宽的用户占比超过80%，4Mbps及以上接入速率成为我国宽带用户上网的主流速率。大中城市家庭的智能手机、平板电脑、智能电视拥有率已达到80%。

(二) 信息化全面深入经济领域

信息化与工业化融合（简称两化融合）取得明显成效。两化融合改造提升了传统产业，培育了战略性新兴产业，壮大了生产性服务业。不少制造业企业通过两化融合实现了服务化转型，逐步占据价值链高端。两化融合催生了新能源、智能装备、物联网等战略性新兴产业。两化融合中产生了工业软件、信息服务、创意设计、电子商务等新兴信息服务业。物流运输、金融保险、商务会展等传统服务业也利用信息技术加快现代化。生产性服务业的壮大进一步优化了产业

结构。

(三) 战略性新兴产业初具规模

中国战略性新兴产业发展速度加快，2013年以来，在整体经济低迷的状况下，战略性新兴产业逆势上扬，部分产业增长速度为工业总体增长速度的两倍左右，成为宏观经济的重要引领力量。目前，以第四代移动通信（4G）、大规模基因测序、高品质医疗器械、新型疫苗、卫星应用等为代表的一批新兴产业创新发展，已经形成了较强的国际影响力和竞争力。生物医药、生物农业、生物制造、生物能源等产业也同样颇具规模，全国生物产业持续保持20%以上的增长速度。高端装备制造产业在大型客机、大型运输机、先进直升机和通用飞机等方面都取得了重要进展。国际零部件在中国的转包生产量不断上升，波音零部件在国内的采购每年增长20%。2013年，预计我国工业机器人产量为33800台，增长31%；物联网产业收入5100亿元，增长37.6%；电子信息产业产值9.6万亿元，增长12.4%；软件服务业收入3.3万亿元，增长27%。

(四) 信息消费在扩大内需中作用凸显

一是国产信息终端产品崛起。联想取代HTC成为中国Android设备品牌第二名，小米跻身前五，步步高进入前十。2013年上半年，我国智能手机销量为15239万台，同比增幅高达89.7%；平板电视市场整体销量已经达到1134.9万台，智能电视销量达到511.1万台，国产品牌市场占有率超过70%。二是数据流量消费保持高速增长。2013年1~8月，全国电信业实现电信业务总量9221.2亿元，同比增长7.9%。其中，数据及互联网业务实现收入2202.0亿元，同比增长29.8%，固定和移动数据及互联网业务分别同比增长7.1%、54.9%，对电信业务收入的增长贡献分别为12.4%、69.2%。三是信息服务消费增长明显。2013年，预计全国电子商务交易额达9万亿元，同比增长24.3%。其中，B2B交易额达7万亿元，同比增长15.25%；软件技术服务消费2.3万亿元，同比增长24.4%。

(五) 技术创新活跃

2013年我国科研经费超过1万亿元，占国内生产总值（GDP）的2%左右。各地均出现了一批研发投入占企业销售额比例超过5%甚至超过10%、具有国际先进研发设施和条件的创新型企业，我国通信行业巨头华为的科研投入经费占销售收入的14%，创新实力居全球第一。同时也涌现了超千万亿次计算机、第四代移动通信技术、大规模基因测序等重大成果。新能源汽车产业突破了一批关键核心技术，已申请电动汽车相关技术专利3000项以上。卫星应用产业正在由科研型向应用服务型转变，北斗系统产业化进入实质推进阶段。轨道交通形成了以

"高铁"为代表、具有国际影响力的系统自主发展能力,已投入运用的高速列车达820列,高铁运营里程已达到9356千米,居世界第一位。

(六) 电子政务成为政府治国理政和为社会提供公共服务的不可或缺的有效手段

互联网已经成为反腐、了解民情民意、政民互动、信息公开必不可少的渠道。业务信息系统已经普及各级政府,金关、金税、金盾、金审等一批国家电子政务重要业务信息系统已经产生了显著的经济成效。法人单位基础数据库、自然资源和空间地理基础信息库、宏观经济数据库、人口基础信息库四大基础数据库已经成为政府社会管理、宏观调控的重要基石。教育、医疗、就业、社会保障、行政审批和电子监察等方面的电子政务积极推进,改善和增强了政府为社会公众提供服务的能力和水平。食品药品安全、社会治安、安全生产、环境保护、城市管理、质量监管、人口和法人管理等方面的电子政务应用持续普及,加强和提升了社会管理能力和水平。

三、加快我国新经济发展的建议

(一) 加快我国经济领域的信息化进程

大力发展基于网络的新兴服务业态,重点培育应用商店、移动互联网、车联网、搜索等领域。培育互联网应用开放平台、通信管道资源平台和行业信息化公共服务平台,发展和推广O2O应用,拓展新型服务生产模式。提高中小企业和教育、医疗等重点行业的电子商务发展水平。发展设计软件、生产过程自动控制等行业的信息技术在线服务,支持云计算平台面向中小企业信息化需求整合行业资源。

(二) 以更加开放的姿态推进经济全球化

加快中国上海自由贸易试验区(自贸区)建设,积极总结自贸区新经验,探索沿海开放新路径,建设好、管理好对外开放新格局。在推进现有试点的基础上,选择若干具备条件的地方发展自由贸易园(港)区。加快"跨太平洋伙伴关系协议"(TPP)、"跨大西洋贸易与投资伙伴协议"(TTIP)等多边贸易协议谈判。加快建设丝绸之路经济带、"海上丝绸之路",促进内陆沿边开放。推进金融、教育、文化、医疗等服务业领域有序开放,放开育幼养老、建筑设计、会计审计、商贸物流、电子商务等服务业领域的外资准入限制。稳步推进资本账户开放,加快人民币国际化进程。扩大企业及个人对外投资,鼓励企业"走出去"。

(三) 加快电子政务建设

加强政府部门重要业务系统的建设,实现政府决策服务及履职业务的全流程、全覆盖。研究建立国家电子政务云计算技术服务体系，制定电子政务云平台建设和应用规划，推动政务部门业务应用系统向云平台迁移。搭建省部级电子政务云计算公共平台，为各部门提供基础架构服务。

（四）扩大信息消费

一是加快实施"宽带中国"战略。加快构建宽带、融合、安全、泛在的下一代国家信息基础设施，扩大无线宽带接入覆盖面和4G商用。支持移动互联网、云计算、物联网等领域的业务创新，以应用带动宽带网络的发展。二是加快发展新一代信息技术产业。大力发展新型信息终端和智能家居设备；着力构建"智能终端+内容分发渠道+应用软件与数字内容服务"的产业生态系统；降低或免除公共场所互联网接入费用，放宽网络信息服务市场准入条件，通过市场的充分竞争促进运营商降低资费；加快制定信息技术、信息产品、电子商务、网络安全、隐私保护等方面的法律法规，完善信息消费立法。

（五）加快新一代信息技术创新

大力支持集成电路、高端软件、高端服务器、新一代移动通信、下一代互联网、云计算、物联网等重点领域的关键技术研发，突破制约产业链发展的核心关键环节。发挥好重点行业、领军企业在创新驱动发展方面的引领带动作用，积极提升骨干企业技术研发机构的能力，推动建设更多以龙头企业为主体的产业技术联盟，支持企业建立与完善全球化的研发网络，更有效地开展国际科技创新合作，形成一批具有较强国际竞争力、技术先进的创新型旗舰企业。

（本文完成于2013年6月，作为内参报有关部门参阅。）

互联网革命与中国战略选择

一、总体思路

"十三五"时期是我国由互联网大国迈向互联网强国的关键时期，也是我国全面进入信息社会的战略机遇期，互联网作为我国战略性、基础性和先导性的支柱产业和经济社会运行的基础性平台，应坚持"围绕产业定位，服务国家战略；全面整合资源，实现国际领先；夯实发展基础，强化创新驱动；营造宽松环境，拓展海外合作；加强智力建设，加大引导支撑"的发展思路，着力打造新一代互联网基础设施，推动公共服务均等化，牢牢把握网络和信息安全，健全国际互联网治理体系，抢占网络空间制网权，重构互联网社会治理新体系，缩小数字鸿沟，发展壮大平台经济和分享经济等新经济形态，打造新动能、壮大新经济、引领新常态，将互联网打造成中国新的国家名片。

二、战略选择

一是将互联网打造成中国在国际舞台上新的国家名片。应总结我国和全球互联网发展的成功经验，打造更多世界级的互联网企业，让中国互联网企业真正成为服务全球的互联网企业，树立中国经济成功典型，讲好中国故事，扩大中国国际影响力，为全球经济复苏提出中国解决方案。同时，夯实国内互联网基础设施，提高互联网渗透力，营造更加开放的互联网发展环境，培育高素质的网民，将中国打造成全球互联网发展最具吸引力的沃土。力争将互联网打造成国家的一张新名片，通过建设互联网强国，推动越来越多的中国企业"走出去"，让越来越多的外国人和企业更好地了解真实的中国，传递中国开放、创新、包容、自信的声音。

二是将互联网作为未来国家和社会发展基本的公共基础设施。互联网将像铁路、公路、航空等交通基础设施，像水、电、气等公用基础设施一样，成为国家、企业和社会发展最基本的基础设施。互联网作为通用技术，能有效地应用到社会治理、企业生产和人民生活等方方面面，显著提升国家治理能力的现代化水平、企业生产效率、社会公共服务均等化水平，并能有效减少社会贫困，传播社会主义先进文化和节能减排，减少社会运行成本，提升经济发展质量。

三是将互联网作为产业转型升级的先导力量。互联网具有通用性、交互性、开放性和共享性四大基本属性，并依托便捷优势、扁平优势、规模优势、聚集优势和普惠优势这五大优势，加速与各产业融合，不断催生新产品、新业务、新模式、新业态，改变着传统的生产方式、商业模式和管理模式。应利用好互联网的优势推动传统产业转型升级，培育壮大新兴产业。互联网能实现机器、车间、工厂、信息系统、劳动者乃至产业链与价值链各环节的全面深度融合，推动制造业转型升级。以互联网为载体，线上线下互动的新兴消费带动了网络化、平台化和智能化的现代服务业发展，能激发传媒、娱乐、餐饮、零售、批发、金融等领域的消费潜力。

四是将互联网作为创新驱动发展的基础创新平台。实施创新驱动发展战略是我国党中央、国务院在经济新常态下的重大战略部署，是实现"两个一百年"奋斗目标的历史任务和要求的关键所在。互联网不仅是创新的主战场，也是驱动社会治理和经济发展全面创新的最重要技术手段。我国发展互联网，应在互联网领域持续创新，营造更加公平的市场竞争环境，改善对大数据、云计算、互联网金融、跨境电子商务等新兴业态的监管，争取在下一代互联网规则、地址资源分配、网络空间等国际竞争中掌握主动权。此外，还要注重互联网与其他领域的全面融合，即实施好"互联网+"行动计划，加快实施"中国制造2025"计划，大力发展基于互联网的现代服务业，推动大众创业、万众创新。

五是将互联网作为社会基本公共服务均等化的重要渠道。我国公共服务不均是当前我国经济社会发展面临的主要矛盾，如医疗资源过于集中在大医院，教育资源过于集中在大城市，城乡之间、东西部之间、大小城市之间社会公共服务发展不均衡现象严重。互联网作为一种通用技术，能有效缩短物理距离，突破区域限制，通过远程教育、远程医疗等智慧解决方案将城市优质教育和医疗资源与全社会共享，使偏远落后的农村地区也可以通过互联网手段，获得优质的教育资源和医疗资源，从而推动全社会基本公共服务均等化。

六是将互联网作为提升国家国际竞争力的战略基石。互联网使得全球成为地球村，网络空间日益成为公民友好往来、文化传播、经济贸易、国际交往、国家角逐的重要空间，网络空间已经成为继陆、海洋、天空、太空之后的人类社会第五大疆域，网络空间同样包含政治、经济、军事、文化、社会、生态等诸多维度，正发展成为一个与物理世界平行的新世界。我国应抓住新一代信息技术发展的重大机遇，掌握下一代互联网资源分配主动权，构建和平、安全、开放、合作的网络空间，建立多边、民主、透明的国际互联网治理体系①。

三、发展目标

到"十三五"期末，安全可靠、泛在高速、绿色健康的下一代互联网基础设施基本建成，公平竞争、诚实守信、创新活跃的市场环境基本形成，产业互联网成为经济增长的新动力，互联网普及率大幅提高，数字鸿沟大幅缩小，关键领域核心技术自主可控，互联网已经成为经济转型升级、公共服务均等化和政府治理能力提升的重要手段。

具体而言，到2020年，我国互联网发展的目标是：

——高速互联基础设施基本建成。到2020年，固定宽带全面覆盖城乡，宽带网络将基本覆盖所有行政村，打通网络基础设施"最后一公里"。光纤到户家庭数将达3.5亿，4G用户超过9亿，用户普及率达到85%。5G开始大规模商用，5G用户数大规模增长。城市和农村家庭宽带接入能力分别达到50Mbps和12Mbps，50%的城市家庭用户达到100Mbps，发达城市部分家庭用户可达1Gbps。IPv6地址数保持年均12%的增长速度②。对互联网产业以及整体经济发展提供必要的物质支持。

——互联网应用服务全面普及。互联网网民规模达到11亿，宽带应用服务水平和应用能力大幅提升，基于云计算、大数据的互联网第三方平台成为市场主流。互联网与社会治理、企业生产和人民生活息息相关。互联网将成为政府治理的重要手段；互联网与企业的研发、生产、管理、服务等全面融合，传统业态被冲击，基于互联网的新业态大量涌现；远程教育、远程医疗、智慧交通等应用大量普及，一批智慧城市将建成。

——对经济社会的贡献持续提高。一是信息产业对国民经济的贡献显著增强。信息产业总收入超过20万亿元，增加值占GDP的比重提高到8%以上，互联网直接带动就业350万人③。二是信息产业对国民经济的拉动作用巨大，信息产业对国民经济的间接贡献超过20%。三是我国将成为全球电子商务第一大经济体，电子商务规模（包括B2B在线交易）将达到30万亿元，其中，网络零售交易额将达到10万亿元④。2020年信息消费规模达到5万亿元，信息消费成为国民经济增长的重要动力。

---

① 2014年，国家主席习近平在首届世界互联网大会上的致辞。
② 国务院《宽带中国》所设定的目标。
③ 波士顿咨询公司预测，http://qytech.baijia.baidu.com/article/137564。
④ 阿里预测数据。

——互联网产业国际影响力增强。"十三五"期间，涌现出一批互联网产业龙头企业，形成一批掌握核心技术、具有国际影响力的互联网骨干企业，产生良好的产业集聚效应，起到较好的引领示范作用。互联网服务业快速增长，年均增长超过15%。互联网中小企业创新活跃，"大众创业、万众创新"的示范作用明显。智能终端操作系统、核心芯片、基础软件、电池、显示等核心技术实现突破，互联网自主发展能力显著提高，下一代互联网全面普及。

——互联网发展环境明显改善。互联网创新发展环境明显改善，束缚互联网和互联网融合发展的体制机制障碍有效破除，基于互联网的社会治理体系雏形基本确立。社会诚信体系全面覆盖自然人和法人，相关法律法规健全，用户隐私得到有效保护。互联网企业诚信经营、行业自律、协作共赢、良性竞争、规范有序的互联网市场体系基本形成。互联网监管环境宽松、科学、公平，国际合作活跃，和平、安全、开放、合作的网络空间和多边、民主、透明的国际互联网治理体系取得明显进展。

2025年发展愿景：互联网已经成为我国经济社会发展的基本公共基础设施，泛在、高速的互联网基础设施全面普及；互联网已经成为产业转型升级的先导力量，基于互联网的新业态大量涌现，互联网成为我国经济增长的新动力；基于互联网技术的教育、医疗、交通、城市管理等公共服务全面普及。网络经济与实体经济协同互动的发展格局基本形成，互联网经济成为拉动GDP增长的主要力量。[①] 我国基本成功迈入互联网强国。

四、重点任务

（一）建设泛在、高速、安全、稳定的下一代互联网基础设施

一是建设高速、宽带与泛在的网络基础设施。加大宽带网络等信息基础设施投入和建设力度，彻底解决电信"最后一公里"问题，实现宽带网络全覆盖。综合利用相关各类专项资金、国有资本收益金等财政资金，加大对农村和老少边穷地区宽带接入网络建设与运行维护的补贴。利用战略性新兴产业发展基金、技术改造资金等各项政策手段，提升4G网络建设服务水平，降低4G资费。推动电信市场向国内民营资本开放，鼓励新技术、新业务创新发展。扩大城市Wi-Fi覆盖范围，实现公交、车站、飞机场、酒店等公共场所全覆盖。推动企业加快5G标准的研究与推广应用，抢占未来互联网基础设施制高点。推动互联网由IPv4向IPv6演进过渡，重点推动IPv6应用，全面部署IPv6商用。

[①] 《关于积极推进"互联网+"行动的指导意见》确定的发展目标。

二是建设云计算等新型互联网基础设施。分领域建设好一批云计算、大数据中心,制定数据中心能耗标准,推动传统数据中心优化升级成弹性可扩展、高效节能、分布式的云数据中心。着力推进专业领域大数据中心建设,推动大数据采集、加工、处理、整合和深加工。利用卫星遥感、物联网、视频监控等信息技术,对土地资源、海洋岛屿、河流湖泊、山林等自然环境资源开展实时监测,加大物联网部署,对城市部件广泛部署自动感知终端,并接入互联网,形成遍布全国的基础设施物联网络。

三是大力普及智能终端及应用。严厉打击芯片和智能终端操作系统市场垄断,降低芯片和操作系统许可使用费,整体上降低智能终端成本。继续推动通信运营商降低通信资费,提升网络运行速度,减少消费者智能终端连接网络的使用成本。综合使用节能和消费补贴政策,在农村普及智能终端。

(二)抢占全球互联网产业发展和网络空间竞争制高点

一是加快制定网络空间战略。世界主要国家纷纷制定了网络空间战略,如德国制定了《德国网络安全战略》,英国也发布了《国家网络安全战略》。当前,网络空间的主动权被美国掌握,美国把持了全球互联网域名的解析权和IP地址分配,负责全球互联网域名的管理、分配与解析。全球共有1个主根服务器和12个副根服务器。一个主根服务器和9个副根服务器均放置在美国,并由美国控制。其他三个副根服务器分别由英国、瑞典和日本掌控。此外,美国拥有一批像微软、思科等软件和网络设备公司,掌握着全球网络空间的话语权。随着我国网民人数快速增长,我国已经成为网络大国,亟须构建中长期国家网络空间战略,包括建立健全国家网络安全体系,加快部署由我国主导的IPv6域名根服务器,建立符合国情的网络空间制度体系和立法框架等。

二是打造面向全球的互联网大产业。挖掘新增用户潜力,继续扩大我国互联网用户、手机用户、电脑用户规模,保持我国全球移动互联网市场优势,把我国打造成手机用户和网民数规模全球第一、市场应用最活跃、网民素质较高的全球移动互联网大市场。规范市场竞争行为,促进市场良性竞争,降低4G资费和互联网宽带接入费,降低移动互联应用门槛,推动我国移动互联网应用市场繁荣发展。积极培育数字出版、数字视听、游戏动漫等新兴产业和新市场。通过制定、贯彻法律法规及媒体的宣传,加强我国网民道德及文化修养,以应用促进网民信息技能的提高,培养网民较好的信息应用技能。营造企业诚信经营、互联网内容健康、网民素质良好的移动互联网生态环境。

三是培育互联网优势龙头企业。贯彻落实《国务院关于实施〈国家中长期科学和技术发展规划纲要〉的若干配套政策》,通过市场准入、研发投入、工程

第二篇　数字经济提升中国经济发展质量

带动、政府采购、标准制定、投融资支持等综合措施，建立以企业为主体的自主创新体系，促使资金、人才、市场向优势龙头企业倾斜，形成一批拥有自主知识产权和知名品牌、国际竞争力较强的优势互联网企业。利用国内市场巨大的规模优势，加强对国内电信运营商、服务提供商的扶植力度，支持具备较好业务、用户、技术基础的企业对移动互联网数据进行深度加工，大力开展应用服务，进而确立这些企业在国内移动互联网领域的领导地位。通过打造具有行业影响力、产业控制力与技术带动力的本土服务运营主体，在移动互联网领域做到数据自主、应用可控。鼓励终端制造商、软件提供商、网络运营商与互联网服务商在操作系统研发优化、通信运营推广、应用生态建设、软硬件匹配等各个环节加强合作，推动由芯片制造、终端制造、操作系统、应用软件、通信运营、内容服务组成的产业链实现垂直整合。

四是完善我国移动互联网产业链。建立由智能操作系统开发商、通信网络运营服务商、应用软件开发商、终端设备制造商、数字内容分发商、内容服务提供商等多方主体组成的产业联盟，促进芯片设计、软件开发、数字内容与智能终端、互联网服务的融合发展，实现移动互联网产业链协同创新，打造我国完善的移动互联网产业链。

(三) 将发展互联网作为节能减排和传播先进文化的重要手段

互联网是人类的伟大发明，缩短了人与人的距离，减少了社会运行成本，使得人民生活更加便捷，政府服务更加便利。中国政府自始至终将互联网作为先进的生产方式和生活方式，推动中国互联网的普及与产业发展。过去二十多年，我国互联网从无到有，产业从弱到强，我国互联网发展取得了举世瞩目的成就。截至2014年12月，我国网民规模达6.49亿，互联网普及率为47.9%。中国百度、腾讯、阿里巴巴等互联网企业跻身全球前10家互联网技术服务公司，中国致力于将互联网作为绿色发展、先进文化传播、公共服务均等化的重要手段。

一是将互联网作为减少碳排放的重要手段。中国政府承诺，2020年碳排放强度将比2005年下降40%~45%。我国应加快互联网技术在交通和能源领域的应用。中国的单位GDP能耗是世界平均水平的2倍，是日本的4.4倍。中国的石油对外依存度近60%，天然气对外依存度超过30%，煤炭对外依存度超过8%，而环境形势更令人担忧。如果能源能与互联网很好地结合，不仅可以大大减少能源消耗，还可以提高能源生产和利用效率，减少我国的碳排放，为全球碳排放减少做出巨大贡献。

二是利用互联网作为先进文化的传播主渠道。强调任何个人能够自由、平等地接入互联网，坚持互联网是先进文化传播的主渠道。开设网上文化移动课堂，逐渐把网络空间打造成为文化服务人民的主渠道。加快建设数字图书馆、数字档案馆、数字文化馆等公益文化信息基础设施，通过互联网实现文化资源传播的均等化。重点发展一批优秀的网络文化领军企业，鼓励以优秀的社会主义文化为题材进行创作，营造互联网文化产业发展的良好环境，抢占网络文化传播的话语权。打造一支代表先进网络文化的先锋队，占领网络舆论的主阵地，尤其是将互联网作为推介中国、讲好中国故事、发出中国声音的强有力平台。

三是利用互联网推动公共服务均等化。完善全国医疗卫生管理系统，推进数字化医疗服务，解决老百姓看病难问题，降低医疗成本。深化医疗信息资源开发共享，着力构建城乡一体的医疗服务体系、公共卫生服务体系、医疗保障体系和药品供应保障体系。加快中心城区综合性医院、特色专科医院和卫生服务中心（站）等医疗机构的信息化，规范各级各类医疗机构的信息系统建设。加快推广应用跨医院的电子病历，完善市民健康管理体系。加快建立功能完善、高效快捷的区域卫生信息资源共享平台，促进卫监、急救、血库、医疗资源等信息的整合共享。创新远程医疗、移动医疗等医疗服务模式，促进优质医疗资源均衡配置和医疗服务普惠化。围绕深化教育领域综合改革，以促进教育公平和提高教育质量为重点，加快完善教育信息基础设施，构建无所不在的网络学习环境。推进公共服务平台规模化应用，汇集优质数字教育资源和应用服务，建立适应教学模式变革的网络学习空间。鼓励和推广大型开放式网络课程（MOOC），使优质教育资源低成本地向社会开放，营造全民学习、终身学习的氛围。

（四）将互联网作为推动经济发展方式转变和产业结构转型升级的突破口

一是推进"互联网+工业"发展。推动制造业与互联网的深度融合，是我国产业结构转型升级、经济发展方式转变的必由之路。

鼓励传统制造业企业与互联网的融合，利用互联网技术实现消费终端与生产厂商互联互通，极大地改善产品性能和用户体验，推动生产方式由大规模生产向个性化定制转变，有效缓解我国产能过剩问题，推动我国工业生产转型升级。鼓励企业利用物联网、云计算、大数据创新研发设计、生产制造、市场营销、物流配送和售后服务等全流程，提升产品的附加值。鼓励企业网上交易结算、远程故障诊断，加快推进生产型制造向服务型制造转变。大力发展"网络众包+工业"，通过互联网实现工业产品研发设计、销售、用户反馈，提升我国工业制造的研发设计水平。

二是大力发展电子商务。互联网与商贸领域融合发展的历史较长，我国电子商务实现了快速发展。未来，我国电子商务仍然有巨大的发展空间，阿里巴巴预计，到2020年，公司电子商务交易额将突破10万亿元规模，届时中国电子商务交易总规模将达到 30 万亿元规模。下一步应该重点发展跨境电子商务和农村电子商务。在跨境电子商务领域，政府要加快数据开发共享、业务协同，实现出口商品通关、支付、交易、检疫一体化服务。鼓励企业建立跨境电子商务服务平台，帮助中国企业"走出去"，让更多中国消费者实现全球购买。在农村电子商务领域，政府要着力解决通信基础设施"最后一公里"问题，发展高速移动通信网络，实现村村通网络，在农村大力普及电脑知识，鼓励电子商务企业拓展农村电子商务业务，提升农村特色产品附加值，让农民低价享受工业产品。

三是积极提升中小企业互联网应用水平。大力发展中小企业公共服务平台，包括研发工具和智能装备租赁，提供管理信息软件，帮助中小企业提高研发设计能力和信息化水平。鼓励中小企业参与以行业骨干企业为核心的产业链协作，提高网络环境下的协作配套能力。发展和完善面向产业集群、中小企业集聚区的信息化服务平台，提供研发设计、经营管理、质量检验检测等服务，重点发展面向中小企业提供云计算服务的公共服务平台。

（五）以世界互联网大会举办为契机，掌握下一代互联网发展与治理的主导权

一是提高我国信息通信技术领域专利的国际话语权。总体上，我国与发达国家相比，在核心技术方面的差距仍然很大，需要引导创新资源集聚，促进专利由数量速度型向质量效益型转变。一方面，要鼓励企业原始创新，支持中国信息通信技术企业主导国际技术标准的制定，推动中国企业更多的技术标准成为国际标准，提高我国企业在信息通信技术行业的地位和影响力；另一方面，在加大知识产权保护力度，鼓励相关企业创新的同时，组织相关国内企业与科研院所建立专利联盟，交叉授权，互相促进，并汇集相关专利形成联合专利池，从而在国内实现相关专利的共享，提高应对专利纠纷时的谈判地位。

二是加快下一代互联网技术（IPv6）的研发与推广。争取由我方主导，积极推动国际互联网名称与数字地址分配机构（ICANN）、互联网域名工程中心（ZDNS）等多方机构共同参与，着手对新的网络协议标准、互联网域名管理和运行等进行研究。抓紧制定我国 IPv6 商用推广的时间表、路线图和重点任务，积极部署下一代互联网。积极参与全球根服务器的竞争，制定更完善的下一代互联网根服务器运营规则，旨在打破现有国际互联网根服务器对我国互联网资源的限制和控制，为在全球部署下一代互联网根服务器做准备。

三是加大核心关键技术研发。充分发挥市场的决定性作用，通过产业基金，创新集成电路、高端通用芯片、基础软件等核心关键技术的支持方式，实现我国信息通信技术"核高基"的突破。支持企业在智能终端操作系统、平台软件、

大数据技术、未来互联网、平板显示等领域开展研发与应用推广，着力构建更加完善的产业生态链，形成我国自主可靠的信息产业核心技术和产品体系。重点支持我国自主可控的信息安全技术研发，着力突破基于大数据的网络攻击追踪方法、工具，保障国家信息安全。建设国家网络空间战略预警和积极防御平台，精确预警、准确溯源、有效反制，提升对国家级、有组织网络攻击威胁的发现能力。

四是强化移动互联网安全技术研究。联合通信运营商、互联网运营商、智能终端制造商、手机安全软件开发商等不同经济主体构建完善的移动互联网产业链，密切合作，加强研发，推动政府主导下的信息安全技术创新，统一不同技术制式下的安全技术标准。着重研究"移动云服务"所带来的信息安全问题，加强对云服务商的监管，强化云存储信息安全。进一步扶持和发展我国的信息安全应用产业，加强移动互联网中网络、终端和应用软件的安全技术研究，开发和推广在移动互联网条件下的信息安全应用体系和产品。

五是构建和平、安全、开放、合作的网络空间，建立多边、民主、透明的国际互联网治理体系。以世界互联网大会的举办为契机，主导和参与全球互联网治理联盟的组建和管理，积极参与互联网政策和标准的制定，推动国际互联网基础资源的公平管理和分配，确保国际互联网治理决策和实施的充分透明。努力缩小数字鸿沟，打破信息壁垒，倡导信息共享的网络空间秩序，推动信息在互联网上自由、安全、跨境和有序流动，让信息更好地造福全球人民。与各国一道，参与全球打击网络黑客和网络恐怖主义行动，保护个人隐私和信息安全，构建和平、安全、开放、合作的网络空间。

（六）将互联网作为大众创业、万众创新的重点领域和支撑

一是建设一批创业创新公共服务平台。政府引导建设一批公共科技创新平台、网络服务平台、互联网融资中介服务平台、工业设计供需对接服务平台，为企业和个人创业提供公共服务。围绕融资、创业设计、商业推广、工商税务等创业上下游服务搭建服务平台，聚集社会各方资源，营造大众创业、万众创新的良好环境。大力发展O2O创业服务平台，将分散在全国乃至全球的拥有创意、设计、研发、生产、销售等优势的大中小企业和创客资源汇聚在一起，建立产业创新创业生态圈。打造返乡农民工创业培训服务平台，为返乡农民工提供电子商务、计算机应用技能、家政服务、"农家乐旅游"创业、农业实用技术等实用的技能和知识培训，鼓励返乡农民工、农村剩余劳动力和农村能手创业。

二是发展一批企业创业创新孵化平台。通过财税支撑、财政补贴等方式，发展一批由企业创设和主导的创新孵化平台，平台企业通过共享内部技术、用户、

专家、资金等优势资源，向社会开放，吸引有创新和创业想法的创业者、机构入驻企业创业创新孵化平台，真正降低有创新想法的创业者的创业门槛。

三是完善创业创新政策扶持体系。引导社会资金加大对互联网领域创新创业的投入，激发企业创新创业活力。建立"互联网+"协调推进机制，破除阻碍互联网创新的体制机制，建立与互联网发展相适应的互联网治理体系。引导设立"互联网+"创新创业投资子基金，推动"互联网+"众创空间试点示范。依法管理互联网，对网上销售假冒伪劣商品、恶性竞争、网络侵权、窃密等违法行为严厉打击，完善互联网法律法规。鼓励组建跨行业的技术联盟和产业联盟，引导政府、企业、科研机构合作交流，共建创业创新生态圈。创新政府资助方式，通过购买服务、以奖代补等方式支持创业孵化平台，为创业者提供工作场所、网络、法律、人力资源等专业化服务，助推创新创业型企业成长。

五、保障措施

（一）创新互联网治理体系

破除各种互联网发展的制度性障碍，变革工商、税务等以属地管理为特征的行政机构设置，按照互联网全国大市场的思路，研究设立新的扁平化政府管理和服务机构。继续简政放权，减少行政审批，全面梳理政府职能，修改各行业、各领域在标准、监管等方面不适应发展的法律法规，破除各行业创新发展的障碍。制定实施各行业互联网准入负面清单，允许各类主体依法平等进入未纳入负面清单管理的领域。最大限度减少事前准入限制，加强事中事后监管，以"先发展，后管理，在发展中逐步规范"的原则发展新兴服务业。逐步放开自然垄断行业的竞争性业务，鼓励传统行业与互联网创新融合发展，支持传统行业服务创新，建立统一、规范、透明、民主的行业发展环境。建立有利于创新驱动发展的税制、法制、体制机制，抓紧研究制约科技创新的各类制度性障碍，提出有针对性的制度设计和改革举措，推动制度全面创新。推动政府治理多元化，通过政府与私人机构、社会组织和企业主体互动的方式，形成多方主体参与的密切合作机制，推动政府治理现代化。

（二）加快数据开放与共享

一是健全数据管理体制，设立专门的管理机构。从国家层面做好顶层设计，以国家统计局为主，设立专门的负责政府数据收集、共享、开发利用的权力机构，开展数据开放、使用和保护工作，以及研究制定数据开放及保护与政绩考核挂钩的措施。各部门应设立首席信息官（CIO），主要负责数据更新维护、交换共享、开发利用和安全保护，完善我国政府部门的数据管理制度。

二是加快政务数据资源公开共享，推动数据资源开发利用。应尽快制定出台《公共信息资源开放共享管理办法》。在国家层面做好统筹规划，明确数据开放过程中政府部门、研究机构、应用厂商、个人用户、平台方等各方的权利和责任。建立政府数据开放、开发利用机制，全面梳理和评估政府数据开放风险，明确各部门数据开放的边界、原则，鼓励社会和企业利用政府公共数据。制定数据交换目录，以数据目录为抓手，推进部门和各级政府加快数据共享，构建基于互联网的区域性集中统一的公共信息资源开放共享网站。加快市场监管部门与市场主体自有数据的对接与共享。在保护国家安全和维护个人隐私的情况下，有条件地将市场监管部门掌握的法人基本信息与互联网企业进行共享和开发利用，市场监管部门利用互联网企业强大的信息技术优势和丰富的互联网数据资源，开展大数据市场监管，推动数据资源开发利用，提升政府监管效能。推动国家经济户籍数据库与相关部门数据的协同共享，建立国家统一的经济户籍数据库，实现市场主体准入、行政审批、协同监管等部门的在线联动，为开展跨区域、跨部门、跨业务的信息资源利用提供保障。

（三）构建完善的信用体系

一是推进信用标准化建设和建设全国统一的信用信息平台。以人民银行征信体系为基础，依托全国法人和人口数据库，建立覆盖全部企业和个人的全国统一信用信息网络平台，包括金融、工商登记、税收缴纳、社保缴费、交通违章等所有信用信息类别。建立以公民身份证号码和组织机构代码为基础的统一社会信用代码制度，完善信用信息征集、存储、共享与应用等环节的制度，推动地方、行业信用信息系统建设及互联互通。

二是建立失信惩戒机制。建立健全经营异常名录制度，对违背市场竞争原则和侵犯消费者、劳动者合法权益的市场主体建立"黑名单"制度，构建市场主体信用信息公示系统，强化对市场主体的信用监管。对严重违法失信主体实行市场禁入制度，并根据市场主体的信用状况在经营、投融资、取得政府供应土地、进出口、出入境、工程招投标、政府采购、安全许可、生产许可、资质审核等方面制定不同级别的惩罚措施。逐步建立企业从业人员，特别是高级管理人员的信用档案，将其经营行为和个人信用有机结合。

（四）加强互联网人才培养

加快传统行业互联网人才的培养和引进力度，培养一批既熟悉行业知识，又懂互联网技术的跨界人才，加快传统产业与互联网的融合发展，推动传统产业转型升级。通过国家"863"计划、"973"计划、自然科学基金等重大人才和科研计划，重点支持网络基础理论和关键技术研究，培育一批高、精、尖的互联网人才；鼓励海外互联网技术人才回国创业，建立长期有效的中美互联网中小企业交流机制，加强中美两国企业间和企业家间的了解与学习；鼓励企业与高校和科研机构联合培养创新适用的互联网技术和管理人才。

（五）制定和完善法律法规

一是完善互联网相关法律法规。推动《电信法》落地实施，将《政府信息公开条例》上升为《政府信息公开法》，规范政府信息公开。尽快启动《个人信息保护法》和《电子商务法》立法，规范网上交易，保护个人隐私，明确相关法律责任，加强智能终端App个人信息保护。

二是加强信息安全审查和保护。应进一步完善和严格执行信息安全审查制度，对进入我国市场的重要信息产品及重要信息系统进行信息产品的安全审查，确保关键信息系统、网络基础设施及基础软件的安全可控。对国家机关、金融、电信、铁路等关系国民经济命脉的部门和行业进行信息安全风险评估，制定信息安全泄露应急预案。

三是修改和完善现有法律法规。在大数据市场条件下，需要不断修改和完善现有的法律法规，包括《网络交易管理办法》《网络交易平台合同格式条款规范指引》《网络交易平台经营者履行社会责任指引》《消费者权益保护法》《产品质量法》《反不正当竞争法》《合同法》《商标法》《广告法》《侵权责任法》和《电子签名法》等，规范网络交易行为，做到网络交易有法可依，为市场监管提供有力的法律支撑。

（六）强化互联网领域的研究

互联网对我国甚至人类发展而言仍是新事物，尤其是互联网引发的革命将会带来人类政治、经济、社会、文化、技术等的全面变革，而当前理论远远落后于实践。要加快总结我国先进地区互联网发展的成功经验，形成落后地区可复制、可推广的互联网发展模式。要充分发挥研究机构和智库的作用，加强互联网技术、理论、产业等领域的基础性研究，尤其要全面评估互联网对我国政治、经济、社会、文化等的全方位影响，更好地认识互联网发展规律，通过建立新的互联网社会治理体系，更好地促进新兴产业发展，实现技术、社会、产业、环境的协同。同时，随着互联网在全球的广泛应用与渗透，互联网治理将是人类面临的共同课题，要紧紧围绕网络空间治理体系的概念、规则、法律体系、运行规律，探索构建符合互联网发展规律和我国国情的国际互联网治理体系。

（本文完成于2016年12月，主要内容发表在中国经济出版社出版的《互联网革命与中国生态变革》。）

将智慧城市建设作为推动新型城镇化的重要抓手

当前，我国传统的城镇化道路受到土地、资源、劳动力和环境等因素的制约，已变得不可持续。以云计算、物联网、大数据为代表的新一代信息技术的创新应用，为智慧城市建设提供了强有力的技术支持，也给城市发展理念、管理模式和运行方式带来了重大的创新突破。将智慧城市建设作为推动新型城镇化的重要抓手，具有十分重要的现实意义。

一、智慧城市是推进新型城镇化的战略选择

（一）智慧城市建设能拉动巨大的投资需求

智慧城市需要对城市道路、管网、电网等传统基础设施进行智能化改造，加快普及光纤宽带网络，大规模地建设智慧医疗、远程教育、智能金融、智能社区、智能家庭等一系列智慧应用，是信息消费和投资的重要领域。预计到2013年底，全国智慧城市建设中信息技术投资将超过1万亿元，到2015年将超过2万亿元，可以成为经济增长新的驱动力。

（二）智慧城市建设推动城市经济高端化

在智慧城市阶段，知识和技术密集的高新技术产业和现代服务业成为最主要的支柱产业。电子信息、生物工程技术、新材料、高端装备制造、航空航天等高新技术产业快速发展，电子商务、现代物流、网络金融、移动支付等新型业态不断涌现，数字旅游、数字娱乐、数字教育和数字消费等数字经济蓬勃兴起。

（三）智慧城市建设能高效利用城市空间

云计算、物联网、移动互联网等信息技术的普及应用，打破了人们活动时间和空间的限制。电子商务能够足不出户就完成交易活动，减少城市商业用地需求。互联网能减少企业对中心城市的依赖，部分产业的空间布局逐步转移到离中心城市较远的区域，提高了核心城区的土地利用效率。数字博物馆、城市数字地理空间、数字旅游也拓展了城市发展新空间。

（四）智慧城市能有效治理"城市病"

智能交通可使交通拥堵降低 20%、车祸减少 50%～60%、油料消耗减少 30%。在城市部署传感器，利用物联网实时收集城市空气、土壤、水质等城市基础信息，对城市 PM2.5 进行有效监控，可以破解城市污染难题，改善城市居住环境。智能水表、智能电表的大规模推广，可以提高城市公共事业信息化水平，引导居民科学合理消费水、电资源。

（五）智慧城市能有效提高政府公共服务水平

电子政务使得传统政府由多层次、多部门、以"管"为目的，向"智能的"、以"客户"为中心的高效透明服务型政府转变。目前，我国政府通过互联网向公众提供服务取得了显著成效，各级政府推广实行"一窗式""一站式"服务。例如，北京、上海、广州、成都等一批电子政务发展较快的城市，其行政许可项目在线处理比例普遍超过 50%，通过政务网络为民服务的功能逐步增强。

二、加快推进智慧城市建设具有现实基础

（一）未来一个时期，城镇化是我国经济发展的一项重要任务

2012 年，中央经济工作会议指出，城镇化是扩大内需的最大潜力所在，要积极引导城镇化健康发展。由国家发改委牵头、十多个部委共同参与编制的《全国促进城镇化健康发展规划（2011—2020 年）》，将为下一步城镇化建设提供政策指引。

（二）我国工业化和城镇化已取得长足进展，为加快智慧城市建设提供了物质和技术条件

我们已迈入工业化中期，是世界第一制造业大国，已全面建成现代工业体系，主要工业产品产量跃居世界前列，部分产业达到或接近世界先进水平。城镇人口已超过农村人口，2012 年中国城镇人口达到 7.1 亿人，城镇化率达到 52.57%，超过世界 52.08% 的平均水平。

（三）新一代信息技术加速创新应用，技术条件成熟

新一代信息技术加速创新应用，物联网、云计算、下一代互联网、大数据等呈现加速创新融合应用的趋势，基于新技术的商业模式和服务模式也日趋活跃，为智慧城市建设提供了坚实的技术基础。物联网使得城市基础设施互联互通，实现城市管理的可视化。智能终端的普及使得移动互联网应用迅速发展，人们生活更加便利化。大数据可以准确捕捉和分析海量信息，使得城市管理更加智能化、商业更加精准高效。

（四）信息化已深入各领域，为加快智慧城市建设奠定了良好基础

中央部门和省、地市、县区政府主要业务信息化覆盖率分别达到80%、70%、50%和30%，各级政府网站成为政府信息公开、网上办事的重要渠道。高等学校联网率接近100%，全国疾控体系和医疗救治体系信息网络初步建成，医院信息系统在大中型医院基本普及，31个省市的养老保险监测数据实现了网上管理。

（五）全国已经启动智慧城市试点，已有成功经验可以推广

自2009年国际商用机器有限公司（IBM）提出智慧城市概念以来，我国各级政府积极开展智慧城市规划和建设，已积累了一些经验。2013年1月，住建部公布了首批90个试点智慧城市，8月又公布了103个试点智慧城市。截至2013年5月，我国绝大多数一级城市提出了智慧城市的具体规划，80%以上的二级城市也明确提出建设智慧城市。

三、政策建议

（一）开展顶层设计，将智慧城市纳入国家新型城镇化整体规划

目前，全国范围内还缺乏明晰的智慧城市建设顶层设计。信息基础设施重复建设与发展不平衡并存，信息资源重复收集、"信息孤岛"现象明显，人口、法人、空间地理和宏观经济四大基础数据库共享程度低，电子政务投入大、使用效率不高。在全国范围内加强智慧城市顶层设计，能有效破解信息化难题。在业务层面，从法人和自然人全生命周期角度出发，全面梳理政府业务流程，彻底解决部门权责不清、职能不明的现象。在数据资源层面，厘清跨部门和部门内部共享的数据，防止数据重复采集和"信息孤岛"。在基础设施层面，统筹全国政府门户网站和政务网络及全国的宽带网络，利用云计算，采取集约化的模式，统筹全国信息基础设施。与此同时，将智慧城市纳入国务院新型城镇化整体规划，从全面建成小康社会的大战略出发，在全国范围内统一部署智慧城市建设，做好智慧城市顶层设计，明确智慧城市建设目标和路径，争取享受新型城镇化相关政策支持。

（二）由国家发改委统筹协调相关部门工作，推动全国智慧城市建设

长期以来，我国信息化体制机制障碍明显，智慧城市建设部门间协调不够，发改委、住建部、工信部和其他各部门职责不清、分工不明，导致当前智慧城市推进不力。加快智慧城市建设，需要一个更高层次的部门统筹我国智慧城市建设，组建领导有力、分工合理、运转协调的智慧城市领导小组。应考虑由发改委统筹全国智慧城市建设，工信部和住建部予以业务支持，其他部门共同参与，合

力推进智慧城市建设。

（三）加快出台配套政策

充分运用优惠贷款、政府采购等鼓励政策，建立和健全财政、税收、金融等与企业政策相配套的保障体系，以保证智慧城市建设政策与相关政策的协调和完善。改革政府采购制度，将信息服务纳入政府采购范围，鼓励政府购买信息服务和采取外包的模式推进智慧城市建设。地方政府要结合本地实际，发挥政府主导作用，通过环境营造、优化服务，加大招才引智和招商引资力度，集聚科技资源和生产要素，吸引企业聚集，加速形成各具特色的智慧城市建设模式。研究制定智慧城市新技术、新应用、新业态发展的相关政策，制定落实国务院《进一步鼓励软件产业和集成电路产业发展的若干政策》的实施细则，加快软件和集成电路产业发展。

（四）拓宽智慧城市建设融资渠道

在第一批智慧城市试点中，国开行承诺给予不低于800亿元的信贷支持，但远不能满足全国智慧城市投资总需求，资金缺口巨大。可以通过免税或返税的方式鼓励企业参与智慧城市建设。创新政府融资模式，发行智慧城市债券，支持智慧城市的长期投资。建立普遍服务基金，支持欠发达地区信息网络基础设施建设和改造。设立智慧城市建设专项资金，继续加大财政资金对电子政务、教育、医疗、公益性信息资源的开发和利用。

（五）建立和完善网络安全防御体系

在智慧城市项目建设的政府采购阶段，建立严格的技术产品资质认定和采购备案制度，对参与投标的内资、外资企业明确其安全保障的可信赖等级。以重要领域工业控制系统、关键信息技术产品和设备为切入点，实施系统和产品设备的信息安全审查。支持国产关键产品和设备的研发，推广国产关键产品和设备，鼓励各领域应用国产产品和设备。加大核心技术研发投入，增强自主创新能力，掌握关键领域的核心技术，完善产业链。

（本文完成于2013年8月，作为内参报送有关部门参阅。）

关于更好落实《促进信息消费指导意见》的建议

2013年8月8日,国务院出台了《关于促进信息消费扩大内需的若干意见》(国发〔2013〕32号)(以下简称《若干意见》),这是一项能够有效拉动需求,催生新的经济增长点,促进消费升级、产业转型和民生改善,既利当前又利长远,既利稳增长又利调结构的重大政策举措。为了更好地落实《若干意见》,现提出若干建议。

一、准确把握信息消费内涵,有助于正确制定促进信息消费的政策

(一)信息消费不仅包括消费者的最终消费,也包括企业的中间投入,是有效需求概念

信息消费不仅包括居民与政府关于信息类产品和服务的最终消费,也包括企业为扩大生产所购买信息技术产品和服务的中间投入,还包括在国际贸易往来中的信息类产品与服务,属于有效需求的概念,是国内生产总值的重要组成部分。

(二)信息消费不同于传统商品消费,具有供给创造需求的特性

信息通信技术发展历程表明,台式机、数码相机、智能手机、平板电脑、大数据、云计算等信息类产品和服务升级换代都源于企业的不断创新。扩大信息消费,更多地需要从供给角度加快企业技术创新和产品升级步伐,不断推出新产品与服务,引领信息消费趋势。

(三)需要重视互联网免费、开放的特性在扩大信息消费中的作用

自互联网诞生之日起,互联网就被打上了免费、开放的标签。信息消费不一定需要用户直接付费,通过用户付出更多的时间与精力,通过企业支付广告费,也可以繁荣互联网经济,实现扩大信息消费的目的。政府应努力降低互联网使用成本和门槛,将互联网作为扩大信息消费的平台,充分释放信息消费的潜力。

(四)摩尔定律加速产品升级换代,信息消费升级具有内生性和可持续性

信息通信技术长盛不衰、充满活力的根源是摩尔定律一直在发挥作用,当价

格不变时，集成电路上可容纳的晶体管数目，约每隔18个月便会增加一倍，性能也将提升一倍。摩尔定律使得企业加速和持续推出价格更低、功能更强大的信息类产品，不断满足市场需求。只要摩尔定律继续发挥作用，信息类产品的升级换代就具有内生性和可持续性。

（五）扩大信息消费能有效减少通货膨胀压力

一方面，信息类产品本身具有价格下降的趋势。信息通信技术制造业相关设备的价格呈现下降趋势，计算设备的价格每2~3年就要下降一半；另一方面，信息产品作为中间投入也必然降低企业的生产成本，从而降低社会物价水平。研究发现，信息通信技术产品的价格指数与居民消费价格指数之间呈现出显著的正相关。

二、落实《若干意见》的几点建议

具体落实国务院的《若干意见》的基本思路是：扩大信息消费的前提是要加快提升信息基础设施水平，关键是要充分激发市场活力，主攻方向是要提高我国信息通信技术企业的创新能力，最终目的是要惠民益企，保障条件是要保护信息安全。在具体落实方面，除了《若干意见》从六个方面提出的22项指导意见外，还应采取以下政策措施：

一是将信息基础设施建设上升为国家战略性基础设施建设。将信息基础设施上升为像铁路、公路、电网等国家战略性基础设施，由国家统筹统建，作为公共基础设施向社会提供，由国家发改委统筹规划，纳入中央财政预算。这不仅能保障信息基础设施的均等化和广覆盖，而且能有效减少基础设施的重复建设，降低资费成本。

二是出台一揽子鼓励信息消费的政策。实施信息通信技术消费资助政策，设立信息消费救济制度，对城市残疾人员、贫困人口、老年人以及偏远农村人口购买移动电话、计算机、电视机以及宽带接入服务进行补贴。开展信息产品以旧换新活动，对升级换代信息产品的采购予以补贴。加大对国产信息技术软硬件产品的采购支持，财政性资金采购优先选用国产产品与服务。对重点行业信息化、重大信息系统工程实行激励性和约束性政策，引导采购国产产品与服务。加大对国民信息通信技术使用技能的培训，提高国民信息素养，激发全民对信息通信技术产品的潜在消费需求。

三是重点促进中小企业的信息消费。引导和鼓励中小企业积极扩大信息消费，促进应用信息技术改造和提升生产制造、运营管理和市场开拓的水平。组织召开全国性的中小企业信息消费推进工作经验交流会。各级政府主管部门为中小企业信息化提供专业服务，重点培育和推广一批试点示范典型企业，支持中小企业信息化。健全中小企业信息化服务平台网络，积极引导信息通信技术（ICT）厂商、专业咨询机构、科研机构等社会资源有效对接中小企业信息消费的市场需求。

四是大力发展基于信息技术的生产性服务业，促进产业结构调整。在信息通信技术渗透到工业各领域的过程中，应聚焦工业设计、电子商务和物流、信息服务、服务型制造等领域，加快发展基于信息技术的现代生产性服务业。①工业设计。以丰富产品品种、提升产品附加值、创建自主品牌为重点，大力发展工业设计，提升工业竞争力，扩大消费需求。②电子商务和物流。推动重点行业电子商务平台与物流信息化集成应用，增强物流服务的专业化、市场化和社会化能力。加快新一代无线通信技术在物流和电子商务领域的创新应用。③信息服务。鼓励发展信息技术外包服务（ITO）、业务流程外包（BPO）以及知识流程外包服务（KPO），促进产业分工、产品分工向工序分工扩展，实现规模经济和范围经济效果。④服务型制造。推进产品数控化、生产绿色化和企业管理信息化，使信息通信技术贯穿技术研发、产品设计、工业流程、生产销售、售后维护以及回收处理再利用等全生命周期过程，推动装备制造从生产型制造向服务型制造转变。

五是加快信息消费配套产业发展。加快文化出版业数字化转型。加强数字出版新技术应用，支持数字出版和报刊的网络发行。重点发展数字影音、数字游戏、数字动画和数字学习等数字内容产业。

六是加强网络金融监管，鼓励网络金融创新。结合互联网金融发展的新情况，重新梳理各类金融企业的业务范围，构建科学有序的互联网金融监管体系，明确相应企业、相应业务的监管部门，取缔未经监管许可的金融平台，建立互联网金融的行业统一数据平台。鼓励大型国有银行积极开展互联网金融业务，推动互联网金融创新发展。加强金融业信息安全管理，进一步制定出台关于电子交易及电子证书、加密等方面的法律和制度，积极推动网络支付、移动支付的发展。建议金融机构和从事网络支付服务的非金融机构加强技术防范、人才培养、内部控制和风险预警，建设数据备份中心，建立网络金融风险预警机制，确保网络金融安全。

（本文完成于2013年8月，发表于2013年9月第17期《人民政协报》。）

我国 E 国际贸易发展现状与面临的主要挑战

我国跨境电商在全球发展一枝独秀，在全球范围内具有领先优势，是下一代贸易方式 E 国际贸易的重要实践，具备探索和总结下一代贸易方式理论框架的现实基础。然而，当前我国 E 国际贸易发展在发展环境、认识、理论、政策等方面还存在诸多挑战。

一、当前我国跨境电商发展的实践

（一）我国跨境电子商务发展历程

我国跨境电商发展经历了四个阶段（见图1）。

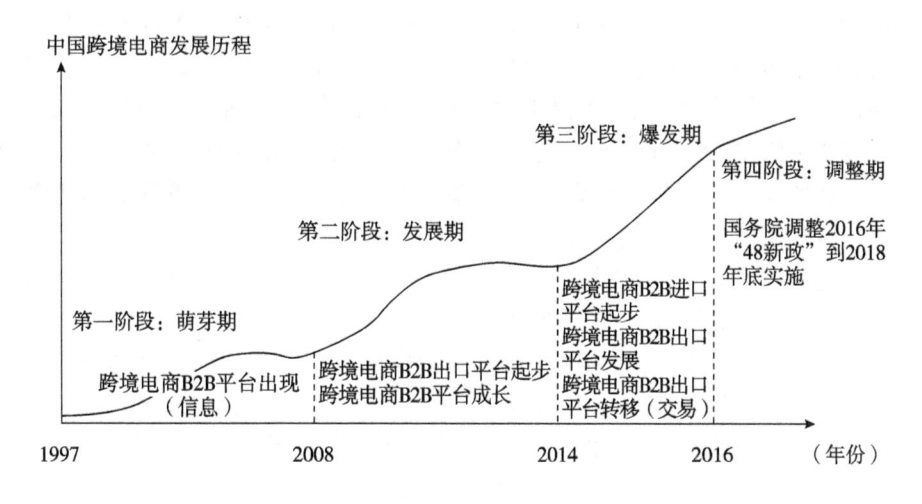

图 1　我国跨境电商发展历程

资料来源：阿里研究院 . 2016 中国跨境电商发展报告［R］. 2016-09.

第一阶段（萌芽期，1997—2007 年）：我国跨境电商起步于 20 世纪末，最初主要是帮助中小企业出口的 B2B（Business-to-Business）平台，代表企业有阿里巴巴（国际站）、中国制造网等。1997—1999 年，中国的外贸 B2B 电子商务网站如中国化工网、中国制造网、阿里巴巴（国际站）等相继成立，这些跨境电商平台为中小企业提供商品信息展示、交易撮合等基础服务。其中，阿里巴巴（国际站）是目前全球最大的跨境 B2B 平台，并且已经从线上 B2B 信息服务平台逐步发展成 B2B 跨境在线交易平台。

第二阶段（发展期，2008—2013 年）：随着全球互联网渗透率的提高，以及跨境支付、物流等服务水平的发展，2008 年前后，面向海外个人消费者的中国跨境电商零售出口业务 B2C/C2C（Business-to-Customer/Customer-to-Customer）蓬勃发展起来，DX.com（2006 年）、兰亭集势（Lightinthebox，2007 年）、阿里速卖通（2009 年）皆是顺应这一趋势成长起来的跨境电商 B2C 平台。跨境电商零售的发展导致国际贸易主体、贸易方式等发生巨大变化，中国大量中小企业、网商开始直接深入参与国际贸易。

第三阶段（爆发期，2014—2016 年）：2014 年中国对跨境电商零售进口做出监管制度创新，促进了中国跨境电商零售进口的迅猛发展，诞生了一大批跨境电商零售进口平台和企业，包括天猫国际、网易考拉、聚美优品、洋码头、小红书等，整个行业在 2015 年迎来了爆发式增长。

第四阶段（调整期，2016 年至今）：2016 年 4 月，财政部等 11 个部门发布《关于跨境电子商务零售进口税收政策的通知》（简称"48 新政"），对跨境电商商品进口环节征收增值税、消费税和营业税，并规定个人单次交易限值为 2000 元，年度交易限值为 20000 元。受"48 新政"影响，我国跨境电商发展跌入冰冻期。幸运的是，国务院及时调整"48 新政"实施期限，使得我国跨境电商发展赢得了合规发展的窗口期。2016 年 5 月，海关总署发布《关于执行跨境电子商务零售进口新的监管要求有关事宜的通知》，明确了过渡期内跨境电子商务零售进口商品新的监管要求，过渡期为一年，截止期为 2017 年 5 月 11 日（含 11 日）。2016 年 11 月，商务部为稳妥推进跨境电商零售进口监管模式过渡，延长跨境电商新政执行的过渡期至 2017 年底。2017 年 9 月，国务院总理李克强在国务院常务会议上指出，将跨境电商监管过渡期政策延长至 2018 年底。

（二）我国跨境电商规模与成长速度

1. 2016 年我国跨境电商逆势增长

尽管全球贸易增速放缓，中国跨境电商增速有所下降，但是跨境电商增速仍大幅高于货物贸易进出口增速，我国进出口贸易中的电商渗透率持续提高。2016 年是我国跨境电商发展的转折点。"48 新政"给我国跨境电商发展带来极大震动，但随后国务院三次延长实施期限，我国跨境电商发展依然呈快速增长势头。

中国电子商务研究中心发布的《2016年度中国电子商务市场数据监测报告》显示（见表1），2016年我国进出口跨境电商（含零售及B2B）整体交易规模达到6.7万亿元，同比增长24%，占中国进出口总额的比重从2015年的21.95%上升到27.54%。2016年，我国货物贸易进出口总值达24.33万亿元，比2015年下降0.9%。其中，出口总值达13.84万亿元，下降2%；进口总值达10.49万亿元，增长0.6%。

表1 2011—2016年我国跨境电子商务交易规模

	2011年	2012年	2013年	2014年	2015年	2016年
中国货物贸易进出口总值（万亿元）	23.6	24.4	25.8	26.4	24.6	24.33
中国跨境电商交易规模（万亿元）	1.7	2.1	3.15	4.2	5.4	6.7

资料来源：中国电子商务研究中心.2016年度中国电子商务市场数据监测报告[R].2017-05-24.

从进出口结构看，中国跨境电商以出口为主。2016年，跨境电商出口交易规模为5.5万亿元，占跨境电商交易总额的82.08%；跨境电商进口交易规模为1.2万亿元，占跨境电商交易总额的17.92%（见表2）。

表2 2011—2016年我国跨境电商出口及进口交易额占比

	2011年	2012年	2013年	2014年	2015年	2016年
进口占比（%）	8.8	11.5	14.3	15.7	16.8	17.92
出口占比（%）	91.2	88.5	85.7	84.3	83.2	82.08

资料来源：中国电子商务研究中心.2016年度中国电子商务市场数据监测报告[R].2017-05-24.

按业务模式分，中国跨境电商目前以B2B为主。2016年我国跨境电商B2B交易占比达88.7%，B2B交易占据绝对优势，跨境电商零售（B2C）交易占比为11.3%（见表3）。

表3 2011—2016年我国跨境电商零售（B2C）、B2B交易额占比

	2011年	2012年	2013年	2014年	2015年	2016年
零售（B2C）占跨境电商的比例（%）	2.5	3.8	5.2	6.3	8.1	11.3
B2B占跨境电商的比例（%）	97.5	96.2	94.8	93.7	91.9	88.7

资料来源：中国电子商务研究中心.2016年度中国电子商务市场数据监测报告[R].2017-05-24.

2. 跨境电商零售增长放缓，但保持高速增长

2016年，我国B2C受"48新政"影响较大，总交易额虽增幅较大，但增速放缓。2016年，我国跨境电商零售（B2C）交易额达到7512亿元，同比增长约73%。随着中国经济持续发展和居民收入稳步提升，中国迎来了新一轮消费升级的浪潮。在这个过程中，国内消费者对海外优质、长尾、个性化商品的刚性需求突出。据测算，2020年跨境电商零售出口额将达到2.16万亿元，年均增幅约34%；2020年跨境电商零售进口额将达到1.5万亿元，年均增幅约为43%[①]。

（三）中国与G20其他国家ECI跨境电商连接指数

根据阿里巴巴跨境电子商务大数据（涉及B2B出口、B2C出口和B2C进口），阿里研究院编制了ECI指数（E-Commerce Connectivity Index between China and Major Economies，中国与主要经济体跨境电商连接指数），旨在反映中国与其他国家在跨境电商贸易方面的连接紧密程度。ECI总指数由ECI进口指数和ECI出口指数两项分指数构成。每项分指数均综合考量该国与中国之间的跨境电商规模（绝对值）、跨境电商渗透率（潜力值）两项指标。阿里研究院研究了二十国集团（G20）国家的ECI情况，暂不包括欧盟。目前，G20国家贸易额占全球贸易额的80%，中国与G20国家之间的贸易额占中国进出口总额的50%以上。2015年，在G20国家中，有关国家与中国的ECI指数排名是：美国、英国、澳大利亚、法国、意大利、日本、加拿大、德国、韩国、俄罗斯、印度、土耳其、巴西、南非、墨西哥、印度尼西亚、阿根廷、沙特阿拉伯。

根据ECI指数，可将这些国家分成三组：强连接、中等连接、弱连接。强连接国家（ECI分值在40分以上）与中国通过跨境电商进行的贸易往来非常频繁，在进出口方面都有较强的连接，ECI进口指数和ECI出口指数相对均衡。强连接国家包括美国、英国、澳大利亚、法国、意大利、日本、加拿大。其中，美国整体得分最高，ECI分值为82分，属于超强连接国家。

中等连接国家（ECI分值在21~40分之间）与中国通过跨境电商进行的贸易往来较多，在进出口的某一个方面连接较强，ECI进口指数和ECI出口指数不均衡。中等连接国家包括德国、韩国、俄罗斯、印度、土耳其、巴西、南非。

弱连接国家（ECI分值在20分及以下）与中国通过跨境电商进行的贸易往来较少，ECI进口指数和ECI出口指数均不高，尤其是ECI进口指数过低。弱连接国家包括墨西哥、印度尼西亚、阿根廷、沙特阿拉伯。具体如图2所示。

---

① 资料来源：商务部、海关总署、艾瑞、易观、阿里研究院。

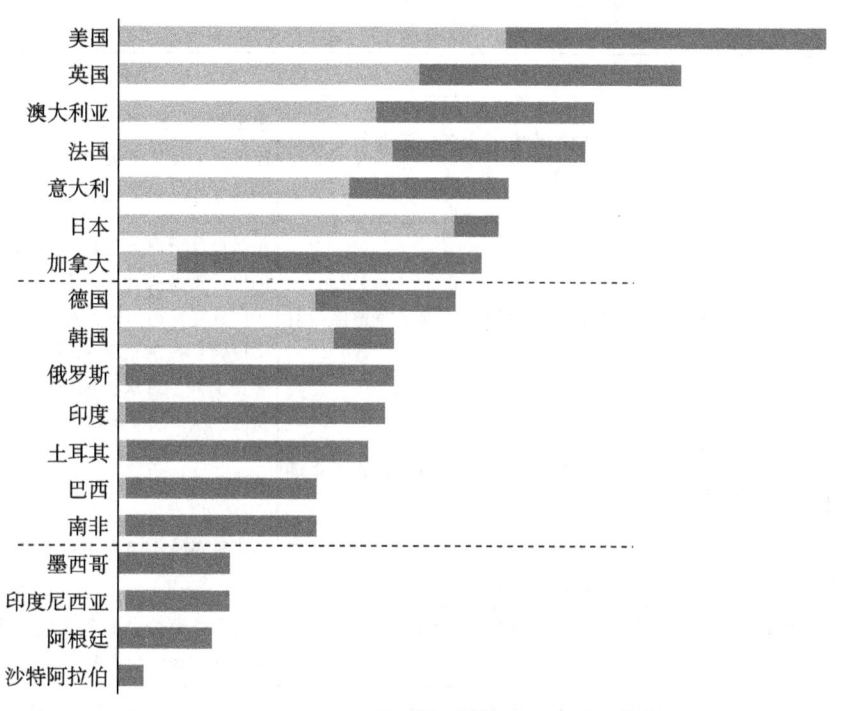

第二篇 数字经济提升中国经济发展质量

■ECI进口指数　■ECI出口指数

图2　中国与G20其他国家跨境电商连接指数

(四) 我国跨境电商政策演变

近年来,中国政府和社会各界高度重视跨境电商的发展,将其视为新时期中国经济发展的新引擎、产业转型的新业态和对外开放的新窗口。经过几年发展,中国通过不断完善政策制度和创新商业模式,已经初步建立了"成体系、全方位"的跨境电商零售进口监管模式,为促进中国跨境电商发展创造了良好的基础。然而,跨境电商零售作为一种新业态,仍然需要中国政府和产业界去提升理论认识,持续完善政策设计,促进产业健康发展。中国出台的涉及跨境电商的政策如表4所示。

表4　中国出台的涉及跨境电商的政策（2012年至今）

时间	制定单位	政策名称等	具体内容
2012年12月	发改委、海关总署	中国跨境贸易电子商务服务试点工作部署会	中国跨境贸易电子商务服务试点工作全面启动,郑州、上海、重庆、杭州、宁波作为五个试点城市将"先行先试"

续表

时间	制定单位	政策名称等	具体内容
2013年2月	国家外汇管理局	《支付机构跨境电子商务外汇支付业务试点指导意见》	确定在上海、北京、重庆、浙江、深圳五个地区开展支付机构跨境电子商务外汇支付业务试点
2013年8月	商务部等九个部门	《关于实施支持跨境电子商务零售出口有关政策的意见》	将跨境电子商务零售出口纳入海关的出口贸易统计，提出了对跨境电子商务零售出口的支持政策以及出口检验、收结汇等六项具体措施，并在上海、重庆、杭州、宁波、郑州五个城市展开新政策试点
2013年12月	商务部	《关于跨境电子商务零售出口税收政策的通知》	跨境电商零售出口可享退（免）税
2014年1月	海关总署	《关于增列海关监管方式代码的公告》（海关总署公告2014年第12号）	特别针对跨境电商增设了监管方式代码"9610"
2014年4月	国家税务总局	《关于外贸综合服务企业出口货物退（免）税有关问题的公告》	明确了外贸综合服务企业可作为退税主体的情形和要求
2014年4月	海关总署	《跨境电子商务服务试点网购保税进口模式问题通知》	对保税进口商品及金额进行规定，规范了保税进口运作模式
2014年7月	海关总署	《关于跨境贸易电子商务进出境货物、物品有关监管事宜的公告》（海关总署公告2014年第56号）	进一步明确对跨境电子商务的监管，区分了货物和物品的概念，对于两者将采用不同的监管方案
2014年7月	海关总署	《关于增列海关监管方式代码的公告》（海关总署公告2014年第57号）	增列海关监管方式代码"1210"，全称"保税跨境贸易电子商务"，赋予了跨境电商保税进口的合法身份
2015年3月	国务院	《关于同意设立中国（杭州）跨境电子商务综合试验区的批复》	着力在跨境电子商务各环节先行先试，打造跨境电子商务完整的产业链和生态链
2015年5月	国家质检总局	《质检总局关于进一步发挥检验检疫职能作用促进跨境电子商务发展的意见》	对跨境电子商务的检验检疫工作进行了有针对性的安排
2015年5月	海关总署	《关于调整跨境贸易电子商务监管海关作业时间和通关时限要求有关事宜的通知》	海关对跨境贸易电子商务监管实行"全年（365天）无休日、货到海关监管场所24小时内办结海关手续"的作业时间和通关时限要求

续表

时间	制定单位	政策名称等	具体内容
2016年1月	国务院	《关于同意在天津等12个城市设立跨境电子商务综合试验区的批复》（国函〔2016〕17号）	同意在天津、上海、重庆、合肥、郑州、广州、成都、大连、宁波、青岛、深圳、苏州12个城市设立跨境电子商务综合试验区
2016年4月	财政部等部门	《关于跨境电子商务零售进口税收政策的通知》	关税暂设为0；进口环节增值税、消费税取消免征税额，暂按70%征收；个人单次交易限值为2000元，年度交易限值为20000元
2016年4月	财政部等部门	《关于公布跨境电子商务零售进口商品清单的公告》（财关税〔2016〕40号）	公布了跨境电子商务零售进口商品清单
2016年4月	海关总署	《关于跨境电子商务零售进出口商品有关监管事宜的公告》（海关总署公告2016年第26号）	明确跨境电子商务零售进口商品按照货物征收关税和进口环节增值税、消费税，完税价格为实际交易价格，包括商品零售价格、运费和保险费
2016年5月	海关总署	《海关总署办公厅关于执行跨境电子商务零售进口新的监管要求有关事宜的通知》（署办发〔2016〕29号）	明确了过渡期内跨境电子商务零售进口商品新的监管要求，暂不执行《跨境电商零售进口商品清单》中关于化妆品等商品的首次进口许可证、注册或备案要求，过渡期为一年，截止期为2017年5月11日（含11日）
2016年11月	商务部等	2016年11月15日，商务部新闻发言人关于延长跨境电商零售进口监管过渡期发表的谈话	明确了过渡期内跨境电子商务零售进口商品新的监管要求，过渡期进一步延长至2017年底
2017年3月	商务部等	2017年3月17日，商务部新闻发言人就跨境电商零售进口过渡期后监管总体安排发表的谈话	现阶段，对跨境电商零售进口商品暂按照个人物品监管
2017年9月	国务院	2017年9月20日，国务院常务会议指出，要在全国复制推广跨境电商线上综合服务和线下产业园区"两平台"及信息共享、金融服务、智能物流、风险防控等监管和服务"六体系"等成熟做法；要再选择一批基础条件好、发展潜力大的城市建设新的综合试验区，推动跨境电商在更大范围发展；决定将跨境电商零售进口监管过渡期政策再延长一年至2018年底，并加快完善相关制度	跨境电商零售进口监管过渡期政策的再度延缓向整个行业释放了积极信号，不仅给跨境进口行业更长的调整期，而且体现了政府对跨境电商的认可和支持，有利于跨境进口电商做进一步调整和整合

注：目前已经批准的跨境电商试点城市和跨境电商综合试验区包括杭州、天津、上海、重庆、合肥、郑州、广州、成都、大连、宁波、青岛、深圳、苏州、福州、平潭共15个城市。

二、E国际贸易发展面临严峻的外部形势

（一）全球贸易保护主义抬头

近年来，世界主要经济体出台多项贸易保护主义措施，反全球化论调高涨。自2008年以来，G20经济体采取了1583项新的贸易限制举措。美国前总统奥巴马执政八年来，针对别国企业和产品，尤其是针对中国企业和产品进行的反倾销、反补贴（"双反"）调查层出不穷，并不时动用限制别国企业和产品的"一般301条款""特别301条款""超级301条款"等[①]。尤其是美国总统特朗普上台后，已经终止了TPP（跨太平洋伙伴关系协定）进程，要求就北美自由贸易协定进行重新谈判。反全球化趋势和民族贸易保护抬头，抑制了全球E国际贸易的发展。

（二）现有WTO规则制约下一代贸易方式发展

现有的国际贸易规则和贸易政策仍停滞在20世纪，已无法适应以全球价值链为代表的新贸易模式的要求。目前的多边贸易规则主要是1994年达成的乌拉圭回合协议，其深度和广度都已无法满足当今各国产业发展的需要。WTO多边框架下的多哈回合谈判长期陷于"瘫痪"状态，而适应新的贸易方式的全球性贸易规则又未形成，导致了E国际贸易规则不明确、不统一，制约了下一代贸易方式的发展[②]。

（三）发达国家仍然主导国际贸易规则

在当前的国际贸易规则重构中，尽管各种利益博弈激烈，但由发达国家主导的格局仍未改变，美国、欧盟、日本等发达国家目前在TTIP、TISA等贸易谈判中暂时占得先机，发达国家"强强联合"的态势突出，它们在议题设置上占据主导权，引导着未来全球贸易规则的走向，将在很大程度上改变未来贸易规则及产业标准。发达国家通过主导国际贸易谈判来影响国际经贸关系及国际贸易规则的趋势凸显，反映了发达经济体试图在全球范围内重整贸易关系、重塑游戏规则、重新配置经济利益的战略目标。

（四）我国跨境电商进口供应链话语权弱

目前，进口跨境电商货源多由国外专业团队代购，再销售给国内消费者。跨境电商对海外货源的掌控力弱，货源品质得不到保证，造成供货不及时，甚至成

---

① 资料来源：http://next.ftchinese.com/story/001068128.
② 商务部国际贸易经济合作研究院. 国际贸易新规则正处于重构关键时期［EB/OL］. http://www.pzhswls.gov.cn/Content.aspx?ID=20931&CID=75. 2016-09.

为假货销售的平台。除了天猫国际、苏宁易购等大型电商与海外直接洽谈对接外，大多数跨境电商无法直接与海外品牌对接，很难取得国外品牌商或大型零售商的授权，跨境电商平台销售产品的质量难以保障，且经常出现断货，造成客户体验比较差。

三、对 E 国际贸易的概念、理论和框架认识不够

（一）对 E 国际贸易的概念认识不统一

关于 E 国际贸易的概念，政府与企业并没有形成统一的认识，E 国际贸易与跨境电商、EWTP 和数字贸易等概念被混淆使用。有人简单地将跨境电商等同于 E 国际贸易。跨境电商是指分属不同关境的交易主体，通过电子商务平台达成交易、进行支付结算，并通过跨境物流送达商品、完成交易的一种国际商业活动。EWTP 是私营部门引领、市场驱动、开放透明、多利益相关方参与的国际交流合作平台。E 国际贸易是一种新型的贸易方式，是依托类似 EWTP 这样的基础设施平台开展国际间商品与服务交易的具体方式。数字贸易是以数字交换技术为手段，为供求双方提供互动所需的数字化电子信息，实现以数字化信息为贸易标准的创新商业模式。

（二）E 国际贸易的理论内涵有待研究

跨境电商越来越向下一代贸易方式——E 国际贸易发展，打破了传统贸易方式和手段，节约了消费者的成本，增加了国家、地方税收和仓储消费，带动了就业与加工贸易的发展。目前，关于 E 国际贸易的理论研究严重滞后于实践，关于 E 国际贸易的经济学理论基础、内涵、框架体系、主要模式等仍处于探索之中，目前理论研究还无法指导实践。

（三）管理部门习惯用旧思想、旧办法、旧政策管理新贸易方式

政府部门、经济学家和企业各方对跨境电商发展尚未达成共识。海关、税务、卫生检疫等多部门仍存在跨境电商是一种走私行为的观念，认为跨境电商通过小邮包逃避了税收和检疫，应予以制止。政府有关部门思想滞后，缺乏对新业态和新商业模式的研究，仍用旧的政策来管理新业态。最明显的是 2016 年 4 月 8 日，财政部、商务部牵头联合十一部委下发了《关于跨境电子商务零售进口税收政策的通知》（财关税〔2016〕18 号文）（简称"48 新政"），给跨境电商发展带来极大的不确定性。出台政策的当天，正在热火朝天开展跨境零售业务的郑州、宁波、杭州、广州、深圳五个试点城市现场货物入区单量为 0，区内库存的 97%无法继续销售。幸运的是，国务院决定延长"48 新政"到 2018 年底实行，给我国电子商务发展带来了窗口期。从"48 新政"可以看出，政府管理部门仍

然用一般贸易模式下的传统方式来管理新的贸易方式。"48 新政"的政策基点是把保税备货模式经营的商品看作货物而不是物品。"48 新政"对税基和购买额度的限制规定，与国际邮政快递及消费者行李自带相比存在明显的不公平。如购买额度方面，出国购买每人免税携带 5000 元，邮政快递由于无法实现有效监管等同于不受限制，"48 新政"下跨境电商每人每次则限购 2000 元、年限额 20000 元，这就大大制约了跨境电商的发展。在税收方面，海外消费、邮政快递为零，而"48 新政"比一般贸易还高出 30%。在监管条件方面，海外消费、邮政快递无任何监管条件，一般贸易有通关单，"48 新政"有正面清单、通关单、约束条件等最复杂的监管限制。

(四) E 国际贸易方式有待规范

作为 E 国际贸易主要形式的跨境电商，从实践看，其管理仍有待规范。跨境电商主要有 M2C、B2C、B2B2C、B2B、C2C 和 C2B 等多种模式，每种模式都有其存在的特定价值，也存在不足。

一是 M2C 模式（生产厂家对消费者：Manufacturers to Consumer），搭建厂商和消费者之间的平台。M2C 模式是生产厂家直接对消费者提供自己生产的产品或服务的一种商业模式。M2C 的特点是流通环节减少至一对一，销售成本降低，从而保障了产品品质和售后服务质量。优势是用户信任度高，因为这些商家需要有海外零售资质和授权，商品从海外直邮，并且可以提供本地退换货服务；痛点在于，它们的性质大多为第三方代运营，所以价位高、品牌端管控力弱，正在不断改进和完善中。

二是 B2C 模式（保税自营+直采）。B2C 模式是指直接面向消费者销售产品和服务的商业零售模式。优势在于平台直接参与货源组织、物流仓储买卖流程，销售流转高，时效性好，通常 B2C 商家还会附以"直邮+闪购特卖"等模式，补充 SKU[①] 的丰富度和缓解供应链的压力。痛点在于品类受限。目前此模式还是以爆品、标品为主，有些地区的商检海关是独立的，能进入的商品根据各地政策不同都有限制，如广州就不能有保健品和化妆品入境。同时还有资金压力，因为不论是搞定上游供应链，还是提高物流清关时效、在保税区自建仓储，又或者做营销打价格战、补贴用户以及提高转化复购，都需要大量资本，爆品和标品的毛利空间极低，却仍要保持稳健发展，资本注入在此刻意义尤为重大。

三是 C2C 模式（Consumer to Consumer）：海外代购制。C2C 模式是个人与个

---

① 英文全称为 Stock Keeping Unit，简称 SKU，定义为保存库存控制的最小可用单位，如纺织品中一个 SKU 通常表示规格、颜色、款式。

人之间的电子商务。比如一个消费者有一台电脑，通过网络进行交易，把它出售给另外一个消费者，此种交易类型就称为 C2C 电子商务。海外买手（个人代购）入驻平台开店，从品类来讲，以长尾非标品为主。该模式比较灵活，有利于调动广大消费者参与跨境电商的积极性，商品种类量大面广。但也有很多固有的问题，如商品真假难辨、区分原有商家和海外买手会造成很多矛盾等，在获取消费者信任方面还有很长的路要走。另外，服务体验的掌控度不太好，个人代购也存在法律政策风险。典型的平台有淘宝全球购、淘世界、洋码头扫货神器、海蜜、街蜜等。

四是 B2B2C 保税区模式。B2B2C 是以平台自营为主的一种电子商务运营模式，平台自营商品是商城的主要盈利点，同时也是保证销售商品质量最有效的方式，平台运营商通过自主产品的销售保证商城的基础运营，运营商也可以建立自己的大型销售仓库，建立类似线上苏宁、国美的大型连锁超市，通过电商平台完成销售，既节省了线下的各类费用，也将客户群体扩展到所有网民。B2B2C 商城在自营基础上，允许商家申请入驻，入驻商家需要提交营业执照等实体信息，通过平台审核后，可以销售所申请种类的商品。销售中买家对平台运营商付款，根据运营商的要求商家定期申请结算，结算时需扣除对应商品种类的销售佣金。B2B2C 商城内置多重促销方式，如商城活动、积分商城、团购（商品购、生活购）等，为自营和商家提供了多种盈利方式，有效地补充了基本销售功能，让消费者在获利的同时也给商家带来更多的盈利点。该模式的优势在于便捷且无库存压力，痛点在于 B2B2C 借跨境电商名义行一般贸易之实，接触不到 C 端用户，长远价值堪忧。

五是保税备货模式（自营 B2C 模式）。所谓保税备货模式，通俗地讲是指跨境电商企业通过集中采购的方式，将商品由境外统一调配至国内的保税仓库。当接到消费者的网上订单之后，由境内物流公司直接从保税仓库取货并配送至客户手中。数据显示，目前国内从事跨境电商的企业中，有 60% 左右的订单通过保税备货模式由保税仓库配送至客户手中，是最为广泛采用的一种方式。保税备货模式的优点主要有：

第一，速度快。由于保税备货模式中商品提前暂存于保税区仓库，一旦消费者通过网络下单，货物便可以直接从保税仓出货并配送。这样直接省去货物在国际运输中的时间，速度之快令消费者乐享前所未有的购物体验。

第二，成本低。一方面，海外集中采购可以降低进口商品的采购成本；另一方面，在进口环节可以享受相关税收优惠。采购成本和物流成本的降低，自然能够为跨境电商企业提供更高的利润空间和竞争力。

第三，透明化。所谓透明化，是指采用保税备货模式的商品在进口通关、检验检疫等诸多流程完全公开透明，这样便于消费者进行质量监督，必要情况下有利于维护消费者的合法权益。不过，由于在采购调配时需要根据市场需求和消费者喜好进行提前预测，所以会导致商品库存难以精准把控，根据市场动态进行及时调整的难度较大。

六是海外直邮跨境电商。是指以互联网为平台，向国内用户销售进口产品，并将商品通过跨境物流从国外直接送达交付的商业公司。海外电商直邮是国际直邮的一种，目前以万国邮政的方式为主，但是此模式目前效率较低。优势在于，有全球优质供应链物流体系和丰富的 SKU；痛点在于，海外直邮跨境电商最终还是要比拼境内转化销售能力，对本土用户消费需求的把握就显得尤为重要。

（五）跨境电商出口与进口政策不匹配

从国家层面看，政府对跨境电商出口与进口的政策不匹配。在我国开展跨境电商试点的城市中，政策主要侧重于进口。对跨境电商出口一直未能出台好的政策，如跨境电商出口退税政策不清晰。此外，中国对跨境电商进口一般贸易方式的认定，在很大程度上也大大限制了中国商品对海外的出口。

四、我国 E 国际贸易管理体系有待完善

（一）新贸易方式管理尚处于起步阶段

为促进跨境贸易电子商务零售业务发展，方便企业通关，规范海关管理，海关总署出台了以"9610"和"1210"为代码的跨境电商监管模式。"9610"适用于境内个人或电子商务企业通过电子商务交易平台实现交易，并采用"清单核放、汇总申报"模式办理通关手续的电子商务零售进出口商品（通过海关特殊监管区域或保税监管场所一线的电子商务零售进出口商品除外）。相比"9610"，"1210"适用于境内个人或电子商务企业在经海关认可的电子商务平台实现跨境交易，并通过海关特殊监管区域或保税监管场所进出的电子商务零售进出口商品。至此，在国家层面用"9610"和"1210"两种方式对跨境电商进行监管，在一定程度上规范了我国跨境电商的发展，但未能从根本上将跨境电商定义为一种新的贸易方式，以区别于一般传统贸易、采购贸易和小额边境贸易等贸易方式，这就无法在政策层面形成关于跨境电商一致的监管方式，造成跨境电商发展面临诸多不确定性。

（二）跨境电商零售市场秩序仍不规范

我国跨境电商零售（主要是B2C）的市场秩序仍较混乱，平台上的交易企业或个人仍存在不少问题，归纳起来主要表现在五个方面：一是避税，利用样品、

广告品或个人邮政免税政策来避税；二是逃商检，以个人邮包来逃避商检，致使出现不少假冒伪劣商品；三是缺乏诚信，网络欺诈、侵权事件时有发生；四是不正当竞争，一些企业为了提高销售量，利用价格战来竞争；五是缺乏知识产权意识，出现侵犯知识产权的行为。此外，也存在平台寡头垄断的问题，目前全球三大电商平台——阿里巴巴、亚马逊、Wish 上的中国企业卖家大概有 2000 多万家，这三家平台对企业收费具有垄断权。

（三）跨部门间的协作机制还需完善

目前，我国跨境电商出口以中小额交易为主，且 B2C 电子商务市场上的产品准入门槛较低，大量低附加值、无品牌商品充斥跨境电商市场。解决这些问题涉及海关、国检（检验检疫）、国税（纳税退税）、外管局（支付结汇）、商委（数据统计）等政府职能部门。跨境电商监管由海关科技司牵头，但在"关检汇税"环节没有能力协调检疫、外汇和税收等部门。此外，各部门出台政策时各自为政，需要加强协调，防止政出多门，令企业无所适从。

（四）E 国际贸易市场监管法规亟待出台

目前，我国在跨境电商领域还没有出台专门的法律法规，经济贸易领域的法律法规中也缺乏与电子商务相关的条款，现行的法律无法监管。如通关方面，跨境电商的许多交易是小额交易，但是我国对于小额交易的通关还没有相关的监管规定，网上交易普遍缺乏合同文本、购物凭证或服务单据，这很容易引发纠纷问题。对消费者保护方面，法律规定不清晰，有时不能与发达国家的规定接轨，引发消费者的不信任。此外，跨境电商所衍生的许多问题，如通关、商检、退税、结汇、消费者权益、交易纠纷、知识产权和个人信息保护等，都需要法律法规予以保障。国家层面的《电子商务法》正在制定，将来也会很快出台，但对于跨境电商尚未有明确的规定。

五、我国 E 国际贸易政策体系有待完善

电子商务出口在交易方式、货物运输、支付结算等方面与传统贸易方式差异较大，现行管理体制、政策、法规及现有环境条件已无法满足其发展要求，主要问题集中在海关、检验检疫、税务和收付汇等方面。

（一）物流通关报税体系不成熟

按照现行的海关监管制度，海关首先将进口货物区分为物品和货物，然后采取不同的管理方式。但在实际中，尤其是个人物品和企业交易都碎片化，区分个人物品和货物是没有必要的。在通关管理体系方面，跨境电商不属于"集中申报"货物的范畴，不能享受《中华人民共和国海关进出口货物集中申报管理办

法》规定的特殊申报政策。虽然有些自贸试验区，如河南和深圳采用保税备货模式，可以采取集中申报的方式，但未能从制度上明确现有的跨境通关模式。此外，我国通关监管采用的是"正面清单"模式。按照2016年4月财政部、发改委等11个部门联合公布的《跨境电子商务零售进口商品清单》，清单共包括1142类商品，消费者日常购买的生活消费品基本都位列其中，包括部分食品饮料、服装鞋帽、家用电器以及部分化妆品、纸尿裤、儿童玩具、保温杯等。按照上述"正面清单"通关，现有天猫国际、唯品会等知名跨境电商平台的大部分产品都无法入境。现有的"正面清单"无法适应快速变化的市场形势和有效满足消费者需求，灵活性不够。

（二）现行税收制度不适应

关于税收，主要有两方面的问题：一是进口完税价基不合理。在《关于跨境电商零售进口税收政策的通知》（财关税〔2016〕18号文）中，跨境电商的完税价格是销售价格，包含了国内运费和保费。跨境电商产品税基过高，导致企业和消费者负担增加。产品销售价格上升，不利于跨境电商进口业务的开展。二是关于出口退税方面。按照我国现有出口退税政策，企业若要获得出口退税补贴，需要提供进项发票。从目前我国跨境出口企业业务看，通过跨境出口的企业大部分是中小企业，生产经营成本大部分难有进项发票，无法享受出口退税政策，不利于我国产品出口。

（三）检验检疫监管法律制度不完善

一是质量安全风险难监控。跨境电商具有量小、批次多、来源渠道复杂、销售模式多样等特点，决定了检验检疫部门对跨境电商进出口的产品，很难按照现行商检法的规定实施检验，质量安全风险明显提升。二是疫病疫情风险难预防。对于通过跨境电商进出口的商品，检验检疫部门很难做到批批检疫，再加上收发货人采取虚假申报等方式逃避检疫，疫病疫情风险不言而喻。三是违禁物品难禁止。我国动植物检疫法等相关法律法规明确规定了相应的禁止进出境物品，但通过跨境电商买卖禁止进出境物品的案例时有发生。四是有效召回难落实。由于跨境电商经营环境的虚拟性和流通服务的跨国境等特性，一旦发生产品质量安全事故或者疫情风险，对产品的召回难以落实。五是消费者权益难保证。在跨境电商交易中，由于销售者或生产商身处国外，消费者基本无法享受售后维修服务，至于实施索赔、退换货等维权行为，要么成本较高，要么根本无法维权。六是产品来源难追溯。跨境电商的海外供应链组织模式多为海外扫货，大多只能拿到货物的购货发票，而不能拿到原产地证明，产品来源难追溯。七是通关效率需提高。按传统检验检疫方式，手续繁杂，周期长，费用高，有的还造成货物滞港压港。

八是检验标准需调整。婴幼儿奶粉、化妆品、食品、保健品等是电商企业最希望开展跨境贸易的商品，但这些热点商品大多不在"正面清单"之列。九是权利义务需明确。跨境电商产业链中涉及的市场主体很多，一般包括生产商或制造商、跨境电商企业、跨境电商平台、配套服务企业（包括支付、物流、仓储等企业）、消费者等。主体的多样性、地域的广泛性、交易的复杂性，导致各个主体的权利义务界限模糊或缺失，各自的权利义务必须厘清。十是监管职责需划清。通过跨境电商平台销售的进出口商品，大多已经将进出口环节和销售环节等多个环节合而为一，导致检验检疫、海关、工商、卫生、食药等各个监管部门界限不清。

（四）现行商品许可制度不适应

2016年3月，财政部、海关总署、国家税务总局联合发布的《关于跨境电子商务零售进口税收政策的通知》要求，进口化妆品、保健品将参照国内现行许可审批制度进行管理。由于我国审批周期较长，客观上不利于消费者购买流行性、季节性商品。此外，为避免工业原材料等商品通过跨境电商零售进口渠道入境，扰乱正常贸易秩序，跨境电商零售进口税收政策实施清单管理。2016年4月，财政部等11个部门联合发布了《跨境电子商务零售进口商品清单》，共包括1142个8位税号商品。但调研发现，消费者喜欢的很多海外平价优质商品，如化妆品、护肤品、保健品等受到首次进口、许可备案规定的限制，不在《跨境电子商务零售进口商品清单》中。为此，跨境电商平台被迫将不在清单中的商品转移至境外仓，通过邮件方式送到国内消费者手中。这实际上增加了政府监管的难度，减少了政府税收，降低了用户的体验。如要通过政府审批，则时间长达数年，耗资巨大，已经不适应互联网时代的需求。比如，一个保健品，从立项开始到审批出来，需要经历3~5年的时间，花费将近百万元。

六、我国E国际贸易支撑体系不完善

（一）信用体系亟待完善

与发达国家相比，我国的企业信用管理体系难以支撑跨境电商等新型贸易方式的发展。企业银行贷款是与信用紧密相连的，由于我国大多数出口企业缺乏交易数据，导致无法得到银行授信，从而制约了我国企业发展。在跨境出口方面，有较大部分产品卖给了个人，而现有的征信体系无法包括这部分交易。在结汇方面，出口企业通常使用国外卡组织或第三方支付平台。出口企业款项无法正常回流，需要委托国外金融服务机构办理结汇，交易成本非常高。

（二）物流设施难以支撑

跨境电商是分属不同关境的交易主体之间的贸易活动，物流成本与物流效率影响跨境服务的用户体验，成为影响跨境电商行业发展的关键性因素之一。以出口 B2C 电商为例，有邮政包裹、国际快递、专线物流和"传统外贸物流+海外仓"等方式。国际快递基本上被 DHL、FedEx、UPS 和 TNT 等国际物流巨头垄断，中国只有中国邮政参与万国邮联体系。民营物流企业被排斥在万国邮联体系之外，无法与有关国家的邮政体系接驳。比如，俄罗斯仅与万国邮联体系内的中国邮政合作，其他民营物流企业被屏蔽在俄境内快递派送业务之外，导致俄罗斯境内物流派送周期长（顺丰公司从华北发往美国需要 4~7 天、日本需要 4~6 天、欧盟国家需要 5~8 天、巴西需要 8~10 天，而俄罗斯则需要 12~14 天）。另外，中国邮政的有关管理也不适应市场要求。例如，中国邮政某些营业网点一旦提前完成年度任务，则会停止或减少派送新单，导致年底大量出口商品积压，限制了我国商品出口。中国邮政在全球各国缺乏相应的基础设施和人员队伍，也没有分拣能力，物流效率低下，影响了跨境电商出口。如果出口企业与国外物流公司合作，则议价空间少，成本高，出口产品的物流成本高达全部成本的 60%。海外仓配送虽然解决了小包成本高昂、配送周期漫长等问题，但也存在容易压货、运维成本高等问题。跨境专线物流虽然可通过规模效应有效降低成本，但覆盖范围有限。

（三）统计体系尚未形成

目前，我国关于跨境电商各统计数据的定义、来源、统计口径等尚不明确，导致我国跨境电商的相关数据统计很难做到精准，影响政府政策制定。比如，按照我国国务院颁布的《海关统计条例》，个人自用商品在自用合理数量范围内的，实行建议报关的制度，不纳入海关统计范围。随着跨境电商的发展，贸易碎片化的现象越来越明显，过去一些传统的贸易有一部分通过碎片化方式转移到跨境电商，通过邮件、快件的方式进出境。数据显示，中国跨境电商市场超过 60% 的商品是通过邮政体系完成的。2014 年，我国出口包裹数量近 6 亿个。2015 年，中国邮政 E 邮宝业务量达 1.3 亿件，同比增长 60%；国际小包业务量 5.3 亿件，同比增长 71%。由于单个包裹价值低，大量小包业务不计入现有海关统计体系，因而低估了跨境电商的规模。

（四）信息基础设施有待完善

与发达国家相比，我国互联网渗透率还有较大差距，我国网络基础设施建设还有待进一步提高。一是网络能力和普及水平与发达国家相比差距较大。目前，我国宽带人口普及率仅为发达国家 27.2% 的一半，估计需要 5~7 年才能赶上，宽带上网速度相比全球领先国家差距仍较大。二是数字鸿沟问题仍然突出，城乡宽带差距较大，农村互联网基础设施建设任重道远，移动宽带 3G/4G 的应用主要分布在经济发达地区，部分三、四线城市和农村地区发展不够理想。三是信息基础设施支撑传统产业融合应用处于较低水平，支撑高速率、低时延行业应用的能力不足。四是上网的资费依然偏高，有进一步降低的空间。此外，近年来国际社会信息安全事件频仍，我国信息安全面临的挑战与日俱增，并经历了一些重大信息安全事件的考验。网络安全已经成为影响大国关系最重要的变量之一。由于核心关键技术缺失和网络基础资源短缺，网络攻击、网络窃密等安全事件时有发生。

七、全球 E 国际贸易发展难以达成共识

（一）全球 E 国际贸易发展程度差异大

全球各国对跨境电商和 E 国际贸易的态度不一，发展程度不同，利益诉求差异较大。美、欧、中、韩、日等国家和地区处于全球跨境电商发展的第一梯队，巴西、俄罗斯、南非、东南亚等国家也在积极发展跨境电商，而广大非洲国家和欠发达地区跨境电商还未起步。关于跨境电商的全球规则，各国诉求也不一致。发达国家出口贸易以服务贸易为主，占全部出口的 70% 左右，跨境电商强调以数字贸易为主；而以中国为代表的发展中国家，商品货物贸易占 70% 左右，跨境电商强调以货物贸易为主。出口结构不均衡导致各国对跨境电商国际规则的诉求不一致，发达国家的诉求会主要偏重于服务方面，发展中国家则偏重于货物方面。美国要求不对电子商务征收关税，欧盟则不赞成对电子商务永久性免征关税，而这个关税也主要指数字贸易和技术贸易。中国偏重于通关效率、身份认定与认证、权益保护、国际支付、知识产权、纠纷处理等方面。可见，全球对 E 国际贸易未能形成统一的规则。

（二）全球跨境数据治理规则不一

全球 E 国际贸易的发展不可避免地涉及数据的跨境流动，各国对 E 国际贸易态度不一的核心原因就是数据安全。随着移动互联网的发展、高性能计算的突破和云计算基础设施的普及，数据的产生、存储、处理和使用已经突破了传统物理空间的限制，互联网数据的流动已经实现了全球同步，几乎没有时间延滞。在大数据环境下，数据传输的跨国界挑战了传统的国家主权概念，带来了复杂的权责关系，尤其是跨境电商涉及全球用户信息和交易数据安全。国际社会并未对各国的数据主权管控范围进行划定，数据主权在国际法的制定方面尚属空白，各国基于理性自保的需求，积极加强本国数据的管控和本国国民在他国数据的主权，这

必然导致主权交叉重复的管辖状况。在全球缺乏跨境数据管理规范的情况下，全球 E 国际贸易发展面临较大挑战。

（三）全球各地跨境电商关税政策不同

对于跨境电商，各国关税政策不一致。美国在电商的课税问题上一直坚持税收公平、中性的原则，给予电商一定的自由发展空间。美国从 1996 年开始实行电子商务国内交易零税收和国际交易零关税政策。1998 年美国国会通过《互联网免税法案》，规定三年内禁止对电商课征新税、多重课税或税收歧视。2001 年国会决议延长了该法案的时间。直到 2004 年，美国各州才开始对电子商务实行部分征税政策。2013 年 5 月 6 日，美国通过了关于征收电商销售税的法案——《市场公平法案》，仍然沿用对无形商品网络交易免征关税的制度。欧盟要求所有非欧盟国家数字化商品的供应商要在至少一个欧盟国家进行增值税登记，并就其提供给欧盟成员国消费者的服务缴纳增值税。增值税征收以商品的生产地或劳务的提供地判定来源地，并且对于电子商务收入来源于欧盟成员国的非欧盟企业，如果在欧盟境内未设立常设机构的，应在至少一个欧盟成员国注册登记，最终由注册国向来源国进行税款的移交。其中，德国对来自欧盟和非欧盟国家的入境邮包、快件执行不同的征税标准。除了药品、武器弹药等限制入境外，对欧盟内部大部分包裹进入德国境内免除进口关税。对来自欧盟以外国家的跨境电商商品，价值在 22 欧元以下的，免征进口增值税；价值在 22 欧元及以上的，一律征收 19% 的进口增值税。商品价值在 150 欧元以下的，免征关税；商品价值在 150 欧元以上的，按照商品在海关关税目录中的税率征收关税。日本在税收方面强调公平、税收中性及税制简化原则，避免双重征税和逃税。日本《特商取引法》规定，网络经营的收入也需要缴税。日本自民和公明执政两党已确定 2015 年度税制改革大纲，从 2015 年 10 月起通过互联网购自海外的电子书及音乐服务等将被征收消费税。一般的做法是将消费税加到商品价格中去，由消费者承担。

（四）全球跨境支付体系亟须改善

全球缺乏统一的法律法规规范跨境支付，支付信用安全风险、跨境消费者和商户身份认证技术性风险高，跨境交易资金流向监管难。作为单个出口企业，很难单独与国外金融机构合作，交易成本高，一般选择境外第三方支付平台。我国出口企业海外结算 90% 都由美国 eBay 公司完成，资金和数据由国外公司控制，存在不公平竞争。此外，我国跨境电商出口企业大部分采取境外结算，结算平台要收取较高的手续费，增加了企业经营成本。资金回笼也是一个突出问题，大多数卖家的货款由第三方代收，境外买家支付美元不能直接到国内兑换成人民币，增加了企业经营风险。

（五）跨境电商消费者维权困难

对于国内消费者而言，通过跨境电商购买海外商品存在诸多售后问题。由于涉及跨境通关和物流，换货后商品物流等种种费用要消费者承担，有时候超过了商品本身的价格；同时，通过跨境电商购买的商品在质量维权、货品丢失处理、技术售后服务等方面都需要耗费巨大的时间成本，一旦出现纠纷，索赔会有困难。对此，主要有四方面的原因：第一，运费的担负责任不明确，运费过高，交涉时间太长，手续烦琐。第二，沟通不畅，跨境网购中存在语言障碍。第三，退货产品通关缺乏明确的税收规定。第四，缺乏具有公权力的纠纷解决机构或国际间的纠纷解决机制。据全球最大的电子商务平台 eBay 统计，中国大陆地区卖家在 eBay 完成的跨国交易中，平均每 100 个交易就会接到 5.8 个投诉，远高于全球平均每 100 个交易 2.5 个投诉的水平。

参考文献

[1] 肖旭．跨境电商实务 [M]．北京：中国人民大学出版社，2015．

[2] 张夏恒．跨境电商类型与运作模式 [J]．中国流通经济，2017（1）．

[3] 丁伟．我国跨境电商服务平台建设研究 [J]．改革与战略，2017（3）．

[4] 罗宁芝，刘莹，黄文丽．长三角地区跨境电商生态圈构建的瓶颈与发展策略研究 [J]．商场现代化，2017（10）．

[5] 李迟．跨境电商问题、对策与发展趋势研究 [J]．浙江工商职业技术学院学报，2015（2）．

[6] 中国电子商务研究中心．跨境电子商务重构中国外贸产业链 [EB/OL]．http://www.100ec.cn，2014-05-13．

[7] 中国电子商务研究中心．2013 年全球跨境电商交易额 1050 亿美元 [EB/OL]．http://www.100ec.cn，2013-08-03．

[8] 鄂立彬，黄永稳．国际贸易新方式：跨境电子商务的最新研究 [J]．东北财经大学学报，2014（2）．

[9] 蓝玉才．跨境电子商务增势旺盛 [J]．中国商贸，2014（3）．

[10] 闫岩．跨境电商生态圈渐成 [EB/OL]．http://www.eastmoney.com，2013-05-31．

[11] 周嘉娣．我国跨境电子商务的现状分析及建议 [J]．中国商贸，2013（34）．

（本文完成于 2017 年 8 月，收录在 2018 年 3 月中国经济出版社出版的《E 国际贸易——下一代贸易方式的理论内涵与基础框架》一书中。）

发展我国自主可控工业互联网的政策建议

一、亟须发展我国自主可控的工业互联网

(一)发达国家纷纷布局工业互联网,抢占未来竞争制高点

工业互联网能够实现机器与机器、机器与人、人与人之间的全面连接交互,正以智能制造为代表引领第四次工业革命,代表互联网未来发展方向。美国、德国、日本等制造强国为巩固全球制造业优势,引领智能制造新时代,依托强大的技术、市场能力,以龙头企业为牵引,以产业合作为抓手,加紧布局工业互联网。2014年,思科(Cisco)、美国电话电报公司(AT&T)、通用电气(GE)、IBM和英特尔(Intel)五家公司发起成立美国工业互联网联盟(Industrial Internet Consortium,IIC),两年来已吸引全球268家企业和单位成为会员,遍布全球33个国家。德国依托制造业优势,大力推动网络信息技术与传统制造技术的深度结合,促进智能制造和智能服务发展,把工业互联网作为实现工业4.0战略的关键基础。2015年,日本经济贸易产业省和日本机械工程师协会发起实施了工业价值链计划(IVI),包含了东芝、索尼、日立等著名企业,会员超过200多家著名企业。

(二)国外制造企业主导的工业互联网平台发展迅猛,已在国内跑马圈地抢占中国市场

当前工业互联网发展主要是由大型制造企业发起和主导。通用电气2013年推出工业互联网大数据分析Predix平台,并开始向全球制造业企业开放。随后德国西门子公司也推出MindSphere(西门子工业云平台),其核心是要打造"工业互联网操作系统",为全球制造企业提供互联、工业数据管理、云计算和网络安全等服务。从目前的态势看,以美国通用电气、德国西门子为代表的国外工业互联网平台在全球发展迅猛,并开始在国内开拓市场、跑马圈地,打造以国外工业互联网平台为主的产业互联网生态链。中国电信、海尔、华为、中国信息通信研究院、中国科学院沈阳自动化研究所等中国企业和机构已经加入全球工业互联网

联盟。近期,关于 GE 与中国电信签署《合作推动 GE 的 Predix 工业互联网技术在中国市场落地》引发了社会关注,人们担心外资工业互联网平台控制我国工业互联网,进而引发工业安全问题。

(三) 当前工业互联网安全形势堪忧,工业互联网安全关乎我国经济安全大局

近年来,工业互联网遇到的重大安全事件接连不断,如伊朗布什尔核电站遭遇"震网"病毒袭击,乌克兰电力系统遭遇网络攻击导致大规模断电,美国域名系统遭到网络攻击导致大量网络瘫痪,这些工业安全事件均给当地带来致命威胁。卡巴斯基在 2016 年对全球 170 多个国家和地区的 ASAS 网络进行了扫描,发现 92%存在安全隐患,有遭遇黑客攻击和被接管、被破坏的风险。当前我国工业互联网也面临严重威胁,安全危害不可小觑。奇虎 360 公司监测结果显示,工业互联网联盟中的工业企业存在着较大遭遇网络攻击的风险。工业互联网不同于消费互联网,工业安全事关国家经济命脉,要防止出现工业互联网被外资控制的局面。

二、我国发展自主可控工业互联网的机遇与挑战

(一) 我国是制造业大国,构建自主可控的工业互联网体系产业基础好

中华人民共和国成立以来,尤其是改革开放以来,我国制造业持续快速发展,建成了门类齐全、独立完整的产业体系,成为制造业第一大国。2016 年,我国工业增加值达到 24.78 万亿元,同比增长 6.8%,占 GDP 的比重达到 33.35%。2013 年,我国制造业产出占世界的比重达到 20.8%,连续四年保持世界第一的地位。在 500 余种主要工业产品中,我国有 220 多种产量位居世界第一。载人航天、载人深潜、大型飞机、北斗卫星导航、超级计算机、高铁装备、百万千瓦级发电装备、万米深海石油钻探设备等一批重大技术装备取得突破,形成了若干具有国际竞争力的优势产业和骨干企业,我国已成为举世公认的具有重要影响力的工业大国。工业大国为我国工业互联网发展提供了坚实的产业基础,为工业互联网大规模发展提供了应用场景。

(二) 信息化与工业化融合深入推进,发展自主可控工业互联网的信息化基础良好

近年来,党中央和国务院高度重视"两化"融合工作,通过"十一五"时期和"十二五"时期的努力,我国"两化"融合工作取得了积极进展,全国企业信息化水平得到极大改善。互联网已广泛融入研发设计的各环节,关键产品和装备的智能化步伐加快,2016 年我国企业数字化研发工具普及率达到 61.8%,

数字化生产设备联网率达到38.2%，关键工序数控化率达到33.3%。一批基于新应用、新模式的融合发展新业态加快涌现。我国工业企业信息化已经从单项业务信息技术应用向多业务、多技术综合集成转变，从内部信息系统集成向跨企业互联互通转变，从单一企业信息技术应用向产业链上下游协同应用转变，并正在拓展出工业云、工业大数据等新型商业模式和产业形态。在工业信息系统大型化、集成化和互联互通的基础上，工业生产出现了网络化、虚拟化和协同化的新特点，融合信息网络和生产设施的信息物理系统（CPS）开始形成，发展智能制造和建设自主可控工业互联网的条件趋于成熟。

（三）我国一批民族工业互联网企业脱颖而出，有能力实现工业互联网发展的"弯道超车"

在工业互联网时代，我国企业与国外企业处于同一起跑线，三一重工、航天科工、海尔等一批大型制造企业已经依托自己积累的智能制造能力开始向广大中小企业输出解决方案，通过云的方式为广大中小企业提供运维服务、智能制造、协同制造、云制造的底层软件开发、制造化的改造、工业大数据机械应用等。从2008年开始，三一重工开始打造基于自主研发的物联网平台，实现对工程机械的远程控制，形成了有完整自主知识产权的物联网平台。三一重工推出了自己的工业互联网服务平台项目——树根互联，依托深厚的工业积淀，汇聚了大批工业大数据科学家团队，打造了开放的工业互联网生态系统，为成千上万的中小企业赋能。截至2017年7月，树根互联已接入超过23万台设备，已有5000多个维度、每天2亿条、超过40TB的大数据资源。基于这些工业大数据，树根互联已经开展了丰富的应用，为众多客户提供了精准的大数据分析、预测、运营支持及商业模式创新服务。我国自主可控的工业互联网平台将为我国工业互联网发展"弯道超车"提供坚实的基础。

（四）各行业壁垒严重，工业大数据互联互通困难，工业互联网安全堪忧

大数据是工业互联网的核心，目前工业生产各个环节的数据采集还不充分，设备陈旧难以连接，大部分进口设备通信协议不同，信息孤岛严重。某些行业自身信息化程度较高，采用行业私有标准的信息采集终端和应用管理平台，行业封闭性强，与外部网络的互连互通性差。而某些行业由于信息保密等原因，不愿开放内部资源，也不愿采用第三方信息系统，无法纳入工业互联网框架。工业互联网网络设计、工业大数据服务等方面的能力在整个工业互联网产业链中处于薄弱环节，制约了工业互联网生态链的整体发展。当前我国工业互联网芯片、嵌入式操作系统、嵌入式软件、总线协议和工控软件等核心技术仍受制于国外公司，高端市场上拥有自主知识产权的技术和产品较少，我国工业互联网发展存在极大的

安全隐患。

三、发展我国自主可控工业互联网的政策建议

（一）推动信息基础设施互联互通，发展工业大数据，构建强有力的工业互联网支撑体系

制定实施工业互联网发展战略，改造提升传统网络，构建低时延、高可靠、广覆盖的工业互联网。针对工业互联网海量连接、安全可靠等新需求，加快5G、软件定义网络（SDN）、网络功能虚拟化（NFV）、IPv6、工业以太网等技术创新与应用，不断提升公众网络宽带接入和传输速率。加大力度促进标识解析系统建设，构建支撑跨工厂、跨企业全面信息互联的关键基础设施。加快工业宽带网络优化升级，适度超前部署超长距离、超大容量光传输和智能管控设备，重点推进产业集聚区的光纤网、移动通信网和无线局域网改造。大力发展工业云，鼓励制造企业使用云服务，促进制造企业转型升级。建立制造业大数据创新中心，打造智能制造生态圈，通过智能制造专项和工业转型升级项目，短期内集中突破核心技术，解决工业软件的互联互通问题。支持工业大数据公共服务平台发展，为中小型制造企业提供便捷的工业大数据分析工具和应用方案。

（二）形成合力攻克工业互联网核心技术，打造我国自主可控的工业互联网技术体系

结合国家重大科技专项，加快攻克工业互联网感知层、网络层和应用层的关键技术。感知层是工业互联网识别物体、采集信息的终端环节，既包括机器、设备组、生产线等各类生产所需的智能终端信息采集技术，也包括RFID标签、传感器、摄像头、二维条码、遥测遥感等感知终端信息采集技术。网络层是工业互联网进行信息传输和处理的中枢环节。网络层包含工业异构异质网络的融合技术、工业装备和产品的智能技术、工业大数据的存取和利用技术、工业互联网体系的架构技术等。应用层是工业互联网支撑行业智慧应用、实现广泛智能化的平台环节，通过信息处理实现智能决策，提供完整的解决方案，主要涉及具有控制属性的嵌入式控制技术，以及具有交互属性的各种软硬件工具平台。支持有实力的民族企业开发我国自主可控的工业互联网操作系统和工业云平台，着力解决我国工业互联网面临的核心技术缺乏、网络安全性不好等问题，真正实现工业互联网平台的安全自主可控。

（三）鼓励龙头企业与科研机构加强合作，开展协同攻关和应用示范，打造工业互联网生态体系

以政府为引导，市场为主体，扶持建立若干个致力于为中国制造业提供智能

化服务的工业互联网平台。鼓励地方园区、制造企业、信息技术企业、电信运营商等加强合作，构建面向智能生产线、智能车间、智能工厂的低时延、高可靠的工业互联网试验床，研发可落地的工业互联网技术和产品。在重要的工业行业领域开展应用示范，鼓励龙头企业与科研机构加强合作，开展协同攻关和应用示范，探索行业工业互联网应用新模式，形成一批具有行业特色的工业互联网。建议国家制定促进工业互联网发展的优惠政策，尤其是支持中小型制造企业应用工业互联网。围绕"两化"融合管理体系推广工业云应用，支持有条件的企业建设工业私有云或混合云，支持建设一批面向中小企业的工业云专业服务平台，引导工业企业在不同环节强化对工业互联网的应用。

（四）从技术、标准到产业政策，发展我国自主可控的工业互联网平台

设立工业互联网平台发展基金，加强平台核心技术和关键共性技术的研究与开发，努力构建我国自主可控的工业互联网平台架构与技术标准体系，大力提升在国际标准制定中的话语权，抢占工业互联网发展的先发优势。建议对外资工业互联网企业进入中国市场进行严格的安全准入审查，严格保护中国企业数据安全，防止外资企业控制中国的工业控制系统。将工业大数据安全纳入信息安全范畴，完善相关法律法规，建立国内工业大数据应用安全风险评估模型，建立应对数据泄露等安全风险的相关预案，建立工业大数据泄露报警信息发布机制，实时发布相关信息。大力发展我国自主可控的工业互联网平台，采取多种优惠措施，吸收全球制造业企业加入我国工业互联网平台。

（本文完成于 2017 年 5 月，并以《我国离自主可控的工业互联网体系还有多远》为题发表在 2017 年 7 月 13 日《光明日报》第 11 版。）

"互联网+金融创新"为破解"三农"问题开了一剂良药

当前,我国"三农"发展的难题依然突出,包括:农产品价格波幅大,影响物价稳定;现有金融手段解决农民融资难问题效果受限;农业处于产业链低端,农民增收困难。农产品消费信托模式利用互联网技术优势及金融机构的推荐,消除了农户与客户之间的信息不对称及不信任,有效减少了农户盲目生产,增加了金融机构对农户的授信,有助于保障农产品安全、增加农民收入和促进我国农业现代化。建议利用开发性金融、财税优惠等措施,大力支持和推广农产品消费信托模式,破解"三农"发展瓶颈问题。

2016年12月19日至20日,中央召开农村经济会议,习近平总书记对做好"三农"工作做出重要指示,李克强总理也提出了具体要求。会议强调,要持续抓好"三农"工作,大力推进农业供给侧结构性改革,加快现代农业建设,积极调整农业结构,发展多种形式的适度规模经营,深入开展农村"双创",推动新型城镇化与农业现代化互促共进。党中央和国务院历来高度重视"三农"问题,每年中央一号文件均围绕"三农"中存在的突出问题展开。在经济新常态下,实现农业现代化,解决农村发展不均衡问题,是全面建成小康社会的基础性工程。深入推进农业供给侧结构性改革要把增加绿色优质农产品供给放在突出位置,狠抓农产品标准化生产、品牌创建、质量安全监督,增加农民收入。但在实际中,"三农"问题已经成为我国国民经济发展的"短板",存在一些突出问题未得到有效解决,制约着我国全面建成小康社会的进程。

一、当前我国"三农"存在的突出问题

一是农产品价格波幅大,影响物价稳定。当前我国居民消费价格指数(CPI)构成有八大类商品和服务,食品权重接近1/3,食品价格变动成为影响整个CPI变动的最重要因素。由于农民对市场信息的掌握比较滞后,农产品供给与需求出现错配。市场需求好的时候,农产品无法及时供应,导致农产品价格暴涨,导致物价指数快速上升。当农产品价格高的时候,农民扩大生产导致供给盲

目增加，农产品价格又出现暴跌，导致农民增收困难。以大蒜为例，2016年大蒜价格涨幅高达60%，截至10月底，蒜头批发价已经突破了13.5元/千克。农产品价格暴涨暴跌，不仅影响农民增收，同时也影响宏观经济的稳定和市场预期。

二是现有金融手段未能有效解决农民融资难问题。农民普遍无法对银行贷款提供有效抵押或担保，金融机构不愿也不敢给农民提供资金支持。中央三令五申要求金融机构给予"三农"资金支持，但效果不大。2014年，国务院办公厅发布《关于金融服务"三农"发展的若干意见》，鼓励大中型银行根据农村市场需求变化，优化发展战略，加强对"三农"发展的金融支持；要求各涉农金融机构进一步下沉服务重心，为农业发展提供资金扶持。但从实际效果看，金融机构的资金并未真正落实到需要资金支持的农户。金融机构不能为农户"输血"，导致农村高利贷猖獗，乱象丛生，不仅给农村社会发展带来极大的不稳定，而且增加了金融风险。

三是农业处于产业链低端，农民增收困难。在农业生产中，农产品"丰产不丰收""菜贱伤农"等情况时有发生，甚至有一些奶牛场宁可将牛奶倒掉也不出售。这样的市场现实，成为农民靠农产品增收迈不过去的一道槛。归根结底，是由于农民较少接触市场和销售渠道，无法掌握产品定价权。农民无法和消费者直接对接，只能将利润分给渠道商——农产品贩子。农民作为生产者，对营销手段和营销渠道知之甚少，加上农产品对保鲜期的要求，使得他们只能"毫无选择"地将收获的农产品在第一时间销售出去。

二、推动"互联网+金融创新"，大力发展农产品消费信托

在移动互联网时代，中信信托、华融信托等金融机构通过"互联网+金融创新"的方式，为有效破解当前我国"三农"发展瓶颈做出了有益尝试。相继推出的"农产品消费信托"产品，回归信托"信任+托付"的业务本质。所谓农产品消费信托，是指消费者（委托人）出资设立信托项目并委托信托公司进行指定消费采购的事务服务，获取有保障的消费优惠，本质是发挥信托公司的专业能力，对消费交易中各方权利义务进行再分配，实现对产品从生产商到终端消费者的整个交易过程（包括产品要素、交易方式、流通环节、权益保障等）的再造。农产品消费信托模式具有明显长周期、订单化的特征，消费者可以直接采购短则数日、长达几年的周期配送产品，如牛奶、菜肉蛋禽套餐；也可以直接进行远期采购，如在播种前提前订购哈密瓜、草莓等产品。

农产品消费信托模式通过如下几个业务优势破除农业发展瓶颈：一方面，利

用互联网技术优势及金融机构的推荐，消除农户与客户之间的信息不对称及不信任，帮助优质农户与最终用户实现直接对接，打造自主品牌，有效提高农民收入。最主要的还是采取远期化、周期化的消费模式，有效减少农户的盲目生产，使其合理配置生产投入，真正实现订单农业，平抑农产品价格波动，锁定利润，促进农户向品牌农业发展，实现农产品优质优价的良性循环。另一方面，将农产品开发成金融产品，通过互联网预售，农户有了订单数据和现金流，银行等信贷机构可以为需要资金的农户授信，从而解决传统农业生产模式下农户难以获得信贷资金支持的困境。农户将预售数据提供给银行，银行根据数据授信，可以降低经营风险，提高经营效益。此外，银行也可以销售基于农产品的信托产品，扩大银行柜台业务，帮助银行进行业务转型。

上述基于农产品的金融创新和互联网的结合，前景不错，已涌现出了一批像中顺易金融、华融信托等优秀企业。但在实际业务中，仍然存在诸多问题。最核心的一个问题就是，业务模式推广之初投入巨大，盈利模式尚处于探索之中，盈利预期不明朗，很难实现可持续发展。这就需要政府提供资金支持，开发性金融机构支持专业公司开展此类业务创新，减少涉农企业的经营风险，逐步培育和扩大市场。同时，在税收方面给予一定的优惠，采取"免和减"相结合的方式，鼓励企业开展此类业务，带动更多企业推动"三农"发展。

（本文公开发表在2017年第12期《经济研究参考》。）

建设移动互联网时代的
新型基础设施要有新思路

2007年1月15日，中共中央办公厅、国务院办公厅印发了《关于促进移动互联网健康有序发展的意见》（以下简称《意见》），提出要加快建设移动互联网时代的新型基础设施——大数据平台。移动互联网时代和传统互联网时代不同，传统互联网是基于PC的互联网，PC用户很难实现实时在线，数据规模和增长速度可以预期，传统互联网基础设施的各类数据中心即可满足现实需要。但在移动互联网时代，人与电脑互联、人与人互联、物与物互联，真正实现了万物互联。万物互联要求实时传输、存储和处理海量数据，从而开启大数据和云计算时代。根据IDC（国际数据公司）的监测统计，2011年全球数据总量达到1.8ZB（相当于18亿个1TB移动硬盘的存储量），这一数值还在以每两年翻一番的速度增长，预计到2020年全球将总共拥有35ZB的数据量。

面对爆发式增长的海量数据，基于传统互联网时代的信息基础设施需要更新升级。我国亟须打造新型基础设施，打造国家级大数据平台。2016年10月，中共中央政治局就实施网络强国战略进行了第三十六次集体学习，习近平总书记提出要建设全国一体化的大数据中心，为移动互联网时代的新型基础设施建设指明了方向。

在信息经济时代，数据将是驱动未来经济增长的"石油"；数据是国家基础性战略资源，是21世纪的"钻石矿"。利用大数据驱动经济社会创新和政府管理，是我国政府应对未来挑战和引领未来全球竞争的现实需要，也是我国政府实施创新驱动战略的有效措施。

近年来，党中央、国务院高度重视大数据在经济社会发展中的作用，党的十八届五中全会提出"实施国家大数据战略"，国务院印发《促进大数据发展行动纲要》，全面推进大数据发展，加快建设数据强国。在中央政府带动下，各地也积极发展大数据产业，围绕本地经济与社会发展，地方政府纷纷投资建设自己的大数据中心。然而，这些所谓的"大数据中心"各自为政、相互分离、互不协调，不仅缺乏一体化的战略规划，而且重复建设和资源浪费现象极为严重。有些地区规划了大量的建设用地，建设了超大规模的大数据或云计算产业园区，动辄就是几十亿元的投资和上百万的新增服务器，存在极大的盲目性。

建设全国一体化的大数据中心需要在以下四个方面创新突破：

一是理念和认识要创新。一体化的大数据中心不是传统意义上的自建数据中心，各地不能一哄而起，大搞重复建设，而是要充分利用政府和企业已有数据中心与闲置计算资源，由国家统筹考虑数据资源、存储资源，构建跨部门、跨层级、跨区域、跨所有制的国家一体化大数据中心。

二是建设方式要创新。全国一体化大数据中心不是集中式的，而是分布式的。要充分利用分散在全国各地的"大数据中心"，将每一个"大数据中心"作为云计算的一个枢纽，将不同的枢纽作为分布式的一个节点，将不同的枢纽节点连接起来形成全国一体化的云计算大数据中心。建设全国一体化大数据中心需要避免基础设施的重复建设，要建立合理的数据交换和共享机制，实现全国各地数据中心一体化运营，盘活已有的"僵尸"数据。

三是投资方式要创新。国家应主导国家一体化大数据中心的规划和顶层设计，但需要谨防国家主导投资建设。要充分调动社会主体参与的积极性，尤其要与具有大数据开发和应用能力的企业共同参与投资建设。全国一体化大数据中心不应仅仅包括政务数据，而且要打通政务与企业之间的数据共享通道。企业具有强大的动力利用政务数据，政府应在保证数据安全的条件下与企业合理共享，降低企业利用政务数据的成本，提高企业创新效率。

四是数据利用要创新。国家一体化大数据中心用户不应该仅仅是政府，而应该向社会开放。在移动互联网时代，人人都是生产数据的主体，也是数据使用的主体。数据资源只有被真正利用起来，才能将数据转换为经济增长的"石油"。国际经验和我国历史经验表明，唯有开放合作才是科学合理的国家一体化大数据中心建设的合理选择，要防止走上"封闭"和"自娱自乐"的道路。要在机制建设上保证数据来源是开放合作的，对数据利用也需要充分开放，真正打造信息社会的公共基础设施，为民所用。

（本文于2017年1月18日发表在中国网。）

我国网信企业"出海"障碍及政策建议

我国网信企业已成为输出中国技术、讲好中国故事、传播中国声音和增强中国软实力的一支重要力量。至今，我国已有超过6000家数字型企业进入海外市场，10000多款产品走向海外，用户遍布全球200多个国家，影响全球40亿互联网用户。不过，在我国网信企业全球化征程中，核心技术受制于人和海外知识产权保护壁垒问题日益凸显，已成为企业发展的"达摩克利斯之剑"。最近，美国对中兴实施激活拒绝令（简称"中兴事件"），对中兴产生了致命冲击，并有可能对我国多年形成的网信产业优势产生严重影响。

一、面临的主要挑战

由于核心技术受制于人、安全审查滥用和宗教文化隔阂等种种障碍，我国网信企业"出海"面临国内和国际双重考验。

（一）核心关键技术受制于人

我国大多数网信企业"出海"靠人口红利和简单的模式输出实现快速扩张，并没有在核心部件、关键技术上形成优势，企业自主创新动力和能力不足。据统计，中兴通讯公司大约有20%~30%的元器件由总部在美国的厂商供应，并且比较常用的零部件如高速 ADC/DAC、调制器、高性能锁相环、中频 VGA 等，大部分都要依赖国外芯片供应厂商，暂时无法在国内获得同等替代品。华为最新的麒麟970芯片达到10纳米水平，设计研发是自主完成的，但芯片制造由中国台湾台积电公司完成。

（二）数据跨境流动不畅和信息安全审查滥用

大多数国家要求我国网信企业在当地开展业务要设立分公司，数据不能传回国内。美国等发达国家滥用信息安全审查，阻止中国网信企业进入美国市场。比如，中兴和华为就多次因为美国滥用信息安全审查被禁止进入美国市场。小米公司因个人信息安全问题，曾连续被新加坡进行审查。微信在美国也多次遭到无端的知识产权起诉。另外，百度和360公司的海外 App，也因入口问题受到审查。

（三）资金结算受制于人和外汇管制问题突出

国外主流卡组织垄断了海外结算业务，我国跨境电商海外结算的90%都是由美国eBay公司完成，且需要支付高额的结汇费用。资金回笼也是一个突出问题，大多数卖家的货款由第三方代收，境外买家支付美元不能直接到国内兑换成人民币，因而增加了企业经营风险。受双边外汇管制，海外经营的互联网公司的资金进出受限。我国境内资金汇出需要经过外管局、商务部、税务局、工商局、银行五个环节才能完成，外汇审批手续烦琐。同样地，由于大多数发展中国家也采取了严格的外汇管制措施，所以企业利润无法换成外汇汇回。比如，网信企业在巴西挣的钱只能在当地投资或消费，不能及时汇回国内。

（四）知识产权保护不力

我国网信企业在发展中国家经营面临的一个突出问题就是知识产权保护不力，且海外商标注册成本高、周期长。调研发现，海外国家注册及查询费用约1万元/件，"出海"网信企业要推动不同商标在不同国家申请注册，每年需要支出近百万元的商标申请费和异议复审费用，高昂的成本势必阻碍初创企业的发展。部分海外国家商标确权需要三四年时间，若涉及商标驳回或异议等，则确权时间更长。各国专利审查期限不同，新兴市场国家特别是印度，专利确权时间长，一般需要6~7年，时间成本高。

（五）对海外法治、政策和人文环境水土不服

我国大多数网信企业起步于中国，对中国政策和社会环境比较熟悉。但一旦到海外，我国网信企业在政策法规和宗教文化等方面不适应的问题就会较突出。比如，当前我国跨境电商企业面临各国不同的关税政策，监管政策不稳定；到"一带一路"沿线国家和地区发展的我国网信企业，面临的最突出的问题是语言多样和宗教文化敏感；到境外运营的共享单车，也因各国"一城一策"的监管政策而在海外举步维艰。

（六）信息基础设施滞后和物流成本高

国家信息中心发布的《"一带一路"沿线国家信息基础设施发展水平评估报告》显示，"一带一路"沿线国家信息基础设施发展总体上处于中等水平，即互联网渗透率低、网速慢、互联网应用水平不高。比如，印度大部分地区不仅没有固话和Wi-Fi，移动网络的环境也非常差，而且网络资费很高。物流成本高也是我国网信企业海外扩张不可逾越的坎。在"一带一路"沿线国家，大多数国家电子商务才刚起步，缺乏高效的物流支撑体系。我国跨境电商海外物流基本被DHL、FedEx、UPS和TNT等国际物流巨头垄断，同时我国民营物流企业被排斥在万国邮联体系之外，导致中国跨境电商海外物流成本高且效率低。

二、深层次原因分析

我国网信企业"出海"遇到的诸多问题，其深层次原因主要有以下几个方面：

（一）全球霸权主义盛行

美国开启了逆全球化进程，美国优先的政策已全面体现在美国政治、经济、军事、外交等各方面。一方面，美国利用技术优势，对全球实施经济制裁，尤其是通过"贸易战"对中国高新技术产业进行全面限制，给全球经济发展带来更大的不确定性；另一方面，美国及部分发达国家滥用国家安全名义，限制中国网信企业的海外投资和经营，破坏了全球公平的竞争环境。

（二）政府重视和引导不够

政府近些年采取了诸多鼓励企业"走出去"的措施，尤其是支持各类企业参与"一带一路"建设。但总体而言，国家政策偏重于国有企业和各类工程类企业，对于以民营资本为主导的网信企业重视不够，这就导致网信企业"出海"缺乏政府的有效引导，海外知识产权保护不力，金融和外汇管制问题突出，无法发挥网信企业对国家战略的支撑作用。

（三）互联网对等开放问题

出于国家安全考虑，中国对信息跨境流动严格限制，要求境外网信企业数据存储本地化，这在保障国家安全和公民隐私方面发挥了积极作用。但随着越来越多的我国网信企业"走出去"，很多国家以此为说辞，对我国网信企业滥用信息安全审查，对数据跨境传输采取了严格的限制措施。如何在确保信息安全的前提下，扩大互联网领域开放，是当前我国互联网政策需要破解的难题。

（四）新业态全球治理规则缺失

对于互联网新业态的治理，中国已走在世界前列，我国政府在网约车、互联网金融、跨境电商等领域积累了有益的治理经验。比如，2016年政府出台鼓励和规范网约车发展的政策文件《网络预约出租汽车经营服务管理暂行办法》。我国是全球首个从国家层面承认网约车合法性的国家。此外，在互联网金融、跨境电商等领域，政府也相继出台了管理办法，其出发点都是要鼓励新业态创新发展。相比较而言，世界上大多数国家对新业态的治理简单粗暴，采取了严厉的监管政策，全球缺乏有效的新业态治理规则。比如，E国际贸易是全球互联网新业态规则缺失的典型，各国对跨境电商缺乏一致的监管规则，全球跨境电商发展受各国政策约束较大。

三、政策建议

对于我国网信企业"出海",政府应更加积极有为,做好顶层设计,出台更加积极的支持政策,鼓励我国网信企业抱团"出海"。

(一) 加强对重点产业和技术的攻关

历史经验和现实告诉我们,核心技术、核心竞争力是买不来的,真正的核心竞争力需要培育和创新。逐步改变目前我国多数产业核心技术受制于人的局面,一方面,要积极引进新技术,实施"紧盯跟随战术";另一方面,要针对目前较为紧迫的、对产业链影响较大的关键技术进行集中攻关突破,尤其是集成电路和操作系统。通过组建技术创新联盟,将产品开发经验丰富的大型骨干企业和基础研究实力雄厚的工程科研院所、高等院校紧密联系在一起,对半导体领域的关键共性技术实施集智攻关。改革科技创新体制,建立容错性科研体制,大幅度提高科研人员的薪酬,在全社会形成尊重知识、尊重人才的氛围。国家重点实验室多数布局在中央企业,要激发企业自主创新的活力。

(二) 做好网信企业"出海"顶层设计

坚持"走出去,引进来"相结合的原则,建议由商务部牵头,联合发改委、工信部、网信办做好我国网信企业"走出去"的顶层设计,制定并实施我国网信企业"走出去"专项规划和行动计划。明确我国网信企业"走出去"的战略目标、企业主体、主要路径、重点任务和扶持政策,分类指导,有序引导我国网信企业"走出去"。形成我国网信企业"走出去"国家层面工作机制,明确商务部、外交部、工信部、发改委、工商局、税务局、银监会、保监会、证监会等不同部门的工作职责,提高多部门协同办公能力,实现我国网信企业抱团"出海"。

(三) 实施鼓励网信企业"出海"专项政策

对中小网信企业"走出去"应给予税收、外汇管理、金融、知识产权、人才引进等诸多方面的政策支持。一是减免税负,提高企业竞争力。针对"出海"网信企业的税制,要与国际接轨,减免流转税,降低所得税,可参考世界主要自由贸易港离岸公司的标准,给予税收优惠。二是简化外汇审批环节,联合外管局、商务部、税务局、工商局等多部门,一站式解决网信企业"出海"换汇问题。支持核准范围内的网信企业设立跨境资金池,降低汇兑风险和融资成本。三是创新国内资本市场融资方式,加快落实《关于开展创新企业境内发行股票或存托凭证试点的若干意见》,依法创造条件引导创新企业发行股权类融资工具并在境内上市,充分发挥资本市场对创新驱动发展战略的支持作用,鼓励创新型网信企业在国内资本市场上市。四是建议政府机构针对"一带一路"出海企业的资金实施"总量控制",开启出境资金绿色通道,不做审批管理,激发企业出海活力。

(四)继续提高网信领域对外开放与国际合作水平

探索以试点形式逐步提升互联网资讯的开放水平,推广深圳前海通过公共Wi-Fi网络平台提供上网通道的做法,允许部分合格企业经登记后,更开放地接入域外网站。探索建立互联网领域开放负面清单制度,建立国家网信企业黑名单制度,对违背我国互联网准入负面清单的企业实行永久禁入的制度,有序推进互联网领域提升开放水平。加快双边或区域性信息跨境流动机制谈判,如在"一带一路"沿线国家,探索建立数据跨境流动机制。依托中国与各国现有合作机制,发挥国际电信联盟等国际组织的优势和多边协调作用,加强互联网领域治理的国际合作,加强不同国家和地区在互联网政策、标准、监管等方面的沟通、协调和对接,发起成立互联网领域的国际仲裁机构。

(五)为网信企业"出海"提供必要的公共服务

发挥我国境外领事馆的作用,加强与我国"走出去"网信企业的沟通与协作,为企业提供海外法律政策援助、国情咨询、风险预警、涉外争议等方面的服务与保障。搭建海外一体化商标注册平台,缩减在不同国家注册商标的成本。建立海外知识产权法律库,分国别定期更新知识产权法律制度;建立海外知识产权专家库,建立与海外维权机构的沟通渠道;建立海外商标监控数据库。要利用好"走出去"网信企业的媒介作用,通过内容深入合作,扩大中国在国际上的影响力和软实力。要对"走出去"的企业加强法制教育,重视网信企业海外合规经营,高度重视政治风险,防止中兴事件再次上演。

(本文完成于2018年4月。)

第三篇

互联网金融创新与规范

互联网金融发展应注重风险防范

互联网金融在我国发展时间不长，但发展非常迅猛，创新非常活跃。笔者认为，在互联网金融快速发展的背景下，对以下两方面问题的正确认识，有助于清醒地了解当前我国互联网金融的发展现状。

一是关于风险问题。实际上互联网金融蕴藏着比传统金融行业更大的风险。金融行业与互联网行业本身都属于高风险行业，而互联网金融属于互联网和传统金融的融合与创新，两个行业的"叠加"使得互联网金融的风险远比互联网和传统金融本身要大，并且其风险具有扩散快、影响面宽等特点。

此外，互联网金融中普遍存在跨业经营，很多非传统金融行业进入金融领域，如果对金融风险和管控认识不足，则会加剧互联网金融的风险。比如大多数网络贷款公司没有相应的风险准备金，这其实蕴藏着巨大的风险。"余额宝"投资于货币基金，实际上也很难向投资者保证持续不断的较高回报，其风险与整个金融市场是一致的。近年来，网络借贷平台"卷款跑路"的现象频现，有的公司利用互联网非法吸收存款或非法集资，损害投资者利益。

要规避互联网金融发展过程中的风险，需要创新监管模式，而破除信息孤岛、建立信息共享的监管模式是互联网金融监管的关键。借鉴英美等发达国家的发展经验，所有从事互联网金融的公司以及网络借款人和贷款人，都必须关联社会保障账号、相关信用记录以及互联网使用记录。在信息共享的模式下，企业很容易判断贷款人的信用，然后在短时间内就能判断是否将资金借出，投资者也很容易识别企业的经营绩效和风险。这样，信贷诈骗和行业风险就可及时规避，避免互联网金融泡沫和系统性风险的产生。

笔者认为，未来应强化央行、银监会、证监会、保监会、工信部、公安部、法制办七部委联合组成的跨部门互联网金融监管小组的职能，继续破除部门间与区域间的信息孤岛，推动监管部门跨部门信息共享。应建成互联互通的全国实有人口基础数据库，将个人相关的就业、健康、教育、收入、社保与人口基础数据库整合起来，完善个人各类基本信息。与此同时，实现全国实有人口数据库、法人基础数据库、全国法人与个人诚信数据库的互联互通，在相关部门的授权下，实现个人、法人基本信息无障碍查询，这将能有效防范互联网金融风险，促进互联网金融创新发展。

二是互联网金融的未来发展趋势。互联网金融根植于互联网企业的创新，本质是由于我国金融市场化改革进程缓慢，传统的金融无法满足社会的金融需求。当前，较大的问题是金融行业利润率高于市场平均利润率，这主要是由于我国利率双轨制和金融管制等造成了金融超额垄断利润。此外，普通老百姓理财通道缺乏，在通货膨胀的作用下，居民存款长期处于"贬值"状态。互联网金融更好地满足了居民的理财需求，不仅能使其获得比银行存款更高的收益，而且使得理财更加平民化、便捷化。

此外，互联网金融理财资金与专业门槛低，这也是我国互联网金融"爆炸式"增长的重要原因。通过研究国外互联网金融的发展轨迹可以发现，在欧美等发达国家，由于金融市场化比较彻底，互联网金融的主流还是传统金融企业利用互联网在创新金融业务，与我国互联网引领互联网金融发展的主流相悖。因此，我国互联网金融发展与我国金融体制改革关系密切。党的十八届三中全会通过的《中共中央关于全面深化改革若干重大问题的决定》明确提出，允许符合条件的民间资本进入银行，逐步实行利率市场化和建立存款保险机制。届时，如果金融改革能够逐步到位，那么我国互联网金融恐怕将会回归金融发展的主流，互联网金融发展增速也将回归"正常"。

（本文发表在 2013 年 12 月 11 日《中国证券报》。）

规范互联网金融发展应着力解决五大问题

近几年，政府高度重视互联网金融发展。2014—2016年，"互联网金融"连续三年被写入政府工作报告。2014年和2015年提出要"促进互联网金融健康发展"，2016年提出要"规范互联网金融发展"。其重点由"促进"向"规范"转变，反映出政府要重点解决当前我国互联网金融发展中存在的突出问题。推动互联网金融发展由"野蛮生长"向法制化和规范化方向发展，应着力解决以下五大重点问题。

一、加快建立健全现代社会信用体系

当前，我国社会信用体系不健全，存在诸多突出问题，如法律缺失、部门壁垒与中央地方条块分割严重、失信成本偏低、信用服务市场和机构发展缓慢、社会的信用观念和契约责任意识淡薄。社会信用供需失衡，社会信用资源浪费和社会信用资源不足并存，制约了我国经济的创新发展。在互联网金融领域，绝大多数金融产品没有实物抵押，而是建立在互联网信用评估的基础上。我国社会信用体系不健全，导致互联网金融发展征信成本高，各企业重复建设严重，从而增加了金融风险。应着力构建与我国社会主义市场经济相适应的社会信用体系，尽快启动《信用法》的起草工作，加快公共信用信息管理、统一社会信用代码等的立法进程。推动出台政务诚信建设、个人信用体系建设、电子商务诚信建设等相关意见。要积极培育现代社会信用服务市场，推动社会信用产业多元化发展。政府要通过公开信用信息、购买信用服务、引导市场主体应用信用产品、营造公平竞争环境等方式，大力培育和发展信用服务机构，支持信用服务机构开发、创新信用产品，为社会提供专业信用服务。要鼓励信用信息公司、信用评级公司、信用评估公司、信用咨询管理公司、信用担保公司、信用保险、商业保理等专业信用服务机构发展。

二、防止互联网金融脱离实体经济的过度创新

互联网金融的快速发展是信息通信技术和金融产品创新的结果。在移动互联网时代，随着大数据、云计算、人工智能和生物识别技术的不断创新，第三方支付、网络借贷、理财、众筹、互联网银行和互联网保险、数字货币等新型互联网金融模式加快涌现。创新是互联网金融发展的根本动力，我们既要大力破除阻碍创新的各种藩篱，也要警惕打着金融创新的旗帜，而行诈骗之实的金融行为。2015年，我国P2P平台出现了较大规模的跑路情况，尤其是e租宝、鑫利源等知名平台的金融诈骗，其数额之巨大、受害人群之多，严重损害了投资者的利益，也影响了我国互联网金融的健康发展。除了互联网金融的"伪创新"外，我们也要防止互联网金融的过度创新。从国际金融危机的经验看，国际金融市场自20世纪80年代开始的市场驱动、去监管化和强烈的创新导向，在某种程度上助长了金融市场发展的无序性，也最终酿成了2008年全球金融危机。金融行业不同于其他行业，风险性比较高，而且其风险在特征上表现为很强的隐蔽性、突发性、传染性、外溢性和广泛性，一旦经营失败或出现风险，将会波及其他市场主体，甚至会波及整个金融市场，引发金融危机，其影响远远大于一般工商企业。当前，互联网金融创新不断，监管不严，容易导致过度创新，催生经济泡沫。比如，比特币2010年首次公开价格为0.03美元，2013年11月攀升到900亿美元，存在极大的泡沫。从各国的实践看，世界大多数国家明确表示不支持比特币的推广应用，要打击比特币过度炒作，甚至将比特币列入非法货币。发展互联网金融要拥抱创新，但也要坚守底线，坚决取缔涉嫌非法集资、自融、庞氏骗局等违法犯罪行为的互联网金融平台，严格限制互联网金融准入门槛，实行牌照化管理，防止过度创新。

三、重点解决互联网数据共享问题

互联网金融的目标不再只是传统金融业务效率的提升，而是基于信息流、资金流产生的创新能力和风险控制能力，以及对产品的定价能力。互联网金融以完备的大数据为基础，基于用户需求提供智能化一站式产品购买及定制化服务，包括数据挖掘、数据整合、数据产品、数据应用及解决方案。本质上来说，互联网金融就是把信息流和资金流融合在一起。可以说，没有大数据的创新应用，大多数互联网金融创新无从谈起。比如，P2P征信的识别是基于对大数据技术的应用，互联网银行基于大数据征信来开展业务，互联网保险也需要大数据来确定保险的模式和费率。海量数据是大数据的基石，强大的计算能力使得大数据分析成

本降低和效率提高。当前,我国数据资源共享还存在诸多问题,政府部门数据壁垒严重,共享程度低,数据重复建设严重。百度、腾讯、阿里巴巴、万科、万达等大企业积累了海量有价值的数据,但这些数据共享使用的合法性受到质疑。要使企业把自己积累的数据拿出来共享,必须有一套合理的机制,应大力发展数据服务市场,鼓励建立大数据交易中心,鼓励可交易数据通过市场化的方式实现资源有偿共享。比如,我国首家大数据交易所——贵阳大数据交易所,在短时间内交易规模迅速上升,产业集聚效应凸显,具有较好的示范作用。要加快数据开放、共享和开发利用的立法工作,明确数据开放过程中政府部门、研究机构、应用厂商、个人用户、平台方等各方的权利和责任,保护个人信息安全。

四、加强互联网金融监管

互联网金融是利用信息通信技术实现资金融通、支付、投资和信息中介服务的新型金融业务模式。互联网技术在解决信息不对称、提高效率和减少交易成本等方面具有突出优势。互联网金融在我国虽然兴起时间不长,但在政府的鼓励下得到迅速发展。比如,2015年通过P2P实现的融资规模为0.97万亿元,占2015年15.4万亿元社会融资总规模的6.3%。P2P已经成为我国社会融资的重要力量,对缓解我国中小企业融资难、释放居民投资潜能发挥了重要作用。但与此同时,伴随着互联网金融的快速发展,也出现了较大规模的金融欺诈。据零壹研究院数据中心统计,截至2015年12月31日,有问题的P2P平台共1733家(不含港澳台地区),占全部平台的47.38%。大量互联网金融平台存在问题,反映出我国互联网金融领域管理不善、监管不严和法律缺位等诸多问题。由于缺乏专门的法律法规,互联网金融以及客户的权利与义务关系难以得到法律的保障,特别是专项法律的缺失导致互联网金融缺乏明确的法律地位,使得部分行为和产品游离于罪与非罪的边缘。利用互联网金融的特点实施宣传、推介、吸收资金,成为非法集资的重要途径之一。特别是部分P2P和众筹产品,由于没有明确的法律规定,很容易坠入非法吸取公众存款罪的深渊。2015年是我国互联网金融监管元年,2015年7月十部委联合发布的《关于促进互联网金融健康发展的指导意见》,提出了"依法监管、适度监管、分类监管、协同监管、创新监管"等监管原则。加强对互联网金融的监管,首要任务是尽快出台互联网金融监管细则,落实分类监管思想,分别在第三方支付、网络借贷、互联网保险、众筹等领域出台具体的指导意见。与此同时,要尽快启动与众筹、互联网银行和互联网保险等新型业务模式相关的立法工作。

五、积极应对跨境发展的问题

互联网让世界真正成为一个"地球村",移动互联网和智能终端的普及加速了这一进程,全球有近一半的人口通过互联网实现了连通。近年来,跨境电子商务迅猛发展,冲击着传统的跨境贸易,WTO框架下的贸易规则也在被重构。在全球移动互联网革命的浪潮下,我国加快构建新型的对外开放格局,设立了上海、天津、福建和广东四大自由贸易区,设定了更加优惠的贸易安排,在自贸区扩大金融服务的开放。此外,国务院也决定将中国(杭州)跨境电子商务综合试验区现行试点经验向更大的范围推广。伴随着跨境电子商务的快速发展,全球资本跨境流动也变得更加便利,推动互联网金融跨境发展。互联网金融跨境发展既是我国互联网金融企业的重大机遇,也带来了诸多挑战。互联网金融跨境问题,首先是互联网空间全球治理的问题,其突破了传统主权国家的物理边界,但全球至今未形成一套符合互联网社会特点的国际规则体系。由于互联网金融没有改变金融的本质特征,加之资金和信息具有了全球流动的属性,所以信息安全和金融风险仍是其核心问题。随着我国金融业不断开放,越来越多的国外金融机构在国内开展金融业务。近年来,美国国际数据集团(IDG)、红杉、软银等外国资本加大投资中国互联网金融行业的力度,通过直接或间接的手段实现对我国互联网金融企业的控制。我国应加强对外资数据的统计与监测,对涉及外资的互联网金融企业实行重点监管,防范信息安全和资金安全,守住系统性风险和信息安全的底线,规范互联网金融的发展。

(本文发表于《经济研究参考》2016年第26期。)

借鉴国外互联网金融发展经验促进我国互联网金融发展的政策建议

一、国外互联网金融发展现状及趋势

（一）传统金融互联网化步伐加快

在银行业，早在20世纪90年代中期，随着浏览器、加密算法、安全电子交易协议（SET）和安全套接层（SSL）等技术的突破，花旗、汇丰、富国等国际领先银行纷纷开始推出电子银行服务，互联网加快了金融机构传统业务转型，互联网银行（Internet Only Bank）和手机银行如雨后春笋，SFNB（1995）、ING Direct（1997）、Wizzit（2004）、M-PESA（2007）等纯网络金融机构纷纷诞生并一度活跃于市场。近几年，纯网络银行发展遇到瓶颈，纷纷开始转型谋求新出路。一是向线下延伸。为弥补线下资源和渠道的不足，国际上不少网络银行纷纷将触角延伸至线下，通过加大线下服务点布局、寻求线下合作代理机构等增强发展后劲。如 ING Direct USA 将咖啡馆作为主要的线下服务场所，将咖啡馆的店员培训为金融顾问，负责为客户提供咨询和开展线下业务办理。Japan Net Bank 通过与便利店、地方银行、邮政储蓄、代理店等的合作发展线下服务。二是特色化发展。如日本的互联网银行 eBANK、索尼银行分别定位为专业小额支付银行、资产管理专业银行，主要以专业化的服务、低成本、低收费吸引特定的客户群。三是全能化转型。不少被传统金融集团收购和依托传统金融机构成立的网络银行，纷纷开始借助集团优势追求协同发展。比如，住信SBI银行依托主要股东三井住友银行和SBI金融集团，提出了"随时、随地、随心所欲"的服务理念。截至2013年末，住信SBI银行的用户数达到188万，成为日本发展最快、客户满意度最高的网络银行。

在信息通信技术的冲击下，证券业也加快了业务转型步伐。根据利用互联网的深度，目前网络证券有三种模式：一是以 E-trade、TD Admeritrade 为代表的纯粹网络经纪公司（即 E-trade 模式）。目前 E-trade 的客户已经遍及全球100多个国家，其最大的优势是能降低交易成本，拥有便捷的网上交易通道。二是以嘉信理财、Fidelity 为代表的综合性证券经纪公司（即嘉信模式）。嘉信理财目前是美国个人金融服务市场的领导者，嘉信不是纯粹的网络证券公司，还通过线上和线下相结合，向投资者提供服务。三是以美林证券、A. G. Edwards 为代表的传统证券经纪公司（即美林模式）。美林模式主要是定位于高端客户，为客户提供面对面、全方位、个性化的资产投资咨询服务，具有较高的附加值。

在保险业，保险公司借助互联网庞大的网络辐射能力可以获得大批潜在客户，很多保险公司纷纷走上了互联网的代理模式和网上直销模式，能够帮助保险公司开拓新的营销渠道和客户服务方式。美国 INSWEB 公司是全球最大的保险电子商务网站，涵盖了汽车、房屋、医疗、人寿等各方面的保险业务。有影响力的网站有 InsWeb、Insure.com、Quicken、QuickQuote、SelectQuote 等。据统计，目前多数发达国家的互联网保险已经有相对成熟的发展，美国部分险种网上交易额已经占到30%~50%，英国2010年车险和家财险的网络销售保费分别占到47%和32%，韩国网上车险销售额已经占到总体市场的20%以上，日本车险业务电子商务渠道的占比为41%，网上销售渠道已经成为个人保险快速销售的一个渠道。

（二）移动支付引领互联网金融发展

目前，在移动金融领域，新型终端设备、生活社交应用、O2O 支付模式层出不穷，已经成为互联网金融创新的聚焦点。2012 年以来，云计算、大数据、语义网、IPv6 等新技术、新理念被广泛关注，商业应用也开始取得实质性突破，新一代互联网（Web 3.0）酝酿面世。人类社会即将进入万物互联、数字感知、智能洞察的移动互联时代，这为支付带来革命性变革，移动支付日益成为新趋势。随着手机应用的不断普及和安全认证技术的发展，移动支付的线上线下应用场景逐渐增多，基于网络连接的远程支付、近场支付、手机刷卡器支付、手机扫码支付和碰一碰支付等花样百出。金融机构和互联网公司提供的 App 应用不断渗透到客户的日常生活，吃穿住行、财务管理、社交购物等都能在移动终端上得到满足。此外，移动智能终端加快普及，目前全球智能手机出货量已经超过 10 亿部，并将占据移动金融的核心位置。随着物联网、智能可穿戴设备等的发展和普及，移动支付终端在不久的未来会出现多种形态，比如 Google 公司的智能手表 iWatch、Jawbone 公司的 UP 智能手环、Nike 公司的 Nike + Fuelband 运动手环、Corning 公司的 Gorilla 玻璃，这些设备是连接生活、信息和支付的媒介。因此，未来，移动金融将迎来爆发式增长。目前，在全球范围内比较知名的第三方支付企业有美国的 PayPal、Google Wallet，荷兰的 GlobalCollect，英国的 Worldpay 等。

（三）互联网货币不断挑战主权货币

货币是金融体系的重要组成部分，随着互联网技术的深入发展，越来越多的人和商品与互联网相连,互联网货币得到迅猛发展。典型的互联网货币包括比特币、Q币、Facebook Credits、Amazon Coins、Linden Dollars。欧洲央行研究表明,2011年美国虚拟货币交易量在20亿美元左右,已经超过一些非洲国家的GDP。传统支付企业纷纷进入虚拟货币领域。2011年,VISA用1.9亿美元收购PlaySpan公司,该公司主要处理发生在网络游戏、电子媒体和社交网络中的电子商品交易;美国运通用0.3亿美元收购虚拟货币支付平台Sometrics。在互联网货币体系中,比特币发展最为迅猛,从最初开始平均1美元能够买到1309.03个比特币,到现今1比特币可以兑换超过1盎司黄金,接近1300美元,比特币一度成为虚拟和现实世界中最贵的"货币"。随着比特币价值的上升,比特币也不断挑战各国的主权货币。对此,美联储态度暧昧,德国监管当局则认为其合法。2013年12月5日,中国人民银行等五部委联合发布《关于防范比特币风险的通知》,对于比特币的性质做了明确的界定,即比特币不是由货币当局发行的,不具有法偿性与强制性等货币属性,并不是真正意义上的货币。

(四) 基于大数据的融资业务蓬勃发展

随着大数据的深入应用,商业银行和一些非金融机构也在开始探索将大数据技术应用于信用评估、欺诈侦测、精准营销、市场预测和运营优化,将生物识别技术应用在身份识别领域,使用自然用户界面技术使人机交互的客户体验更智能,对客户的信息展示、产品设计实现自定制,利用虚拟现实技术使线上线下、虚拟现实融为一体。比如,西班牙桑坦德银行运用大数据技术建立了Santander Totta资源流失模型,可以预测客户需求并采取合理行动,提高了信用卡的开卡成功率,并将客户流失率降低20%~25%。新加坡DBS银行将ATM使用数据及客户行为数据转化为加钞执行计划,机器缺钞现象减少了80%,节省了3万多小时的客户等待时间。互联网技术的发展大幅降低了信息不对称程度和交易成本,推动了各类网络融资公司的兴起。P2P网络融资、众筹融资、基于票据市场的融资平台及供应链融资平台不断涌现,并都获得了爆发式增长。

在互联网金融业态中,P2P(Peer to Peer)借贷服务行业自2006年以来在全球得到了快速的发展。英国的ZOPA(2005)、美国的Prosper(2006)和Lending Club(2006)等人人贷公司出现,并在2007年金融危机爆发、传统信用萎缩的背景下,获得快速发展。P2P借贷成为美国增长最快的投资行业,每年的增长率超过100%。P2P这种模式比银行贷款更加方便灵活,因而很快在全球范围内得到复制,比如德国的Auxmoney、日本的Aqush、韩国的Popfunding、西班牙的Comunitae、冰岛的Uppspretta、巴西的Fairplace等。近几年,众筹模式在欧美国家迎来了黄金上升期,发展速度不断加快,在欧美以外的国家和地区也迅速传播开来。数据显示,截至2012年,众筹融资的全球交易总额达到170亿美元,同比提高95%。

二、发达国家互联网金融监管经验

(一) 立法先行

在将互联网金融纳入现有监管体系的同时,世界各国也在根据形势发展,不断创新监管理念,针对互联网金融出现后可能存在的监管漏洞,通过立法、补充细则等手段,延伸和扩充现有监管法规体系。美国1999年颁布的《金融服务现代化法》将第三方支付机构界定为非银行金融机构,规范了第三方支付机构的行为。在P2P贷款方面,美国证监会规定,P2P贷款属于直接融资的一种,根据1933年证券法的规定,禁止任何人在没有有效注册或获得豁免的情况下要约(提供)或出售证券。在众筹方面,2013年9月24日,美国证监会的《工商初创企业推动法案》(Jumpstart Our Business Startups Art,JOBS法案)的第二部分条例正式生效,私人企业现在可以在各种媒介以各种形式公开融资需求,并且可以向认证过的投资人筹集资金。加拿大启动了《反洗钱和恐怖活动资助法》的修订工作,打击利用网络虚拟货币从事洗钱和恐怖融资活动的行为。欧盟为了加强对互联网金融的监管,先后颁布了《电子签名共同框架指引》《电子货币指引》《电子货币机构指引》等具有针对性的法律法规。各国立法先行规范了参与者的行为,维护了投资者的利益,保障了互联网金融的健康有序发展。

(二) 机构明确

建立各司其职、运转协调的互联网金融监管体系是互联网金融健康发展的前提。发达国家针对互联网金融的特性,在传统金融的基础上,按照互联网金融不同业务的属性,明确了各业务监管机构。美国采用州和联邦分管的监管体制,联邦存款保险公司(FDIC)负责监管第三方支付机构,明确规定各州相关监管部门可以在不违背本州上位法的基础之上,对第三方网络支付平台的相关事项做出切合本州实际的规定。2010年7月,美国签署了《金融监管改革法案》,所有针对金融消费者的保护性措施都由一个新成立的、独立的消费者金融保护署(CFPA)来执行。法国金融审慎监管局(ACPR)于2009年起对支付机构进行监管,并有权对支付中介机构进行控制,所有开展支付业务的机构需事先获得ACPR颁发的信贷机构牌照或者支付机构牌照。英国的Zopa、RateSetter和FundingCircle于2011年建立了"P2P金融协会",通过制定P2P信贷的行业准则来规范业务模式和内控机制。

第三篇　互联网金融创新与规范

（三）功能监管

互联网金融本质上仍然属于金融，从功能上来看仍脱离不了支付、金融产品销售、融资、投资的范畴，国际上普遍将互联网金融纳入现有监管框架。在互联网支付业务方面，美国将第三方支付业务纳入货币转移业务监管，由美国国会建立的独立的联邦政府机构联邦存款保险公司（FDIC）负责监管，规定第三方支付平台必须将沉淀资金存放于FDIC在商业银行开立的无息账户中，沉淀资金产生的利息用于支付保险费。欧盟将第三方支付机构纳入金融类企业监管。欧盟要求电子支付服务商必须是银行，而非银行机构必须取得与银行机构有关的营业执照（完全银行业执照、有限银行业执照或电子货币机构执照）才能从事第三方支付业务。欧盟规定第三方支付平台均需在中央银行设立一个专门的账户，沉淀资金必须存放在这一账户中，这些资金受到严格监管，从而限制第三方支付机构将其挪作他用。在融资业务方面，美国将网络借贷融资纳入证券业监管，侧重于市场准入和信息披露。针对网络投资类融资，美国通过JOBS法案放开了众筹股权融资，而且在保护投资者利益方面做出了详细的规定。对于股权众筹监管，欧盟分别对发起人、平台使用不同的监管法规。对于股权众筹发起人，使用欧盟《招股说明指引》；对于股权众筹平台，可以使用欧盟《金融工具市场指引》中对金融中介机构等级和投资者保护的规定。

（四）行业自律

互联网金融属于金融的创新，很多产品形式仍在不断变化之中，现有的金融监管体系一时无法全覆盖，大部分已经纳入监管的业务，由于相关制度的不完善，也存在监管不到位的现象，因而需要更多地依靠企业自律，严格按照相关法律制度和道德约束企业经营。国际上，很多行业协会通过制定行业标准，推动同业监督，规范引导行业发展。英国三大P2P平台就建立了全球第一家小额贷款行业协会，美国、英国、法国等积极推动成立众筹协会，制定自律规范。很多企业本身也通过制定企业内部监管规定、规范交易手续、监控交易过程，实施自我监管。如澳大利亚众筹网站ASSOB注重筹资流程管理，为长期安全运行发挥了关键作用。

三、发达国家互联网金融监管与中国的区别

（一）我国互联网金融起步较晚

2013年，由于"余额宝"快速发展，互联网金融逐步进入人们的视野，2013年堪称中国的互联网金融元年。与发达国家相比，我国互联网金融发展较晚。早在1995年，美国就出现了第一家纯网络银行——安全第一网络银行

（SFNB），随后 ING Direct、M-PESA 等一批纯互联网银行相继出现，而至今中国还没有纯网络银行。在货币市场基金方面，美国 1999 年就出现了全球第一只互联网货币基金，而中国版的货币市场基金真正是从 2013 年的"余额宝"开始的。早在 1992 年，美国就出现了纯互联网证券，即 E-Trade 模式，而中国至今仍没有。P2P 模式的 Zopa 网站在 2005 年开始运营，而中国则是从 2006 年开始出现。世界上最早的众筹网站 ArtisShare 于 2001 年开始运营，而中国第一家众筹网站"点名时间"是 2011 年开始运营的。总体而言，中国金融市场发展相对落后，互联网与金融的融合相对于发达国家还不够，互联网金融产品也基本上是模仿复制，因此中国的互联网金融监管不同于发达国家，但也有迹可寻。相对于发达国家而言，他们对互联网的监管比较成熟，基本不存在监管空白；而中国互联网金融起步较晚、发展较快，对中国互联网金融的监管还处于探索阶段，真正实现全业务监管还需时日。

（二）发达国家的金融市场更加成熟

互联网金融源于金融，金融市场的发达程度不仅决定着互联网金融发展的方向和规模，同时对互联网金融的监管也有重大影响。发达国家的金融市场起步早，市场发育程度高，金融机构多，市场竞争充分；市场制度健全，金融监管立法完善；金融创新速度快，金融产品多样；普遍建立了比较完善的社会信用体系，除由政府主导的征信机构外，不少民间机构也从事信用信息的收集、加工及信用查询和评估服务。而中国，金融市场进入壁垒高，市场开放度不够，金融创新受制度约束大，征信市场发展缓慢，金融监管落后。这决定了中国互联网金融产品的广度和深度远不及发达国家。中国互联网金融的监管既要学习西方发达国家的经验，但也不能盲从。中国互联网金融的监管，核心是要处理好金融创新发展与金融风险的关系，要坚持用底线思维和负面清单的监管模式，引导互联网金融创新发展。

（三）美国引领互联网技术的创新发展

互联网金融是互联网技术与金融发生的物理与化学变化引起的。因此，互联网金融的发展与监管，必须紧紧抓住互联网技术发展的特点和趋势。美国是互联网技术的起源地，也是互联网技术创新最为活跃的国家。早在 20 世纪 90 年代，美国经济增长的 1/4 以上都归功于信息技术，其中计算机和电信业的发展速度是美国经济增长速度的两倍，美国国内生产总值的增长量中，1/3 是由与信息工业相关的产业贡献的。亚马逊、eBay、雅虎和 Google 等大型互联网企业均是在 90 年代兴起并蓬勃发展的。美国互联网在 90 年代高速发展的过程中，也逐渐进入了金融领域，涌现出了大量互联网金融企业，如互联网银行 SFNB、互联网保险

INSWEB、互联网证券 E-Trade 等。在社交网站方面，美国的 Facebook 处于领先定位，在全球拥有 9 亿用户，社交网络的深入发展不断催生互联网金融的创新发展，基于社交关系的支付与借贷正在迅速发展。在移动互联网时代，美国拥有高通这一全球最大的移动设备芯片研发制造企业，同时也有苹果的 iOS 和谷歌的安卓移动操作系统，美国牢牢掌握了移动互联网时代的核心芯片和操作系统的核心技术。在全球前十大互联网企业中，美国有谷歌、Facebook、亚马逊等七个互联网巨头上榜，引领着互联网技术的创新发展。互联网技术的创新发展，深刻影响着互联网金融未来的发展趋势。因此，中国互联网金融的监管，需要顺应互联网技术发展的趋势，善于利用互联网技术来监管互联网金融。

四、我国互联网金融发展的政策建议

（一）设定互联网金融行业的经营门槛

对进入互联网金融领域的企业，应在互联网安全、信息披露、高管任职等方面设置一定的规范和标准，不再沿袭传统金融牌照制度的做法。由于互联网金融企业从事金融业务，所以其必须服从一定的金融秩序和监管规范，通过技术安全标准、高管任职资格、信息披露规范等建立现代公司治理结构，规范互联网金融行业的经营。

（二）创新互联网金融监管模式

针对互联网金融快速发展的趋势和互联网金融跨行业融合发展的特点，吸收工信部加入由中国人民银行、银监会、证监会、保监会、外汇局等组成的工作协调小组，通过部际联席会议制度，联合研究制定互联网金融政策，加强与货币政策的协调，防范系统性风险，建立全覆盖的统计体系以加强信息共享。开展互联网金融监管的国际合作，制定统一的监管标准，加强沟通协调。监管部门需要改变对传统金融企业的监管模式，由事前监管改为备案监管，由对企业的前端监管改为加强对消费者的保护。应通过"负面清单"和"红线边界"厘清互联网金融创新的底线、边界。建立健全互联网金融消费纠纷解决机制，强化对金融消费者特别是互联网金融消费者的教育，引导消费者树立正确的投资理念，提高消费者的风险意识和自我保护能力。

（三）强化政府公共服务及管理职能

出台相关制度规范互联网金融服务，开展非金融机构支付业务设施认证，建设移动金融安全可信公共服务平台，构建金融监管体系和互联网安全防护网络与信息安全体系，加强对网络用户的信息保护，通过制度和基础设施建设为监管提供好的基础。结合互联网金融发展的新情况，重新梳理各类金融企业的业务范

围，构建科学有序的互联网金融监管体系，明确相应企业、相应业务的监管部门，取缔未经监管许可设立的金融平台，建立互联网金融的行业统一数据平台。对进入互联网金融的企业在互联网安全、信息披露、高管任职等方面设置一定的规范和标准，不再沿袭传统金融牌照制度的做法。建立与互联网金融相关的配套法律体系，包括互联网金融监管机制、交易者的身份认证、个人信息和隐私保护、互联网金融安全、电子合同有效性确认、集团诉讼制度、金融消费者权益保护、金融消费者教育和适当性、小额赔付制度、反洗钱等法律法规，逐步搭建起互联网金融发展的基础性法律体系。应尽快完善互联网金融配套征信系统建设，将互联网金融平台产生的信用信息纳入央行征信系统范围，向互联网金融企业开放征信系统接口，通过系统对接搭建商业信用数据共享平台，为互联网金融主体提供征信支持，推动信用资信认证、信用等级评估和信用咨询服务等的发展，进而降低互联网金融产品的信用风险，提高金融市场资金的配置效率。

(四) 完善互联网金融产业生态链

整合互联网金融行业发展资源，加强传统金融企业、互联网企业、通信运营商等企业间的沟通交流，实现优势互补、合作共赢、协同创新，营造良好的生态产业链环境。金融机构拥有客户、研究和资本优势，而互联网公司拥有技术、数据和创新优势，通信运营商则拥有管道优势，掌握了大量的移动终端。应通过组合产业链上下游不同的优势资源，实现互联网金融融合创新发展。具体而言，一是加强互联网技术研发，完善包括系统软件、数据保护等在内的产业基础设施。二是促进征信行业的发展，建立符合互联网金融特点的信用体系，支持一批征信公司发展。三是促进互联网金融相关中介服务的发展，加强对互联网未来发展趋势、规律以及风险检测和防范等方面的研究，完善信息披露、数据统计、法律财会等服务。

(五) 加强互联网金融行业自律

除了法律和制度监管外，互联网金融健康发展还离不开行业自律，包括行业自律性组织及协议。需要充分发挥金融行业协会、互联网行业协会等的作用，倡议互联网金融行业从业者自觉遵守法律法规，自觉维护金融稳定，自觉防范管控风险和维护公共利益，自觉接受社会监督，自觉抵制恶性竞争，共同维护好行业利益。国家需要支持各类互联网金融行业协会、组织的发展，研究互联网金融行业发展规律，推动制定互联网金融行业发展规则和标准，引导行业健康规范发展。

(六) 营造良好的产业发展舆论环境

充分利用广播、电视、网络等媒体，举办网络信任宣传活动，积极推广互联网金融的基本知识，做好农民、中老年人等重点人群的互联网金融普及宣传工作，形成全社会积极参与互联网金融发展的良好社会环境。完善网络信任体系，在电子商务、网络社交等领域推行网络实名制，对网上银行、移动支付等安全要求较高的业务推广电子认证应用。建立电子商务责任追溯机制和诚信监管体系，规范企业的网上交易行为，完善网络消费环境。建立网络信任治理长效机制，开展网络巡查，设立网上举报中心，及时发现和取缔"消费陷阱"、恶意软件、"钓鱼"网站和虚假信息。加快制定个人信息保护条例，加强个人信息保护，严厉打击非法买卖个人信息的行为。

（本文刊发于《全球化》2015年第8期。）

我国互联网金融发展现状及问题分析

近年来，互联网的发展给新闻媒体和出版行业带来了颠覆性影响，下一个产生革命性影响的行业将是金融业。互联网与金融的结合并不是最近才有的新鲜事，早在1996年，美国电子股票信息公司就开始利用互联网为客户提供股票交易服务，越来越多的银行开通了网上银行业务，互联网金融业开始走入百姓家。最近，随着物联网、大数据、移动互联网等信息技术的创新发展，互联网正在改变着传统金融存贷、支付等核心业务，这也就开创了互联网与金融融合发展的新格局，互联网金融产业链正在形成。未来，互联网将彻底改变传统金融业务格局，新业务、新业态、新模式层出不穷，传统金融创新步伐将不断加快，金融行业也将成为一个充满竞争的行业。

一、我国互联网金融发展现状

（一）互联网金融规模不断壮大

互联网与金融的结合，给金融业带来了革命性变革。基于Web 2.0，互联网金融发展迅速，逐渐渗透到支付、存贷、理财等传统金融的核心业务，我国互联网生态逐渐形成。在支付领域，2010年至今，利用支付宝支付的金额已超过了2万亿元，以支付宝、财富通为代表的第三方支付占到市场份额的八成，已经超过银行等金融类企业网银支付的总量。在借贷领域，截至2012年12月底，我国"人人贷"式（P2P）公司超过了300家，行业交易额高达200多亿元。在第三方电子支付领域，截至2012年12月，我国使用网上支付的用户规模已经达到了2.21亿人。

（二）互联网巨头迅速抢占金融市场

目前，互联网企业涉足金融业已呈"全面开花"之势。中国人民银行资料显示，截至2013年7月，已有250家企业获得第三方支付牌照，其中包括阿里巴巴、腾讯、网易、百度、新浪等互联网巨头。互联网企业也不断加强创新，陆续推出互联网金融产品，阿里巴巴发布的"余额宝"、新浪发布的"微银行"、腾讯发布的微信5.0与"财付通"的互联等更是全面进军金融市场。2013年9月，腾讯宣布要成立银行，成为互联网企业进入金融行业的标志性事件。京东商城和苏宁电器也先后宣布成立小额贷款公司，进军供应链金融。互联网企业进军金融领域，具有快速发展的态势。例如，支付宝旗下的余额宝，上线18天累积用户数就超过250万，存量转入资金规模达到57亿元。

(三) 传统金融机构加快金融业务创新

为了有效应对互联网企业发起的挑战，也为了更好地满足消费者在互联网环境下的多样化需求，传统金融企业加快了金融业务创新的步伐。一方面，金融企业加快了金融产品互联网化的进程，运用互联网技术把银行产品线上化，通过网络向客户提供金融服务。目前，所有商业银行都开通了网上银行业务，向客户提供网上服务。另一方面，传统金融企业利用互联网技术创新业务模式。例如，华夏银行推出了"平台金融"业务模式，为平台客户及其体系内的小企业提供在线融资、现金管理、资金监管等全方位、全流程服务。中国工商银行与阿里巴巴签署了整体合作框架协议，双方将就电子商务以及相关的安全认证、资金托管、市场营销、产品创新等多个领域开展广泛合作。招商银行联手中国联通于2012年11月推出首个移动支付产品——招商银行手机钱包。另外，30多家基金公司的淘宝直营店陆续开业，各大银行、保险公司纷纷成立电子互联网金融平台。

(四) 通信运营商也开始涉足互联网金融服务

在互联网金融领域创新变革的大环境下，通信运营商利用其管道优势，也开始积极探索金融业务。2010年3月，中国移动以398亿元收购浦发银行20%的股权，成为其第二大股东。2013年6月，中国移动与中国银联共同推出了移动支付联合产品——手机钱包。2011年9月，中国电信与光大银行签署战略合作协议，进一步加强双方在网络缴费、手机支付、第三方支付等领域的合作。2013年6月，中国电信与中国银行签署战略合作协议，确立了双方在存贷款、现金管理、直接融资等领域的全面合作。2013年，中国联通与中信银行合作，布局移动互联网金融业务。

二、我国发展互联网金融具有重要的现实意义

(一) 有利于破解小微企业融资难问题

小微企业经营困难，亟须银行加大资金扶持力度。由于信息不对称，小微企业很难从传统银行获得贷款。互联网金融类企业利用数据分析优势，可以帮助优质小微企业破解融资困境。数据显示，截至2013年第二季度末，阿里小贷已经累计为超过32万家小微企业解决融资需求，累计投放贷款超过1000亿元，不良

率仅为 0.87%。

（二）有利于加强对影子银行的监管

目前，我国影子银行的规模在 15 万亿~30 万亿元。影子银行最大的风险主要来源于信息不对称，由于监管缺失，影子银行巨大的规模给我国金融系统带来了潜在风险。互联网金融的本质就是利用互联网来减少信息不对称，降低金融资产的风险。同时，互联网金融将线下民间金融资产转移到线上操作，有利于相关监管部门准确掌握互联网金融的即时数据，有效促进民间金融的阳光化、便利化。

（三）倒逼金融机构及监管部门改革

信息技术的发展以及互联网的广泛普及，使得更多的企业有能力进入金融领域。很多电子商务企业及互联网服务企业不断推出创新金融产品，改变了银行独占资金支付的格局，改变了银行传统信贷的单一信贷供给格局，打破了传统金融机构间的竞争壁垒。互联网金融的繁荣正倒逼金融机构加快改革，加快利率市场化进程，放宽民营资本进入金融领域的条件。金融领域创新加速，不断涌现新的金融产品、服务模式及商业模式，也要求金融监管部门创新金融监管手段、模式，防范新的金融风险。

（四）不断催生新业态、新服务与新模式

随着信息技术与金融的不断深入融合，互联网金融加速创新，从最初的网上银行、第三方支付，到最近的手机银行、移动支付，无不体现了金融与互联网的创新应用。此外，民间借贷也开始合法化，线上各类融资平台不断涌现，"智慧金融"也由概念开始走向市场。目前，很多基金公司、保险公司开始尝试通过电商网销、社交网络，甚至是微信平台等推广自己的品牌或者销售产品，基于社交网络的金融产品与服务不断涌现。

（五）有利于吸引广大民众参与金融

由于专业壁垒，民众参与金融的进程一直比较缓慢。互联网金融加快了金融产品模块化和标准化的进程，同时也拓宽了金融市场参与主体的范围，使市场参与者更为大众化。企业家、普通百姓都可以通过互联网进行各种金融交易，风险定价、期限匹配等复杂交易都会大大简化、易于操作。互联网金融也正在改变金融产品传统上由少数精英控制的模式，转而由更多网民参与和共同决定金融产品，使得金融产品能更好地满足市场需求。

三、存在的突出问题

我国互联网金融还存在一些突出问题，主要表现在：

第三篇 互联网金融创新与规范

(一) 总体经营规模不大

由于我国金融管制等方面的原因，对于新进入互联网金融领域的互联网公司、通信运营商和新型网络信贷公司，其扩大发展规模还受到较多限制。一方面，金融牌照许可限制了很多具有资金实力的互联网公司扩大金融业务；另一方面，由于自身规模和资金限制，很多新型的网络信贷公司扩大规模举步维艰。此外，由于缺乏互联网基因，即使是拥有金融许可和资金实力的传统金融企业，其发展新型互联网金融业务也比较谨慎。

(二) 监管模式和手段滞后

由于互联网金融发展迅速，互联网公司、通信运营商等非金融类企业纷纷进入金融领域，传统金融产品加快了创新步伐，互联网金融领域的新产品、新业态与新模式不断涌现，而我国对互联网金融的监管还相当滞后。主要表现在：尚未形成完善的跨部门协调机制，互联网环境下的监管体系还未形成，互联网金融监管手段比较落后。

(三) 社会信用环境缺失

我国互联网金融还处于发展的初期阶段，产业发展环境有待进一步完善。主要表现在：有的公司利用互联网非法吸收存款或非法集资，损害投资者利益；以个人信息牟利现象比较严重，个人信息安全得不到保护；社会民众对互联网金融认识不足，影响了新型互联网金融业务规模的进一步拓展；政府未能及时配套促进互联网金融发展的相关优惠政策和有关公共服务。

(本文完成于2013年9月，作为内参报送有关部门参阅。)

第四篇

如何更好地实施国家大数据战略

将大数据提升为国家战略

在信息社会，随着社交网站、微博、微信等互联网应用不断出现，海量数据正在行政管理、生产经营、商务活动等众多领域不断产生、积累、变化和发展，大数据由此也从概念走向实践。数据资源正和土地、劳动力、资本等生产要素一样，成为促进经济增长的基本要素。

一、大数据正在引领新的经济革命浪潮

大数据是继 Web 2.0 和云计算之后信息技术领域的革命性浪潮。大约从 2009 年开始，"大数据"才成为互联网信息技术行业的流行词汇。美国互联网数据中心指出，互联网上的数据每年将增长 50%，每两年便翻一番，而目前世界上 90% 以上的数据是最近几年才产生的。2010 年，美国总统科学技术顾问委员会向奥巴马总统和国会呈递了报告——《规划数字化的未来》，这是全球首次在政府层面将大数据作为国家战略的里程碑事件。2011 年 5 月，全球知名咨询公司麦肯锡全球研究院发布了一份题为《大数据：创新、竞争和生产力的下一个新领域》的报告。该报告指出，数据已经渗透到每一个行业和业务职能领域，逐渐成为重要的生产因素，人们对于海量数据的运用将预示着新一波生产率增长浪潮的到来。

大数据即将带来一场颠覆性的革命，它将推动社会生产取得全面进步，助推医疗、零售、制造、金融、能源等各行各业产生根本性变革。大数据在临床诊断、研发、付款和定价、新运营模式等方面可以发挥显著效果；零售行业中，在市场分析、销售规划、运营以及供应链等方面可以利用大数据进行分析优化；制造业中，运用大数据有助于了解客户的需求，全面提升产品设计、研发和销售等；金融行业中，大数据可以发挥处理海量数据时快速、准确的优势，在较短的时间内构建准确的、实时的、贴切市场需求的模型；能源行业中，随着传感器的广泛引入，大数据可以对传感器创造的海量数据进行快速、及时的分析。

二、我国发展大数据的现实意义

（一）发展大数据有助于破解中国社会转型中的难题

中国经济已进入转型期，社会进入矛盾凸显期，改革进入攻坚期，增长进入换挡期。宏观经济形势错综复杂、各种社会改革盘根错节、群体性事件频发等突出问题，仅仅依靠现有的管理手段与方法已明显落后。大数据能高效处理瞬息万变的海量信息，能有效破解转型中的社会难题。比如，2008年马云利用淘宝网的海量数据早半年成功地预测到了金融危机，大数据可以提高宏观经济预测的准确性。大数据同样能及时处理和分析海量交通信息，及时转化成出行指南，缓解交通拥堵。大数据更能及时处理瞬息万变的空气质量变化情况，准确判断污染源。例如，位于亚特兰大的通用电气（GE）能源监测和诊断中心，每周7×24小时实时收集全球50多个国家约1550台燃气轮机的数据。

（二）大数据可以催生新产业，带来经济增长新空间

随着大数据在商业企业、政府公共事业、国防军事等领域的应用，其日益形成一个新产业。大数据是一个事关国家社会发展全局的产业。《"十二五"国家战略性新兴产业发展规划》提出，支持海量数据存储、处理技术的研发与产业化。围绕产业链上下游，大数据必将带动智能终端的普及应用，以及物联网、云计算等产业的蓬勃发展。据统计，2010—2015年全球大数据市场年均复合增长超过50%。全球著名信息技术研究和咨询公司高德纳（Gartner）发布报告预测，2013年大数据对全球IT开支的直接或间接推动将达960亿美元，到2016年，这一数字预计将达到2320亿美元。

（三）大数据能有效减少社会运行成本，提高经济与社会运行效率

医疗卫生行业能够利用大数据避免过度治疗，减少错误治疗和重复治疗，从而降低系统成本，提高工作效率，改进和提升治疗质量。麦肯锡报告估计美国医疗行业每年通过数据获得的潜在价值超过3000亿美元，能够使美国医疗卫生支出降低8%以上。在公共管理领域，可以利用大数据有效推动税收工作的开展，提高教育部门和就业部门的服务效率。在零售业领域，通过在供应链和业务方面使用大数据，能够改善和提高整个行业的效率，充分利用大数据的零售商有可能将其经营利润提高60%以上。

（四）大数据可以带来精准营销，改变传统商业模式

大数据能有效改善企业的数据资源利用能力，提高从数据到信息的转化率，让企业的决策更为准确，从而提高整体运营效率。阿里巴巴通过对淘宝网客户的交易记录进行分析，能够以极低的成本准确评定每个商户的信用等级。阿里巴巴

2010年开展的淘宝网中小企业无抵押贷款，至今累计坏账率仅有1.94%，而且盈利可观。

（五）大数据可以推动政府开放，提高公共决策的预见性和响应性

为了响应大数据战略，政府开始逐步公开已有数据，如美国推出了政府数据在线网站（data.gov），英国推出了政府数据公开网站（data.gov.uk），数据开放推动政府不断开放。大数据能够帮助政府部门提高公共政策制定的效率，联合国2012年5月对外公布了名为《大数据促发展：挑战与机遇》的白皮书，书中探讨了如何利用互联网数据推动全球发展，如可以对社交网络和手机短信中的信息进行情绪分析，从而对失业率、疾病暴发等进行趋势预测分析。

三、发达国家已经将发展大数据上升为国家战略

全球发达国家已经充分认识到大数据时代的发展趋势，纷纷将大数据上升为国家战略。美国是第一个将大数据发展上升为国家战略并制订行动计划的国家。2010年，美国总统科学技术顾问委员会在呈给奥巴马总统和国会的报告——《规划数字化的未来》中建议，"联邦政府的每一个机构和部门，都需要制定一个应对'大数据'的战略"。这是全球首次在政府层面将大数据作为国家战略的里程碑事件，标志着大数据时代已经正式来临。2012年3月29日，美国政府颁布了《大数据的研究和发展计划》，通过提高从大型复杂的数字数据集中提取知识和观点的能力，进而加快美国在科学与工程中的步伐，加强国家安全，并改变教学研究。

2010年1月，英国政府正式上线数据开放网站（Data.gov.uk），数据开放成为英国新政府的一个前进方向。同年5月，英国政府又提出了"数据权"的概念，并向全社会开放了英国政府2005年以来公共开支的全部原始数据。2011年4月，英国劳工部、商业部宣布了旨在落实、推动全面数据权的新项目——"我的数据"。即使是商业机构收集的数据，只要记录的是涉及个人的信息，个人都有权查看和使用。

2011年5月，澳大利亚政府公布了《国家数字经济战略》报告，旨在确保2020年前基本完成国家宽带网络的物理建设，使澳大利亚成为世界数字经济的领军者。随着大数据发展战略得到全球各国的高度重视，联合国秘书长执行办公室于2009年正式启动了"全球脉动"（Global Pulse）倡议项目，旨在推动数字数据快速收集和分析方式的创新。

四、对我国迎接大数据时代的五项建议

我们已经进入大数据时代，面对大数据革命浪潮，我国应着力做好以下几方面的工作：

（一）将发展大数据上升为国家战略

政府应顺应信息技术发展趋势，抓住大数据带来的提升生产效率和降低经济社会运行成本的战略机遇，研究大数据发展趋势，评估大数据对我国政府、经济与社会运行所带来的革命性影响，制定未来五年或更长时间发展的主要目标、重点任务、行动计划和保障措施，将大数据战略上升为国家战略，通过体制机制创新，盘活政府及社会的数据资源，将数据资源转化为生产力。

（二）加快政务数据资源开放

随着我国电子政务的深入发展，信息系统基本覆盖了我国政府的核心业务。在日常行政审批和为民提供公共服务时产生了大量业务数据，包括个人的户籍、卫生医疗保障、教育、就业等方面的数据，企业的工商、税务和基本法人数据，气象、地震、土地、海洋等部门的数据，还包括知识产权、进出口、出入境等相关政务数据。在这些数据中，有很多属于非敏感信息，应根据我国信息公开法，主动开放政府掌握的非敏感信息，提高信息资源的社会开放度，积极迎接大数据革命浪潮。

（三）营造大数据产业发展的市场环境

大数据是一个前景十分广阔的新兴产业，但当前仍然存在很多制约产业发展的因素。应加快制定大数据标准和指南，鼓励重要领域关键技术研发。政府应充分发挥市场机制的作用，鼓励企业创新，保护知识产权，防止出现数据资源垄断，营造大数据产业发展的市场环境。应出台鼓励大数据产业发展的财税政策，重点支持大数据的核心技术和推广应用。政府部门在气象、统计、医疗卫生等领域实施大数据重大应用示范工程，积极探索大数据在政府部门中的应用，从而在全社会形成示范推广效应。

（四）加快数据安全立法

大数据时代的安全与传统安全相比更为复杂。一方面，大数据涉及企业运营信息、客户信息、个人的隐私和各种行为，因而对数据的合法抓取和使用需要法律保障。另一方面，我国信息产权不清晰，缺乏对信息所有权、使用权和收益权的规定，这就导致无法形成一个健全的信息资源市场，无法真正发挥市场在信息资源优化配置方面的作用，这就需要通过法律手段对信息资源的产权进行界定，以便公众理解哪些个人信息是可以获取的，应怎样使用，以及个人是否允许这种

使用。

（五）加快大数据专业人才的引进与培养

掣肘全球大数据产业发展的瓶颈之一就是人才短缺。政府可以采取培养和引进人才相结合的策略，发挥"创新人才推进计划""海外高层次人才引进计划"，"百人计划""长江学者奖励计划""国家杰出青年科学基金"等现有人才项目的先导作用，加快高水平大数据人才的引进。实施教育培养计划，重点培育数据挖掘、机器学习等方面的专业人才。政府应该出台激励措施并对企业管理者进行数据分析技术培训，提高大型企业管理人员的数据分析能力。

（本文刊发于《中国经济报告》2014年第1期，作为内参报送有关部门参阅。）

完善大数据条件下市场监管体系的政策建议

一、实施国家大数据战略

顺应新一代信息技术发展趋势，抓住大数据带来的提升生产效率和降低经济社会运行成本的战略机遇，实施国家大数据战略，建立与大数据时代相适应的体制机制，梳理各部门业务职能，重点建立跨部门的业务协同和数据共享机制。组织专家评估大数据对政府、经济与社会运行所带来的革命性影响，制定未来五年或更长时间的发展目标、发展原则、关键技术、重点任务、行动计划和保障措施等规划。通过体制机制创新，盘活政府及社会的数据资源，着力提升信息基础设施水平，大力发展大数据产业，建立国家级大数据中心，强化信息安全，打造"数据中国"。

二、设立大市场监管部门

按照党的十八届三中全会精神和政府工作部署，进一步简政放权，深化行政审批制度改革，从清理行政审批事项入手，对监管领域的部门职能逐一梳理，该取消的取消，该转移的转移，该强化的强化。通过梳理监管职能，构建大数据条件下有机统一的大市场监管框架，成立一个大市场监管部门，将目前散落在质检、工商、农业、卫生、食品药品、知识产权局、海关、"一行三会"等部门的市场监管职能整合到大市场监管部门，实现生产、流通、消费环节监管的有机统一，实现商品生产从源头到终端、从工厂到商场的全过程监管，实现有形市场和无形市场全覆盖。

三、健全大数据管理体制机制

健全政务数据管理体制，设立专门的大数据管理机构。建议以国家统计局为主，设立专门的负责全国各地政府数据收集、共享、开发利用的权力机构，负责数据开放、使用和保护工作，以及研究制定数据开放及保护与政绩考核挂钩的措施。在现有的相关机构内，分别设立数据的管理和保护部门，主管某一类型的数据开放、使用和保护工作，比如在税务总局、人社部、人民银行等职能部门内部设立相关机构，负责政府数据的更新、共享、保护与开发利用，与国家层面的数据管理机构进行对接。

四、制定公共数据开放的法规标准

尽快制定出台《公共信息资源开放共享管理办法》。在国家层面做好统筹规划，明确数据开放过程中政府部门、研究机构、应用厂商、个人用户、平台方等各方的权利和责任。探索制定数据资源开放指导意见和配套标准规范，明确界定数据开放的边界、范围、原则和安全性等，在对政府部门数据进行梳理和对开放风险进行评估的基础上，制订实施政府数据开放计划，确立数据开放的机制、重点领域和实施步骤，推动公共数据资源适度、合理地跨部门分享和向社会开放。

五、支持多种形式的数据共享

支持形式多样的共享方式。要根据不同类型信息共享和业务协同的应用需求，设计和开发出功能上满足业务应用、形式上易于接受的方式和手段，支持各级政府部门方便、快捷地获得所需共享信息，为业务开展提供服务。利用政府网站上的相关信息，在政府网站上提供信息查询服务，如查询业务办理进度情况等。加快市场监管部门与市场主体自有数据的对接与共享。在保护国家安全和维护个人隐私的情况下，有条件地将市场监管部门掌握的法人基本信息与互联网企业进行共享与开发利用，市场监管部门利用互联网企业强大的信息技术优势和丰富的互联网数据资源，开展大数据市场监管，推动数据资源开发利用，提升政府监管效能。

六、营造良好的社会信用环境

建立以公民身份证号码和组织机构代码为基础的统一社会信用代码制度，完善信用信息征集、存储、共享与应用等环节的制度，推动地方、行业信用信息系统建设及互联互通，构建市场主体信用信息公示系统，强化对市场主体的信用监管。根据市场主体信用状况实行分类分级、动态监管，建立健全经营异常名录制度，对违背市场竞争原则和侵犯消费者、劳动者合法权益的市场主体建立"黑名单"，对失信主体在经营、投融资、取得政府供应土地、进出口、出入境、注册新公司、工程招投标、政府采购、获得荣誉、安全许可、生产许可、从业任职资格、资质审核等方面依法予以限制或禁止，对严重违法失信主体实行市场禁入制度。逐步建立企业从业人员特别是高级管理人员的信用档案，将其经营行为和个人信用有机结合。

七、加强对顶层设计的研究

在信息通信技术加速创新的时代，大数据条件下市场监管体系的设计是一项系统性强的复杂工程，涉及的部门多，涵盖的业务内容复杂，需要进行系统性的深入研究，包括立法、可实施的框架体系、合理的部门和职能分工、全国统一的信用信息平台、政务数据资源交换平台、一体化的业务监管平台及相关保障体系等。建议与研究机构、相关智库开展合作研究，进行顶层设计，尽快完善大数据应用相关的法律法规，制定推进国家大数据战略的愿景与行动计划。

（本文完成于2014年12月，作为内参报送发改委参阅。）

我国政务大数据建设中存在的问题及政策建议

一、中央和部分地方政府政务大数据建设情况

近年来,许多城市都在大力推进政务大数据建设,取得了积极进展,对政府决策、社会治理、公共服务、产业发展等起到了重要的推动作用。

(一) 中央政务外网大数据基础设施和应用起步良好

目前,国家政务外网纵向全国性应用总数达到43个,中央政务外网横向应用总数达到11个,政务外网已接入133个中央政务部门和相关单位。截至2016年底,已接入政务外网的市(地、州、盟)和县(市、区、旗)总数分别达到322个和2569个,其中,地市级和区县级覆盖率分别达到了96.4%和90.1%。截至2016年底,青海省、西藏自治区相继实现了市、县级政务外网全覆盖,使全国实现市、县级政务外网全覆盖的省份数量达到了27个。

随着大数据的重要性日益显现,国家政务外网也做了大量与大数据相关的工作,主要包括以下四个方面:一是建设多个大数据政务应用平台,包括全国企业投资在线审批监管系统、全国信用信息共享平台、全国公共资源交易服务平台和全国政务信息共享平台等;二是提供政务大数据应用公共技术支撑,包括外网数据交换平台、政务云国家工程实验室和政务数据中心等;三是组建"国家发改委互联网大数据中心",包括开发税务大数据应用和开发质检大数据应用;四是成立合资企业,开展行业应用,包括双创指数编制和北斗导航应用。

(二) 贵阳以数据开放共享为着力点,推动政务大数据应用

贵阳市以政府数据资源目录体系建设为主线,以"一网四平台""一企一基地"为载体,构建一体化的政府数据共享开放管理体系和标准体系,以共享开放推动"块数据"集聚。具体分为四个步骤:搭建数据汇聚平台、活化数据资源目录、实现数据共享自流程化、数据服务优化提质。贵阳市数据政务共享开放形成了五大成果:一是"云上贵州·贵阳平台"。已有服务器511台,到2017年底达到800台的规模。推进政府部门应用系统与数据统一向云平台迁移,同时引导

>> 新经济 新动能 新思路

和鼓励其他社会数据资源和应用向"云上贵州·贵阳平台"汇聚，整合形成区域内的"块数据"。二是政府数据共享交换平台。贵阳市大数据委为各部门开展数据目录梳理工作提供技术支持和服务工作，用 11 天的时间完成全市 53 家单位、315 个系统、2290 个功能项的梳理工作，形成 1026 个数据目录字典，完成了 47 个功能项的接口开发，建成了贵阳市全量数据资源目录管理系统。三是建成五大基础数据库。以需求为导向打造人口、法人、自然资源和空间地理、宏观经济、电子证照五大基础库，并通过共享平台对外提供自定义封装、自动格式匹配、云服务总线、可视化数据图谱、API（接口）调用等多种个性化数据服务，实现需求与应用的精准对接。四是建立政府数据开放平台。贵阳在国内率先提出"领域、行业、主题、部门、服务"五种数据分类，极大地提升了数据检索、定位、发现的便捷性与精准性，在全国处于领先水平，同时开放 1139 个数据集、116 个 API、497 万条数据，覆盖 51 家政府单位，访问量达到 38000 人次，下载量达到 30000 人次。五是在安全工具建设的基础上构建大数据共享交换平台、安全与运营态势感知平台。

（三）福州以医疗应用为突破点，推动政务其他大数据法规建设和应用发展

根据国家健康医疗信息惠民行动计划，福州市鼓励社会力量参与智慧健康医疗便民惠民服务，整合线上线下资源，利用移动互联技术跨界整合医院、医生、医药、资金、技术等资源，让健康数据"多跑路"，让人民群众"少跑腿"，探索互联网健康大数据医疗服务模式，大力推进互联网健康咨询、网上预约分诊、移动支付和检查检验结果查询、随访跟踪等应用，优化形成规范、共享、互信的诊疗流程。以家庭医生签约服务为基础，推进居民健康卡、社会保障卡等应用集成，激活居民电子健康档案应用，推动发展覆盖全生命周期的预防、治疗、康复和健康管理一体化的电子健康服务。截至 2017 年 4 月 23 日，国家健康医疗大数据平台（福州）已接入福州市 37 家二级以上公立医院、571 万人口，为落实国家健康医疗大数据中心与产业园建设试点提供了坚实的基础，已初步整合了福州市的人口资源数据、电子病例、健康档案等医疗数据，汇聚了卫生数据、临床数据、基因组学数据、物联网数据等近百亿条数据，对外提供数据、应用、科研、生态、安全等服务。

政务数据的应用在健康产业发展过程中也能起到推动作用，为健康产业的发展注入了新的动力。政务数据的应用，一是为政府在健康产业的发展方面提供决策依据；二是为健康产业的市场定位提供数据支撑；三是通过结合医疗卫生、质检、工商部门及消费者协会等的数据，科学监管健康产业的发展，及时发现医疗健康服务过程中的产品和服务质量安全问题，向企业、医疗机构及消费者发布医

疗健康产品及服务安全提示，对违法违规行为严厉打击；四是推动其他政务大数据应用，包括人口调查数据、产业分布数据、环境与生态数据等；五是有利于推动健康数据依法、有序、安全地开放、共享及应用，有利于健康大数据产业平稳健康发展。

(四) 合肥市通过实施"五大行动"，强力推进政务数据大建设

一是实施"攻坚行动"，打破信息孤岛。依托龙头企业，整合政府信息资源，建设市级大数据平台，破除部门间信息壁垒，实现数据资源汇聚整合、安全共享和有序开放。二是实施"云端行动"，打造数据中心。健全市级统一的电子政务云平台，通过统一标准将市级各部门的传统政务应用迁移到该平台上，开放数据接口，促进政府部门之间的信息共享和业务协同，促进传统分散的电子政务管理体制向集中管理方向发展。三是实施"强基行动"，统筹设施建设。加快推进信息消费示范、"宽带中国"示范、中国制造2025试点示范建设，实现公共区域4G网络和无线网络全覆盖。四是实施"平台行动"，推动协同创新。大力建设市级数据资产运营平台、大数据共性技术和服务平台、大数据协同创新平台和数据交易平台。开展数据资源开发、数据资产确权、评估和抵押贷款等服务，为金融征信、智能交通、智慧旅游、医疗健康等领域的应用服务提供支持。开展政务数据采集、存储、清洗、分析挖掘、可视化等关键共性技术研发，促进大数据技术交流和成果转化。五是实施"护航行动"，强化推进机制。成立高规格的全市信息化及大数据发展工作领导小组，统筹推动部门间的协调联动。筹划成立大数据专家咨询委员会，为大数据发展应用及相关工程实施提供决策咨询。目前，合肥市社会服务管理信息化平台项目，通过人工智能与政务大数据相结合，已整合民政、公安、人社、司法、工商等20家单位417类13.4亿条政务数据，实现了政务数据的有效治理。

二、当前政务大数据实践中普遍存在的问题和挑战

(一) 数据共享不充分

在现行绩效考核制度下，各地方、各部门争相建设自己的大数据中心，但由于体制机制尚未理顺，大量数据分散于各行业、各部门，并没有实现真正的数据共享，极大地制约了政府协同管理水平和社会服务效率的提升。

(二) 大数据思维尚未建立

虽然各地、各部门建立了自己的大数据中心，并且储存着海量有价值的数据，但一些政府部门尤其是部门领导还没有真正树立"大数据思维"，仍然习惯采用传统方式管理决策，因而大数据系统很难发挥应有价值，造成大量重复建设

和资源浪费。

（三）法律法规尚不健全

由于缺乏相关的法律法规，尤其是国家层面的法律法规，人们对数据共享开放的内容和范围，数据提供者、使用者和管理者等各类主体的权利、责任和义务，数据采集、流通与使用的规范，以及数据产权、安全和隐私的保护尚不明确。一方面信息共享没有政策依据，另一方面保密成为信息不共享的借口。

（四）大数据人才不足

大数据在中国是新生事物，国内高校开展大数据技术人才培养的时间不长，技术市场上掌握大数据处理和应用开发技术的人才很少。而大数据发展速度很快，无论是政府部门还是企业都需要一支懂技术、善管理、有经验的大数据建设专业队伍。因此，目前我国大数据市场上技术人才储备与大数据处理和应用需求之间存在着巨大缺口，而且这一缺口在未来几年可能持续存在。

（五）信息安全存在隐患

随着大数据的快速发展，信息共享与交换过程中出现的数据安全和个人隐私泄露问题成为巨大挑战。一方面，一些政府部门的大数据中心由外资企业建设和运维，这可能导致国家机密泄露；另一方面，许多上网的民众维权意识比较弱，加之许多企业为了获利经常挖掘网民数据信息，造成隐私泄露。

三、推动国家政务外网大数据建设的政策建议

（一）完善大数据政策法规

推动数据保护、个人隐私、数据权益和合理利用等方面的立法工作，加快制定完善《中华人民共和国政府信息公开法》《中华人民共和国保守国家秘密法》《中华人民共和国个人隐私法》等法律法规及其实施细则，对重要数据的保存、备份、迁移等进行规范管理，避免数据共享"不能、不愿、不敢"等情况的出现。

（二）加快大数据统一平台建设

以数据集中和共享为途径，建设全国一体化的国家大数据中心，提供公共技术支撑，推进技术融合、业务融合、数据融合，实现跨层级、跨地域、跨系统、跨部门、跨业务的协同管理和服务，避免新一轮的行业割据和重复建设。

（三）加强部门和区域间的数据共享

在相关法律规范的指导下，以国家统一数据平台建设为抓手，以解决重大社会问题为切入点，加强政府部门间、地区间的数据交换和共享。打破信息壁垒，提升服务效率，让百姓少跑腿、信息多跑路，解决办事难、办事慢、办事繁的

问题。

（四）推进政务数据面向社会开放和应用，释放数据价值

政府拥有大量数据，如果不开放政府数据，大数据研究和应用就会面临"无米之炊"的窘境。应尽快制订"数据政府"创新应用计划，建成政府数据服务网站 data.cn，盘活各级政府部门的数据资源，制定公共信息资源共享管理办法，推进数据资源开发和利用，实现中央政府和各级地方政府数据开放共享和综合利用。加强政府与民间协作，推动各类优质数据资源开放共享。引导更多非公共数据向社会开放，鼓励基于开放数据开展应用创新，惠及更多民众。

（五）强化大数据安全

在尽快出台《中华人民共和国政府信息公开法》《中华人民共和国保守国家秘密法》《中华人民共和国个人隐私法》等法律法规的基础上，探索完善安全管理规范措施，建立大数据安全评估体系，提高大数据平台的信息安全监测、预警和应对能力，开展大数据平台可靠性及安全性评测服务，引导大数据安全、可控和有序发展。

（本文与武锋合作完成，全文刊发于《社会治理》2017 年第 7 期。）

如何更好地实施我国国家大数据战略

世界各国对大数据开发、利用与保护的争夺日趋激烈，纷纷提出国家大数据战略。2012年3月，美国政府宣布了"大数据研发计划"，并设立了2亿美元的启动资金，希望增强海量数据收集、分析萃取能力，认为这事关美国的国家安全和未来竞争力。2013年推出"数据—知识—行动"计划。2014年进一步发布《大数据：把握机遇，维护价值》政策报告，启动"公开数据行动"，开放了50多个门类的政府数据，确保商业创新。2016年5月发布了《联邦大数据研究与开发战略计划》，目标是对联邦机构的大数据相关项目和投资进行指导。英国于2013年推出了"数据能力发展战略规划"，日本于2014年发布了"智能日本ICT战略"，欧盟正在力推《数据价值链战略计划》，为320万人增加就业机会。联合国推出的"全球脉动"项目，希望利用"大数据"预测某些地区的失业率或疾病爆发等现象，以提前指导援助项目。

我国正处在以互联网、移动通信等为代表的信息技术与产业快速发展的历史进程之中，正处在"信息化和经济全球化相互促进"的大潮之中。党中央、国务院审时度势，提出要实施国家大数据战略，谋求未来竞争中国家的新优势和新制高点。2015年，党的十八届五中全会提出"实施国家大数据战略"，国务院印发《促进大数据发展行动纲要》，全面推进大数据发展，加快建设数据强国。2016年7月，党中央和国务院印发《国家信息化发展战略纲要》，提出实施国家大数据战略，统筹规划建设国家互联网大数据平台，构建统一规范、互联互通、安全可控的国家数据开放体系，加强大数据、云计算、宽带网络协同发展。2016年10月，中共中央政治局就实施网络强国战略进行了第三十六次集体学习，习近平总书记提出要建设全国一体化的大数据中心，加快落实国家大数据战略的行动步伐。2017年1月，国务院发布《大数据产业发展规划（2016—2020年）》，全面部署"十三五"时期大数据产业发展工作，加快建设数据强国，为实现制造强国和网络强国提供强大的产业支撑。习近平总书记在十九大工作报告中指出，要推动互联网、大数据、人工智能和实体经济深度融合，建设网络强国、数字中国和智慧社会。

第四篇　如何更好地实施国家大数据战略

一、我国实施国家大数据战略的新成效

近几年，在国家政策支持下，我国大数据战略取得诸多成效：

（一）产业集聚效应初步显现

2017年，国家八个大数据综合实验区的建设，促进了具有地方特色的产业集聚。贵州是我国首个大数据综合建设试验区，在数据资源的积累和应用上有了一定基础，在大数据产业上的突破也得到国家层面的认可。京津冀和珠三角跨区综合试验区，注重数据要素流通，以数据流引领技术流、物质流、资金流、人才流，支撑跨区域公共服务、社会治理和产业转移，促进区域一体化发展；上海、重庆、河南和沈阳试验区，注重数据资源统筹和产业集聚，发挥辐射带动作用，促进区域协同发展，实现经济提质增效；内蒙古的基础设施统筹发展试验区，充分利用能源、气候等条件，加大资源整合力度，强化绿色集约发展，加强与东、中部产业、人才、应用优势的地区合作，实现跨越发展。

（二）新业态、新模式不断涌现

随着国家大数据战略配套政策措施的制定和实施，我国大数据产业的发展环境将进一步优化，大数据的新业态、新业务、新服务将迎来爆发式增长。同时，互联网的高速发展将带动社会各领域对大数据服务的需求进一步加强，政务、工业、电信、金融、交通、医疗等领域的应用层出不穷。我国在大数据应用方面位于世界前列，特别是在服务业领域，如基于大数据的互联网金融及精准营销迅速普及；在智慧物流领域，通过为货主、乘客与司机提供实时数据匹配，提升了物流交通效率。同时，大数据的技术发展与物联网、云计算、人工智能等新技术领域的联系将更加紧密，物联网的发展将极大地提高数据的获取能力，云计算与人工智能将深刻地融入数据分析体系，融合创新将会不断涌现。

（三）与传统产业融合的步伐加快

铁路、电力和制造业等加快了运用信息技术和大数据的步伐。例如，高铁推出"刷脸进站""机器人客服""VR实景导航""高铁线上订餐"等服务，节省了旅客进站时间，增强了乘客体验。2016年全国铁路发送旅客27.7亿人，互联网售票占比超过60%，其中手机购票占总量的比例超过40%。国家电网已经在北京、上海、陕西建立了三个大数据中心，大力推动智能电表普及，深度挖掘电力数据。基于居民或企业用电数据，可以对居民生活和经济活动进行精准分析，并能预测经济走势。电网专家测算，每当数据利用率调高10%，便可使电网提高20%~49%的利润。此外，我国工业大数据应用也开始发力，三一重工、航天科工、海尔等一批企业将自己积累的智能制造能力，向广大中小企业输出解决方

案,通过云的方式为广大中小企业提供运维服务、智能制造、协同制造和工业大数据机械应用等。

(四) 技术创新取得了显著进展

在重点专项方面,国家发改委组织实施了大数据领域创新能力建设专项,重点围绕提升大数据应用支撑水平,推动构建了支撑国家大数据战略实施的创新网络。科技部发布云计算和大数据重点专项,推动了云计算和大数据基础研究与技术规范。在基础软硬件方面,国内骨干软硬件企业陆续推出自主的大数据基础平台产品,一批信息服务企业面向特定领域研发数据分析工具,提供创新型数据服务。互联网龙头企业服务器单集群规模达到上万台,具备了建设和运维超大规模大数据平台的技术实力,并以云服务向外界开放自身技术服务能力和资源。阿里巴巴电子商务交易系统实现了"双十一"每秒钟17.5万笔的订单交易和每秒钟12万笔的订单支付,主要归功于飞天技术平台(飞天是由阿里云自主研发、服务全球的超大规模通用计算操作系统)的重要支撑。在深度学习、人工智能、语音识别等前沿领域,我国企业积极布局,抢占技术制高点。百度大脑、讯飞超脑等重大科技项目,其本身也是超大规模计算(云计算)、先进算法(人工智能)和海量数据分析(大数据)融合创新的成果。

(五) 产业规模快速增长

目前,大数据以爆炸式的发展速度蔓延至各行各业,随着各国不断加大对其的扶持力度,以及资本的青睐,全球大数据市场规模将保持高速增长态势。2017年工信部发布《大数据产业"十三五"发展规划》,推动了各地制定相应的大数据产业发展规划,促进了大数据技术创新,构建了大数据产业生态链,我国大数据产业发展进入快车道。据赛迪智库统计,2016年我国包括大数据核心软硬件产品和大数据服务在内的市场规模达到3100亿元。未来2~3年,市场规模的增长率将保持在35%左右。未来5年,年均增长率将超过50%。

(六) 一批大数据企业快速成长

国内做大数据的公司分为三类:一类是现在已经有获取大数据能力的公司,如百度、腾讯、阿里巴巴等互联网巨头;二是以华为、浪潮、中兴、曙光、用友等为代表的厂商;三是以亿赞普、拓尔思、海量数据、九次方等为代表的大数据新兴企业。上述三类企业涵盖了数据采集、数据存储、数据分析、数据可视化以及数据安全等领域。目前,中国的互联网企业、产业应用规模在世界上获得了举足轻重的地位,全球10大互联网公司中我国占4家,前30位企业中我国占40%以上,这些企业基本都是利用中国超大规模的市场优势而得到了迅猛的发展。

(七) 法治法规建设全面推进

我国先后制定和出台《全国人大常委会关于加强网络信息保护的决定》《电信和互联网用户个人信息保护规定》《电话用户真实身份信息登记规定（部令第25号）》《中华人民共和国网络安全法》等，保障了用户的合法权益。在数据管理方面，我国编制了"科学数据共享工程建设规划"，制定了《科学数据共享条例》《科学数据分类分级共享及其发布策略》等政策法规，促进了科学数据的管理和共享。

二、当前我国实施大数据战略存在的主要问题

一是数据权属不清晰，数据流通和利用混乱。大数据带来了复杂的权责关系，产生数据的个人、企业、非政府组织和政府机构，拥有数据存取实际管理权的云服务提供商与拥有数据法律和行政管辖权的政府机构，在大数据问题上的法律权责不明确，"数据产权"承认和保护存在盲点。数据权属不清晰，致使数据无法作为生产要素有效交易和流通，数据交易的市场机制缺失，地下数据交易黑市规模不断壮大。针对用户信息的非法收集、窃取、贩卖和利用行为猖獗，甚至形成一条龙式的产业链形态，给个人隐私带来安全隐患。

二是数据爆炸式增长与数据有效利用的矛盾突出。当前大数据时代面临的不是数据缺乏的问题，而是数据快速增长与数据有效存储和利用之间矛盾日益突出的问题。数据呈爆炸式增长，目前全球有30亿~50亿个传感器，到2020年将达到1000亿个之多。这些传感器24小时都在产生数据，导致了信息爆炸。IDC的研究报告表明，2020年全球数据总量将超过40ZB。信息技术的摩尔定律已接近极限，硬件性能提升难以应对海量数据增长。我们接收的数据和信息越多，面临的选择就越多，如若不善于过滤、挖掘和处理，过量的信息就可能对各种决策造成负面影响，增加不确定性。同时，所有数据的存储和计算都需要消耗巨额的存储设备和电力资源，对大数据的经济性应充分关注。若实行数据有限收集和处理，则大数据的潜在价值难以实现。

三是企业与政府数据双向共享机制缺乏。目前，我国政府掌握的直接和间接数据占了总数据量的70%，尤其是在公共基础设施、公共服务等领域。在现行制度下，由于部门利益、条块分割和绩效考核等多方面的原因，公共数据的开放共享虽已提倡多年，但政府开放数据的主动性明显不足，大量有价值的数据处于"休眠"状态，造成大量的重复建设和资源浪费。与此同时，阿里巴巴、腾讯、百度三大互联网公司以及电信、移动、联通"三巨头"凭借其雄厚的经济实力和技术优势，掌握了大量的用户数据。但由于数据归属还处于模糊状态，法律规

定不明确，政府与企业双向共享机制尚未建立，所以政府与企业数据共享矛盾突出。

四是发展一哄而上，存在过度竞争的倾向。近些年，全国各地兴起了大数据发展热潮。不少地方政府将大数据作为未来产业的制高点，将能源和土地要素作为大数据发展的新优势，进行新一轮大数据园区建设和招商引资，形成新的重复建设和产能过剩。各地政府发展大数据也存在恶性竞争。例如，河北的秦皇岛、贵州的贵安新区、重庆的两江新区、内蒙古的呼和浩特等都提出要集聚资源，建设大数据产业集聚区，其中贵安新区、两江新区更是将大数据产业作为全市的支柱产业。我国有实力的大数据公司和人才资源有限，腾讯、华为、百度、三大通信运营商等企业成为各地发展大数据优先引进的标杆企业，一些地方通过无偿给地和三年免税等优惠政策吸引大公司入驻，各地恶性竞争情况凸显。有些西部地区更是未充分考虑本地资源和人才状况，提出要发展大数据产业，建设了高标准的大数据产业园，但园区大数据企业寥寥无几，未来生存和发展堪忧。

五是政府和民众的大数据应用意识和能力仍比较薄弱。首先，政府缺乏对数据精确管理的理念。中国自古以来重定性、轻定量，习惯使用"大概""差不多""若干"等模糊性词语。人们潜意识地去追求含糊的相关性，追求通过较少的数据获得似乎可信的结论，而不愿意接受和运用大数据的理念。其次，政府官员和民众目前仍普遍缺乏大数据观念与意识。各级政府特别是地方政府没有意识到大数据时代将给政府管理带来的根本性变革，加之缺乏精通大数据分析工具和分析技能的专业人才，导致我国政府应用大数据技术改进国家治理的潜力尚未充分发挥，并造成我国在数据的开放性、流动性上不足。

六是核心关键技术薄弱和专业人才缺乏成为制约我国大数据竞争力提升的核心环节。目前，中国大数据发展形态比较单一，而且核心技术仍受制于人。首先，我国的网络基础设施、PC端、移动终端及其操作系统均由国外开发引进，缺少我国自主"控股、控牌、控技"的制造商。其次，我国大数据平台的基础软硬件系统也尚未实现自主研发，许多关系到国民经济命脉的战略性行业的大数据服务器、数据库由美国等少数几个国家的企业控制。这无疑对我国的大数据安全乃至国家安全带来了较大的威胁。与信息技术其他细分领域相比，大数据发展对人才的复合型能力要求更高，需要其掌握计算机软件技术，并具备数学、统计学等方面的知识以及应用领域的专业知识。目前，我国可承担分析和挖掘工作的复合型人才、高端数据科学家以及管理人才存在很大缺口。

七是大数据安全问题日益凸显。截至2017年7月，全国共侦破侵犯公民个人信息案件和黑客攻击破坏案件1800余起，抓获犯罪嫌疑人4800余名，查获窃

第四篇　如何更好地实施国家大数据战略

取的各类公民个人信息500多亿条。乌克兰电力系统和伊朗核设施遭遇网络攻击，也给我国电力、石油、化工、铁路等重要信息系统的安全敲响了警钟，工业互联网安全关乎国家安全。奇虎360公司监测结果显示，工业互联网联盟中的工业企业存在着较大的遭遇网络攻击的风险。

三、更好地实施我国国家大数据战略的指导思想、实施路径和重点任务

（一）指导思想

实施国家大数据战略应在马克思列宁主义、毛泽东思想、邓小平理论、"三个代表"重要思想、科学发展观、习近平新时代中国特色社会主义思想指导下，紧紧围绕"实现社会主义现代化和中华民族伟大复兴"的总任务，按照"两个一百年"奋斗目标的总要求，以发展实体经济为着力点，将数据驱动的发展模式和发展理念全面贯彻到"五位一体"的总体布局和"四个全面"的战略布局中，着力提高我国经济发展质量，全面满足人民美好生活需要，提高国家治理体系和治理能力现代化，将我国建成数据强国。数据强国指的是大数据法治完善，大数据治理高效，大数据产业全球领先，数字生活智慧便捷，大数据安全自主可控和全球网络治理话语权全面提升，基于数据驱动的现化代经济体系和国家治理体系全面形成。

（二）实施路径

实施国家大数据战略要坚持政府引导、企业主体和全社会共同参与的原则，以民生改善、实体经济和国防建设为大数据创新应用主战场，以国家总体安全为发展底线，以适应数字经济发展要求的体制机制、法治环境供给为关键，以重大项目试点、大数据标准建设和核心关键技术突破为牛鼻子，以大数据产业生态体系构建为核心竞争力，以抢占数字经济时代国家竞争制高点为目标，全面推进数据强国建设。

（三）重点任务

一是建立健全大数据领导机制。建立更高级别的国家大数据战略领导小组，理顺现有发改委、工信部、网信办等不同部门的大数据职能，建立健全科学高效的大数据发展领导机制，统筹全国大数据发展。规范各地方不同部门的大数据发展职能，防止不同部门重复建设。

二是建立和完善大数据法治体系。从规范政府、市场主体、个人参与和使用大数据的角度出发，构建多层次的大数据法治体系，制约各参与方的违法行为，健全大数据市场，维护大数据技术应用的合法化、有序化与科学化，建立和完善

大数据法治体系。

三是积极推进大数据社会治理。强化法治意识，让政府、市场按照法规收集、利用大数据，最大限度保护个人隐私和市场主体利益；强化行业自律和道德约束，自觉维护个人隐私和国家安全利益。在全社会大力普及个人隐私保护和大数据理念，提高全社会大数据使用和保护意识，强化数据是新生产要素的新观念。

四是大力发展大数据新业态。加快大数据服务模式创新，培育数据即服务新模式和新业态，提升大数据服务能力，降低大数据应用门槛和成本。深化制造业与互联网融合发展，坚持创新驱动，加快工业大数据与物联网、云计算、信息物理系统等新兴技术在制造业领域的深度集成与应用，培育新技术、新业态和新模式。

五是推动大数据核心关键技术突破。重点突破面向大数据的操作系统、集群资源调度系统、分布式文件系统、内存计算等底层基础技术。研发面向多任务的通用计算框架技术，突破流计算、图计算、联机数据分析处理等计算引擎技术。结合行业应用特点，研发大数据分析、预测及决策支持等智能数据应用技术。突破面向大数据的内存计算、高速互连、亿级并发、EB级存储、绿色计算等技术，加强软硬件协同发展。

六是广泛推进大数据智慧社会应用。政府及公共服务部门带头加强大数据分析和应用，提升政府决策管理水平和公共服务能力。在社会治理、公共服务、工业制造等领域深入开展大数据试点示范，通过以点带面，全面提升大数据应用能力，推进数字中国和智慧社会建设。

七是守住大数据安全的发展底线。坚持发展中保安全、安全促发展的原则，处理好大数据发展与安全的关系。加快落实《中华人民共和国网络安全法》，加强大数据安全技术产品研发，完善安全管理机制，提高居民数据保护意识和能力，构建强有力的大数据安全保障体系，守住大数据发展安全底线。

八是全面参与全球网络空间治理。美国是网络强国，在全球网络空间治理中处于领导地位。中国是网络大国，正在积极参与全球网络空间治理。习近平总书记在全球互联网大会上强调网络主权，倡议共同构建和平、安全、开放、合作的网络空间，建立多边、民主、透明的全球互联网治理体系。我国应积极开展"数字外交"，利用我国信息通信技术优势领域，在国际舞台上发出"中国声音"，帮助发展中国家提升信息基础设施，发展信息产业，推广互联网应用，形成更多和更广泛的利益共同体，提升我国数字经济的全球影响力。

四、更好地实施我国国家大数据战略的建议

按照十九大精神,要着力推动大数据与实体经济深度融合,建设数字中国和智慧社会,实现网络强国的目标,需要从政府、企业、社会组织和个人等方面全方位推动国家大数据战略落实。

(一)着力提高制度供给质量,更好发挥政府作用

1. **体制机制:成立高级别的国家大数据战略领导小组,加强组织领导**

建议设立由国务院领导担任组长的国家大数据战略领导小组,负责组织领导、统筹协调全国大数据发展。领导小组下设办公室,办公室设在国家发改委,负责具体日常工作。国家大数据战略领导小组副组长由网信办、发改委、工信部主要领导担任,领导小组成员包括国家有关部委和地方领导。国家大数据战略领导小组下设大数据专家咨询委员会,审定大数据发展规划和实施方案,制定重要的政策措施。

2. **法规建设:加快制定《大数据管理条例》,适时启动《数据法》立法**

可先制定《大数据管理条例》,规范市场主体和政府收集数据、使用数据的权利与义务,保护个人隐私和国家数据安全,有序引导全社会发展大数据。鼓励行业组织制定和发布《大数据挖掘公约》《大数据职业操守公约》等行业自律条例。在条件成熟时启动《数据法》立法,明确数据权属,培育大数据市场,促进数据作为生产要素规范流通。加快制定完善《中华人民共和国政府信息公开法》《中华人民共和国保守国家秘密法》《中华人民共和国个人隐私法》等法律法规及其实施细则,针对大数据尽快修改完善《反垄断法》《物权法》等相关法规。

3. **政策供给:提升政策灵活性,大力发展数字经济,创造更多就业**

一是制定数字经济优惠政策。政府在用地、税收、社会保障等方面为数字经济创业者提供政策支持,帮助创业者降低创业成本。鼓励金融机构为数字经济创业者提供资金支持,提供减免利息税等优惠政策。二是提高制度和政策的灵活性。着力提高数字经济税收、社会保障等政策的灵活性,调整数字经济模式下的财税政策。三是重点发展平台型经济。创新平台型组织的管理模式,积极采用和推广"政府管平台,平台管企业"的模式。四是培训数字化工作技能,提高重点人群新的就业能力。

4. **试点示范:以点带面推动大数据应用,提升大数据应用能力**

在环境治理、食品安全、市场监管等领域开展社会治理大数据试点。在健康医疗、社保就业、教育文化、交通旅游等领域,推动传统公共服务数据与互联

网、移动互联网、移动穿戴设备数据的汇聚整合应用，鼓励社会机构开展应用研究，开发便民服务应用，优化公共资源配置，提升公共服务水平。在工业制造、新型材料、航空航天、生物工程、金融服务、现代农业、商贸物流等领域开展示范，提升大数据资源采集获取能力和分析利用能力，充分发掘数据资源的创新支撑潜力。实施大数据开放行动计划，优先推进与民生保障服务相关的政府数据集向社会开放。

5. 资源共享：以国家一体化大数据中心为载体，推动政府与企业数据资源双向共享

按照"逻辑统一，物理分散"的原则，统筹考虑数据资源、存储资源，充分利用政府和企业已有数据中心与闲置计算资源，建设跨部门、跨层级、跨区域、跨所有制的国家一体化大数据中心和国家互联网大数据中心。以国家数据共享交换平台为核心，对接全国共享平台体系，形成全国公共数据资源共享交换平台层，汇聚共享政务信息资源，加强中央及各级政府部门对公共数据资源的统筹管理能力。以国家数据开放平台为中心，采用政府购买服务的方式，推动政务信息与行业数据、社会化大数据的融合，形成全国大数据资源服务平台，提供大数据创新应用与深度知识服务。

6. 发展环境：着力改善大数据发展环境，引导全国大数据产业健康发展

一是提升信息基础设施。紧紧围绕完善新一代高速光纤网络、加快建设先进移动宽带网、积极构建全球化网络设施、强化应用支撑能力建设四项重点任务，加快我国信息基础设施优化升级。二是简政放权，提升治理水平。制定政府大数据开发与利用的"负面清单""权力清单"和"责任清单"，提高政府监督市场的能力，建立公平竞争的市场环境。三是建立统计和评估指标体系。建立全国大数据发展评估体系，对全国及各地大数据资源建设状况、开放共享程度、产业发展能力、应用水平等进行分析评估，引导各地有序发展大数据，防止出现新一轮"产能过剩"。四是大力发展大数据公共服务平台。围绕产品和服务测试验证、知识产权保护、数据估值和交易，建设一批大数据技术与产业公共服务平台，构建和繁荣大数据产业生态。五是营造良好的舆论环境。引导媒体科学客观地宣传大数据，防止炒作大数据概念。利用好专业化的智库，解读和宣传好国家大数据方面的政策，营造一个良好的舆论氛围。

7. 数据安全：多措并举，织密全社会信息安全网，守住大数据安全底线

一是应推动形成全社会数据使用规范，从数据精度处理、数据人工加扰、数据周期保护、隐私数据特殊保护等方面入手，维护个人信息安全。二是重点加强行业龙头企业的信息安全意识与防护能力，首先做到"守土有责"，坚持数据

"谁使用，谁负责"的原则。三是大力发展信息安全产业，培育我国自主可控的信息安全企业，帮助政府、企业和全社会提升信息安全防护能力。四是加快落实《中华人民共和国网络安全法》，建立国家关键基础设施信息安全保护制度，明确关键基础设施行业主管部门的安全监督管理职责，加快推动国产软硬件的推广应用，提升安全可控水平。

8. 人才队伍：加强大数据专业人才的引进与培养，建设高水平的人才队伍

充分发挥政府的引领作用，实施人才引进战略，以大数据领域研发和产业化项目为载体，积极引进高端人才，重点引进一批活跃在大数据技术发展前沿、具有国际领先水平的高端专业人才和团队。支持国内高等院校设置大数据相关学科、专业，培养大数据技术和管理人才；支持职业学校开展大数据相关职业教育，培育专业技能人才；鼓励高校和科研院所针对大数据产业相关技能对在职人员进行专业培训，缩短大学培养人才的周期，满足数据产业对人才的需求。

（二）对企业分类施策，发挥市场配置资源的决定性作用

1. 发挥互联网龙头企业的引领和带头作用

以百度、腾讯、阿里巴巴、京东为代表的龙头企业具有较强的技术和雄厚的人才储备，具有强大的数据资源收集、存储、计算和分析能力，成为我国大数据技术进步的主要推动力。互联网龙头企业可以为我国千万企业大数据转型赋能，提升传统企业效率，增强企业核心竞争力。例如，三一重工与腾讯云共同搭建了一个工业互联网平台，把全球超过30万台重型机械设备通过互联网连接起来，实时采集超过1万个参数，实现了服务人员2小时到现场、20小时解决问题的高效售后服务。阿里云与大数据正在助力协鑫光伏、徐工集团、吉利汽车等制造领域转型，帮助我国制造企业向智能制造迈进。未来，输出大数据技术的门槛越来越高，大多数企业是大数据应用者。应像使用电、水、交通等传统基础设施一样，互联网龙头企业通过技术进步和规模优势，向传统企业提供高性能和低成本的大数据服务，帮助传统企业建立现代化的经营方式。

2. 发挥重要行业龙头企业的数据和用户优势

我国电力、交通、制造、金融等重要行业龙头企业集聚了海量用户和数据，信息化应用能力大幅提升，是未来我国大数据战略实施的主战场和真正的"钻石矿"。2016年全国铁路发送旅客27.7亿人，基于旅客的大数据应用刚刚起步。电力大数据是经济运行的"晴雨表"，国家电网智能电表的覆盖率达到了70%，每日产生海量用户数据。随着互联网金融的渗透，我国金融大数据的应用蓬勃发展，传统商业银行开始了大数据时代的业务转型。工业大数据更是未来大数据的蓝海，三一重工实现了泵车、挖机、路面机械、港口机械等132类工程机械装备

的位置、油温、油位、压力、温度、工作时长等6143种状态信息的低成本实时采集，实现了全球范围内212549台工程机械数据的接入，积累了1000多亿条工程机械工业大数据。但受传统经营模式的影响，传统行业龙头企业的大数据技术和应用能力偏弱。应利用互联网行业龙头企业的技术优势，助力企业提升生产效率，建立现代化的经营方式。尤其要重视工业领域大数据的应用，大力发展我国自主可控的工业互联网平台，吸引全球制造业企业加入我国工业互联网平台。鼓励地方园区、制造企业、信息技术企业、电信运营商等合作，构建面向智能生产线、智能车间、智能工厂的低时延、高可靠的工业互联网试验床，研发可落地的工业互联网技术和产品。

3. 发挥通信运营商的生力军作用，为大数据发展提供基础性、战略性资源

我国是全球4G用户最多的国家，截至2017年8月末达到9.3亿户，在移动电话用户中的渗透率达到67.2%，占全球4G用户总数的比重超过40%。运营商掌握有用户的年龄、性别、爱好、消费习惯、行为特征、终端属性、地理位置等信息，这些信息是我国信息时代的战略性资源。这些数据与广告业、出版业、传媒业结合起来，就可以做更加精准的内容定制与推荐，做更有效的产品推送，更精准地去营销产品。近年来，我国相继发布实施网络强国、制造强国战略，并提出"互联网+"行动计划，运营商应从供给侧改革出发，充分发挥自身的网络和用户优势，推动移动互联网、云计算、大数据、物联网等与行业结合，助力智慧城市、交通、能源、教育、医疗、制造、旅游等行业的创新和发展。

4. 充分发挥市场机制的作用，推动成立若干个混合所有制国家级数据资源公司

将国家数据资源划分为基础类数据资源和应用类数据资源。基础类数据资源包括人口、法人、空间地理、宏观经济四大基础数据库，这部分数据资源可考虑成立国有独资公司运营，执行国家安全和公益类职能。应用类数据资源包括通信、医疗、气象、社保、就业、教育、交通、旅游等垂直领域数据，可探索成立若干个混合所有制国家级数据资源公司，通过市场手段，盘活海量"僵尸"数据资源。

（三）激发社会组织活力，构建新型协作关系

社会组织和事业单位是政府和企业之外的"第三部门"，是政府行使行政职能的重要补充。社会组织积累了海量用户和数据资源，可与企业合作致力于数据资源的开发利用，提高社会组织的大数据应用能力，提高社会事业的精准化水平和公益资金的使用效率。加快社会组织的信息化建设，强化社会组织的大数据意识。构建政府和社会组织互动的信息采集、共享和应用机制。鼓励基金会、红十

字会等各种公益社会组织积极利用大数据,提升公益服务能力和水平。发挥科研机构的人才与技术优势,针对前瞻布局、技术引领的需求,调动全国科研机构的力量,加强科研机构的国内外学术和技术交流,研究数据科学的基础理论和基本方法,为数据技术开发、数据人才培养和数据产业发展提供指导与支撑。重点加强数据科学的基础理论、大数据的复杂性和科学研究的数据方法、大数据核心关键技术等问题的研究。

(四)提升公民的大数据意识和应用能力,推动"数字公民"建设

通过给每位公民一个数字身份,方便公民获取个性化、智慧化的精准服务,提高政府公共服务的精准度与实效性,推动社会治理向精细化、智慧化转变。要通过大力宣传大数据理念、方法,对公民进行科普教育,提高公民的数据素养,增强公民的数据权利意识,提高大数据应用能力。

(本文完成于2017年12月,全文刊发于《全球化》2018年第1期,核心内容刊发在《求是》2017年11月23日第1版。)

第五篇

全球网络空间治理"中国方案"

推动建立全球网络空间治理体系

近年来，随着全球网络安全问题凸显，全球网络空间治理日益成为全球治理的重要组成部分，同时也是大国关系博弈最重要的内容之一。2014年在首届互联网大会上，习近平总书记提出中国愿意同世界各国携手努力，本着相互尊重、相互信任的原则，深化国际合作，尊重网络主权，维护网络安全，共同构建和平、安全、开放、合作的网络空间，建立多边、民主、透明的国际互联网治理体系。2016年11月，习近平总书记在第三届世界互联网大会上重申了在2015年世界互联网大会上提出的全球互联网发展治理的"四项原则""五点主张"，提出坚持网络主权理念，构建网络空间命运共同体。美国已经将网络安全问题列为中美关系的核心关切之一，而且其在全球网络空间治理体系中处于支配地位。我国推动建立全球网络空间治理体系，有利于保障我国网络安全，提高我国在全球互联网治理体系中的话语权，以及推动建立新型中美大国关系，维护世界和平与稳定。

一、网络空间为什么需要建立全球治理体系

（一）网络空间已成为人类生产生活的主要场所

根据国际电信联盟（ITU）的统计数据和估算，2016年全球网民数量将达到34.88亿。其中，发展中国家的网民数量达到24.65亿，占到了总数量的约70%。中国是网民数量最多的国家，根据2016年7月中国互联网络信息中心（CNNIC）发布的《中国互联网络发展状况统计报告》，中国网民规模达到7.10亿，占全球网民规模的比例为20.36%，占发展中国家网民规模的比例为28.80%，占亚太地区网民规模的比例达到41.20%。互联网在经济领域已经得到相当广泛深入的应用，网络空间对经济资源、交易方式、经济组织结构等方面产生了深刻的影响，促进了经济结构调整，并引起经济增长方式的改变。根据波士顿咨询公司（BCG）发布的报告《被链接的世界》，预计到2016年，互联网经济总共将为二十国集团（G20）的GDP贡献4.2万亿美元。如果将互联网经济比作一个国家经济体，那么它将位居世界前五大经济体之列，仅次于美国、中国、印度和日本，并排在德国之前。互联网经济对全球各国的贡献也是巨大的，据测算，2014年

美国、日本、英国的信息经济对 GDP 的贡献率分别为 69.39%、42.21%、44.21%，2015 年中国信息经济对 GDP 的贡献已达到 68.6%，信息经济在国民经济中的地位不断提升。工信部电信研究院发布的《中国信息经济发展白皮书（2016）》显示，2015 年中国信息经济总量达到 18.6 万亿元，同比名义增长超过 17.5%，显著高于当年 GDP 增速，占 GDP 的比重达到 27.5%，同比提升 1.4 个百分点。

（二）网络空间关乎人类未来生存发展新空间

互联网的出现为人类带来了一个人造新空间。在这个"虚拟世界"里，人们可以从事社交、贸易、虚拟制造、公益等与现实世界一样的活动。网络空间对人民生活的影响也日益深刻，甚至开始改变国家主权的行使范围，使其从领土、领海、领空等有形的物理空间扩展到无形的网络空间，也就是所谓的"第五空间"。互联网使得国家主权的行使更加复杂化，网络的出现使传统国家主权向内部和外部扩散，并加剧了主权的不平等，国家能否具备网络空间的管理权将成为主要问题凸显出来。以地缘为基础的传统管辖权和对本国事物排他的管辖权将受到严重的挑战；跨国的数据信息又将会使弱国的信息主权受到侵害；应通过加强网络基础设施和法制建设来维护主权。未来网络空间主权对于一个国家具有决定性意义。如果说控制了太空等于控制了通向未来之路的咽喉，那么控制了互联网就等于控制了通向未来的神经系统。托夫勒曾预言：谁控制了信息，控制了网络，谁就控制了世界。"网络主权"正是国家主权在虚拟的网络空间中的体现，是一个国家在其所辖的网络空间范围内，通过控制网络信息，保证国家安全，享有的对内处理事务的最高权和独立自主地参与国际信息活动的权力。

（三）网络空间是一个由"私域"和"公域"共同构成的混合场域

虽然网络空间在某些层面上与全球公域具有相似的特征，但是互联网并不具有完全的全球公域属性。与陆地、海洋、天空等相似，网络空间是一个由私域和公域共同构成的混合场域。互联网为人类生活提供的是以"私"或"公"为属性的场域，其所产生的产品往往又具有"公共产品"的特征。然而，网络产品的"排他性"或"竞争性"反映在场域内，即是国家主权间的"排他性"或"竞争性"问题，也即"私域"与"公域"的关系。支持互联网发展的基础设施都是由私人企业或国家拥有或运营，若是完全脱离国家主权的约束，也是不现实的。此外，互联网所有的信息和数据都需落地到服务器上，而服务器均有地属概念。

（四）互联网已经成为人类赖以生存发展的公共基础设施

随着移动互联网时代的到来，互联网已经像铁路、公路、航空等交通基础设施，像水、电、气等公用基础设施一样，成为国家、企业和社会发展最基本的基础设施。互联网的关键基础设施包括互联网根服务器系统管理、IP地址分配和管理、域名资源分配和管理等内容。除此之外，互联网的关键基础设施还包括电网等公用网络、网络协议与物理线路，以及金融、银行和商业交易的数据资产等。

（五）网络空间产生的新问题已经成为全球经济增长的瓶颈

网络空间在提高效率、降低成本的同时，也带来了新的问题。诸如网络垃圾邮件、数据跨境流动、网络经济犯罪等问题，已经严重制约全球经济增长，成为新的风险和瓶颈，迫切需要开展全球治理。垃圾邮件的滥发、网络病毒的蔓延以及铺天盖地的网络广告这些违背效益的行为和方式，与网络经济的优势相伴而生，让网络空间不堪其苦。带有病毒的电子邮件还可能直接攻击或破坏邮件传输服务器或者电子邮件用户终端系统，造成整个系统的破坏和瘫痪。同时，随着云存储、云计算等技术与服务的日益普及，数据的主权归属更加复杂。利用计算机实施的金融诈骗、盗窃、贪污、挪用公款、窃取秘密等网络犯罪，严重冲击了现有的全球安全体系。

（六）现有网络空间秩序催生了人类新的不平等

网络空间的崛起让平等的理念更深入人心。但是，网络空间也会加剧人类新的不平等。据统计，预计截至2016年底，有39亿人——世界上53%的人口没有使用互联网。在美国和独联体地区，大约1/3的人口是不使用互联网的。而几乎75%的不使用互联网的人口在非洲，只有21%的欧洲人不使用互联网。在亚太地区和阿拉伯国家，不使用互联网的人口比例非常接近，分别为58.1%和58.4%。不懂得使用电脑进入网络空间或者没有条件进入网络空间的群体，慢慢会成为网络空间的遗弃者。网络空间还存在着信息技术独占的不平等。据统计，网络信息70%以上是使用英语沟通，网络硬件和软件以及协议都是以美国为主导，全球80%的网民都在使用微软公司的IE浏览器，这决定了美国更容易将本国的社会价值观和意识形态通过互联网传递给其他国家，进行文化扩张和政治控制。以美国为主的网络强国几乎独自掌握了网络空间的控制权，包括中国在内的其他国家都处于网络"半主权"甚至无主权状态。

（七）网络信息安全关乎国家经济安全

近年来，全球网络安全事件频发，引起各国恐慌。"维基解密"网站的出现与"棱镜门事件"的揭露让网络敏感信息泄露的残酷现实呈现在公众面前，也让网络空间的负面效应以一种政治性事件的方式表现出来。IDC发布的报告显示，2013年APT（高级持续性威胁）防御厂商Fireeye发现并识别的独立APT活动共计 300 余次。全球恶意代码样本数目正以每天可获取 300 万个的速度增长，云端恶意代码样本已从 2005 年的 40 万种增长至目前的 60 亿种。此外，网络基础设施也遭到全球性高危漏洞侵扰，Bash 漏洞影响范围遍及全球约 5 亿台服务器及其他网络设备，基础通信网络和金融、工控等重要信息系统的安全面临严峻挑战。2016 年 10 月 21 日，美国网络服务供应商迪恩公司的服务器遭到了"分布式拒绝服务攻击"（DDoS），Twitter、Spotify、Netflix、Airbnb、Github、Reddit 以及《纽约时报》等主要网站都受到黑客攻击，致使美国公共服务、社交平台、民众网络服务器服务中断，半个美国的网络几乎陷入瘫痪，给企业带来巨大损失。

二、当前全球网络空间治理的几个重要判断

未来十年，中美是全球网络空间的主角。如何求同存异，更好地发挥我国信息大国的优势，争取更多的全球网络空间治理话语权，对提升我国全球竞争力和影响力具有重大战略意义。

（一）美国在当前网络空间治理体系中处于核心地位

当前全球网络空间治理中，美国占据显著优势。以美国为代表的欧美发达国家和这些国家的公司与组织，掌握着网络空间治理的核心资源，包括关键技术标准、应用、基础设施、核心硬件研发、生产以及商业化能力，控制着互联网的核心产业链。以互联网域名系统（DNS）管理为例，全球 DNS 由互联网名称与数字地址分配机构（ICANN）把控，而 ICANN 实际上是由美国政府控制，即由美国国家电讯与信息管理局（NTIA）与 ICANN 签订管理合同，ICANN 受美国政府管理，向美国政府负责，ICANN 的相关政策需经美国政府的最后审批。2016 年 10 月 1 日，NTIA 将 DNS 管理权正式移交给 ICANN。但是从实际来看，美国政府仍然对 ICANN 有较大的控制权限。美国商务部不干预 ICANN 的日常运作，但是美国政府通过合同保留了商务部/NTIA 对 DNS 职能的管理权限，美国对 ICANN 和 DNS 的影响力超过其他国家[①]。

（二）当前网络空间治理主要有两大阵营体系

当前全球网络空间治理主要有两大阵营体系：第一阵营是以美国为首的西方国家，它们均出台了相应的国家网络安全战略，并提出了反映西方国家价值观的合作方式和治理理念。2014 年 3 月，美国表示与欧盟加强在与网络相关事务上的双边与多边协调和合作，明确表示美欧合作建立在共有价值、共同利益、多利益相关方治理理念、网络自由和保护网络空间人权的基础之上。2015 年初，美国

---

① 这一观点出自美国国会研究室（Congressional Research Service）发布的简报。

和英国表示要在保护关键基础设施、加强网络防御、支持网络学术研究等方面开展务实合作。2015年6月，美国和日本就提升网络威慑、加强信息和情报共享达成协议。不难发现，以美国为首的第一阵营更加强调网络空间中自由、民主的价值理念和加强自身的网络威慑能力。第二阵营是中国、俄罗斯等新兴国家。"棱镜门事件"发生后，中国、俄罗斯等十分关注维护网络国家主权的问题，呼吁国际社会关注美国以网络空间开放、自由为名侵犯别国主权的行径。2014年在巴西召开的金砖国家峰会上，俄罗斯建议加强金砖国家的网络安全合作。以俄罗斯和中国为代表的金砖国家认为，"维基解密"和"棱镜门事件"表明，美国等西方国家在网络安全问题上推行双重标准：一方面倡导所谓的网络空间绝对自由，另一方面又利用网络窃取别国信息。两大阵营中一方主张"网络自由至上"，另一方主张"网络主权至上"，双方意见分歧明显且难以消除。

（三）未来十年网络空间的主角是中美两国

中国互联网已经历了22个年头，在我国互联网发展的头十年，中国基本是追随美国，第二个十年是中国互联网产业的崛起。未来十年，不仅对中国，而且对全球互联网发展也是非常关键的。2014年，全球网民突破30亿，而中国拥有6.49亿网民。这一时期，美国是全球互联网的霸主，主导全球互联网。未来十年，下一个30亿的网民将来自发展中国家，未来互联网发展将是以市场驱动为主的时代。届时，美国网民数量在全球占比不到5%，而中国网民数量将会超过20%，未来全球前10名的互联网公司中，我国公司将超过一半。此外，中国核心芯片、集成电路、操作系统等核心关键技术正在迎头赶上，中芯国际、华为等企业的创新能力已今非昔比。未来十年的全球网络空间格局中，中美将会成为主导。全球建立一个什么样的网络空间治理体系，中美关系是关键。

（四）中美网络空间存在诸多的利益冲突与分歧

中美在网络空间领域存在诸多分歧，如经贸领域的政策和技术壁垒、政府行使网络空间管理权的限度、网络监管与审查、互联网自由与基本人权的关系等。是否承认网络主权和数据主权，是否承认网络自由和言论自由，是否允许信息审查和坚持绝对的信息自由流动等，体现出中美在利益和价值观上的根本性分歧。美国认为互联网是全球网民资源链接形成的网络，应该采取多利益相关方的治理模式，全球互联网是一个全球公域，反对国家机构来主导互联网管理，否定网络空间下的国家主权；而我国认为全球网络空间治理必须尊重网络主权，强调每个国家在信息领域的主权权益都不应受到侵犯。此外，美国经常以国家安全为由，对我国在美国投资的企业设置种种障碍，对中国企业投资设置双重标准。美国还对我国设置技术出口限制措施，限制核心芯片、网络信息加密等技术出口。在意识形态和价值观上，美国大搞网络霸权主义，推行网络空间"全球公域"概念，散布"中国网络威胁论"；在外交上，中美网络空间冲突表现在两国人权问题、网络攻击上，美国经常指责中国互联网的管制政策对互联网干预较多。

（五）网络空间已成为大国博弈新的制高点

当今世界，信息技术革命日新月异，对国际经济、政治、文化、社会、军事等领域产生了深刻影响，大国博弈也因此进入一个新的阶段——争夺网络空间话语权是当前主要大国博弈的新焦点。目前，世界主要国家普遍强化网络空间治理中的国家意志，建立由国家元首或政府首脑亲自挂帅的相关机构，推进网络治理的战略规划和顶层设计，努力占据网络信息发展的制高点。目前，已有50多个国家颁布网络空间的国家安全战略，仅美国就颁布了40多份与网络信息安全有关的文件。美国设立了"网络办公室"，颁布了"国家安全战略"和"网络空间国际战略"。2014年2月，美国总统奥巴马宣布启动美国"网络安全框架"。此外，英国出台了"国家网络安全战略"，成立了网络安全办公室和网络安全运行中心；法国成立了"国家信息系统安全办公室"；德国出台了"国家网络安全战略"。可见，以国家意志来保障网络空间安全与发展正成为各国的国家战略与核心竞争力，网络空间已成为培育国家新的比较优势的重要领域。在国际层面，北约、欧盟、上合组织等国际组织也就网络安全展开了不同程度的合作。2014年2月，德国总理默克尔与法国总统奥朗德在巴黎会晤时专门提出要建设独立的欧洲互联网，取代当前由美国主导的互联网基础设施。

三、中国推动建立全球网络空间治理体系的机遇与挑战

当前，我国正处于由"网络大国"向"网络强国"迈进的关键时期。要积极利用网络大国优势，化挑战为机遇，积极推动"网络强国"战略实施。

（一）重要机遇

一是中国互联网技术和产业实力日益增强。经过22年的发展，我国已是名副其实的互联网大国。首先，互联网基础设施建设指标达到世界领先水平。中国互联网络信息中心（CNNIC）发布的第38次《中国互联网络发展状况统计报告》显示，截至2016年6月，中国网民规模达7.10亿，其中手机网民规模达6.56亿。我国互联网普及率达到51.7%，超过全球平均水平3.1个百分点，超过亚洲平均水平8.1个百分点。我国域名总数增至3698万个，中国国家域名".CN"注册量达到1950万个（占中国域名总数的52.7%），年增长率达到19.2%，成为国内注册量最大的顶级域名。在应用方面，截至2016年2月，我国第三方应用商店分发规模超8000亿次，我国Android应用实际市场规模已近谷歌全球市场

的五倍。中国网络零售交易额跃居全球第一，2015年我国手机网购用户规模已达2.7亿人，网络零售总额达3.3万亿元，仅阿里巴巴中国零售交易市场2016财年商品交易实时总额（GMV）就突破3万亿元。互联网海外上市企业的实力不断增强，截至2015年底，我国拥有328家互联网相关上市企业，其中61家在美国上市，市值规模合计7.85万亿元，相当于中国股市总市值的25.6%。

二是数字经济与美国平分秋色。在全球信息化进入全面渗透、跨界融合、加速创新、引领发展新阶段的大背景下，中国数字经济得到长足发展，正在成为创新经济增长方式的强大动能。庞大的网民和手机用户群体，使得中国数字经济快速增长。2008年中国网民数量超越美国，成为全球网民第一大国。到2014年，形成了BAT（百度、阿里巴巴、腾讯）三大世界级巨头领衔的中国互联网产业梯队，仅次于美国，领先于其他国家，形成了全球网络空间事实上中美两强的基本格局。埃森哲公司2016年发布的报告《数字颠覆：增长倍增器》测算，2015年美国数字经济总量已经占GDP的33%，中国数字经济总量占GDP的10.5%。该报告同时预测，数字化程度的优化将在2020年使中国GDP增加3.7%，对应增加5270亿美元；而美国增加2.1%，即4210亿美元。目前，我国有3家企业进入全球上市互联网企业市值排名前10强、10家企业进入前30强，有5家ICT制造企业进入全球500强。

三是在核心关键技术上取得较大进展。我国信息产业自主创新体系不断完善，突破和掌握了一批制约产业发展的关键技术。通信设备、集成电路、高性能计算、应用软件等领域的科技进步取得了较大突破，数字程控交换、移动通信、数字集群通信、光通信等技术跨入世界先进行列。万亿次大规模计算机系统、国产高性能计算机和服务器迈入国际前列，通用CPU等一批中、高端芯片研发成功并投入生产，集成电路设计水平取得新突破。目前，以华为海思为代表的中国芯片厂商在主要技术指标上与国际主流厂商的差距较小。2015年，华为手机芯片自给率从30%提升到70%。华为在2015年首次突破了1亿部手机出货量，居中国第一，全球仅在三星、苹果之后，是增速最快的手机厂家。2016年8月16日，我国发射了首颗全球量子通信卫星，标志我国开始突破传统的互联网传输协议，建立一个更加安全可靠的数据传输网络。

四是"斯诺登事件"唤起了全球网络主权意识。长期以来，互联网核心关键资源，包括根服务器、DNS和IP地址资源等，均由美国主导。国际社会对此一直非常不满，ICANN也因此一直饱受"合法性"质疑。2013年"斯诺登事件"的发生使得全球互联网治理"两大阵营"的力量发生改变，美欧主导的全球互联网治理阵营开始出现离心倾向，各国互联网治理权意识空前高涨，各欧洲国家纷纷提出要重塑全球互联网治理格局，维护国家在网络空间的核心利益，同时欧委会明确提出为确保网络安全，要力争分享互联网治理权。2013年10月，包括ICANN、IETF、互联网社会、万维网协会以及五大区域性互联网地址注册机构在内的重要互联网机构联合发布声明，共同谴责美国国家安全局（NSA），呼吁实现ICANN国际化。2016年10月1日，美国商务部下属国家电讯局（NTIA）将互联网域名系统（DNS）管理权正式移交给ICANN，标志着互联网迈出走向全球共治的重要一步。

（二）面临的挑战

一是核心关键技术受制于人。当今的中国信息技术产品仍被外国的核心技术及跨国企业所支配。除华为等极少数公司外，中国信息技术公司尚处于产业链下游，并主要依赖国外市场。例如，智能手机的关键部件或技术，大部分都是源于国外厂商。移动终端操作系统也被谷歌安卓和苹果iOS控制。元器件市场几乎被外资垄断，国产手机厂商严重依赖国外市场。

二是我国互联网企业"出海"面临不公待遇。2016年开始，我国互联网企业开始积极拓展全球市场。由于海外市场在政治、政策、文化、市场风险、需求等方面与国内存在巨大差异，中国互联网企业"出海"必然面临诸多问题，包括内容安全、信息安全、个人隐私保护、消费者权益保护等互联网发展问题。在发达国家，信息保护非常严格，如欧盟在个人隐私、个人信息保护方面的监管比大多数国家严厉。此外，我国互联网企业"出海"遇到最大的问题是外国政府的安全审查。比如，中兴和华为就是因为国家安全等问题遭到了美国的限制。小米因为个人信息安全问题，被新加坡进行了审查。微信也因为客观的文化因素在美国遇到了发展阻力。还有百度和360公司的海外App，也因为入口的问题受到审查。此外，我国在全球互联网治理体系中还没有足够的话语权来保护我国互联网企业的海外发展。

三是我国网络空间治理方案缺乏国际共鸣。在全球网络空间治理体系中，中国当前面临的最大问题是被"孤立"，原因在于中国主导的互联网治理理念被误解，认为要完全否定"多利益相关方治理"，而采取政府主导的模式，这很难在国际上取得共识。中国应旗帜鲜明地提出"多利益相关方治理模式"，对互联网治理应坚持在国家网络主权的前提下，同意"多利益相关方"的治理原则，主张政府、企业、非政府组织、社群团队等共同参与的治理方式。在这一模式下，强调数据保护、网络主权，支持我国非政府组织积极参与全球治理，通过企业力量来逐渐影响全球网络治理规则。要在全球话语体系下更有策略地讲好"中国方案"，更加"灵活、务实、多元"地利用规则，将政府的位置往后撤一撤，并更有力地支持有共同利益的国家、民间团体、专业技术人才、国际组织来表达"中国方案"。

四是数据跨境传输，挑战了传统的国家主权概念。随着移动互联网的发展、高性能计算的突破和云计算基础设施的普及，数据的产生、存储、处理和使用已经突破了传统物理空间的限制，互联网数据流动已经实现了全球同步，几乎没有时间延滞。在大数据环境下，由于信息传输的同步，信息创造者、接收者和使用者，信息发送地、输送地及目的地，信息基础设施的所在地，信息服务提供商的国籍及经营所在地等交互重叠，甚至有冲突。比如美国谷歌、亚马逊、苹果公司、IBM和我国阿里巴巴、百度等互联网公司产生的业务数据来自全球各地，公司存储的数据属于哪个公司或具体国家存在较大争议。根据信息创造者、接收者和使用者的不同，数据信息将受多个国家的法律所管辖，而各国的数据权保护法律又不尽相同，这就导致数据主权纠纷频发。比如在中国使用的苹果手机，用户产生的数据已经和苹果公司在美国的服务器实现了同步，在中国设置物理服务器的限制已经失去了效用。数据传输的跨国界挑战了传统的国家主权概念，带来了复杂的权责关系。此外，国际社会并未对各国的数据主权管控范围进行划定，数据主权在国际法的制定方面尚属空白，各国基于理性自保的需求，积极加强本国数据的管控和本国国民在他国数据的主权，这必然导致主权交叉重复的管辖状况。

五是西方国家提倡"网络自由"，对网络主权不予承认。长期以来，以美国为首的西方国家借"网络自由"之名，大肆输出意识形态，鼓吹西方政治制度模式，诋毁、攻击我国的政治制度和价值观念，对我国意识形态安全形成极大冲击。由于互联网核心技术和关键资源都掌握在美国或美国企业手里，美国对互联网拥有实际的支配权。美国主导的"网络自由"实际上就是网络霸权，利用不对等的互联网影响力对别的国家的数据主权肆意侵犯。但实际上，美国所谓的"网络自由"也是执行"双重标准"，对涉及自身利益时则宣誓主权神圣不可侵犯，这实际上是通过"网络自由"的口号实现对其他国家在政治、经济、军事、文化等领域的全方位渗透，谋求不正当利益。

六是全球各国网络主权保护能力差异较大。从信息通信技术实力、产业竞争力和信息基础设施角度看，全球在互联网世界可以划分为三类，即网络殖民国家、网络主权国家和网络霸权国家。美国控制了互联网产业的核心芯片、基础元器件、互联网关键资源，属于唯一的互联网霸权国家。而俄罗斯、日本、韩国、英国、德国等国家，由于有较为完善的数据保护制度和较强的信息通信技术实力，因而有较强的能力保护互联网主权。大部分国家受制于互联网技术薄弱、法律制度不完善、信息基础设施较差等因素，属于互联网世界被殖民的对象。此外，互联网的开放性、及时性、全球性使得具有不同价值观念的民族文化在互联网领域存在冲突与矛盾，突出表现就是以美国为代表的西方文化与其他民族文化之间的冲突。比如在语言上，由于网络语言是被高度技术化的数字语言，"美国信息交换标准代码"是当前被公认的互联网通用代码，以英语为载体的美国文化形成了事实上的互联网语言文化霸权，这就使其他国家很难在数据主权方面形成合力。在数据保护方面，各国也存在较大差异。欧盟早在 20 世纪 90 年代就开始实施较为严格的数据保护，有较为完善的数据保护法规，包括 1995 年通过的《数据保护指令》、2002 年的《隐私与电子通讯指令》、2009 年的《欧洲 Cookie 指令》和 2015 年的《一般数据保护条例》，形成了较为完善和规范的数据保护制度。而我国数据保护仍处于部门条例阶段，《网络安全法》也尚处于立法阶段。广大非洲国家由于互联网起步较晚、基础设施较落后，互联网数据保护立法还处于空白阶段。

三、推动建立全球网络空间治理体系的建议

中国要积极参与全球网络空间治理，发出"中国声音"，提出"中国方案"，需要做好顶层设计，系统提出"网络强国"的具体方案，大力发展数字经济，加强信息和网络安全。

（一）制定和实施"网络强国"战略

做好我国网络空间战略的顶层设计，包括网络空间的范围、战略目标、实现路径、时间路线图。整合各类资源，制定和完善国家网络空间战略，包括网络空间经济战略、网络空间国防战略、网络空间外交战略、网络空间社会治理战略、网络空间文化战略、网络空间人才战略。加快建设和部署未来网络空间基础设施。建设全国一体化的国家大数据中心，积极推进国家大数据战略。积极部署全球量子通信网络，抢占未来网络空间制高点。加速推进"宽带中国"战略，建设高速、宽带与泛在的网络基础设施，彻底解决电信"最后一公里"问题，实现宽带网络全覆盖。

（二）积极开展"数字外交"战略

积极开展"数字外交"，利用我国信息通信技术的优势，在国际舞台上发出"中国声音"，帮助发展中国家提升信息基础设施，发展信息产业，推广互联网应用，形成更多和更广泛的利益共同体，提升我国数字经济的全球影响力。旗帜鲜明地提出"多利益相关方治理模式"，对互联网治理应坚持在国家网络主权的前提下，拓展政府、企业、非政府组织、社群团队等共同参与的治理路径。可考

虑建立联合国框架下的数据主权的网络空间治理体系，强调任何一个主权国家不论大小，彼此地位平等，反对数据霸权，强调数据治理公平与开放。强化国际电信联盟的作用，增强其在分配全球互联网核心资源、改善全球信息通信基础设施、缩小数字鸿沟、打击网络犯罪和建立全球数据流动规则等方面的作用。可考虑在现有G20（20国集团）的基础上，建立D20（数据20国）"数字经济"治理机制，加强20国在全球数字经济领域的沟通、协作，建立定期磋商机制，共同探讨全球网络治理新体系。争取相关国家的支持，利用美国与其盟友在网络空间利益上的离心力和矛盾，加强与欧盟国家的沟通和合作。

（三）大力发展"数字经济"

挖掘新增用户潜力，继续扩大我国互联网用户、手机用户、电脑用户规模，保持我国全球移动互联网市场优势，提高网民素质，繁荣移动互联网应用市场，规范市场竞争行为，打造面向全球市场的互联网大产业。应加快改变外资控制我国互联网企业的局面，培育更多自主的互联网企业。加快国有资本管理体制改革，成立国有资本投资管理公司，加强对互联网行业的投资；尽早解决互联网企业可变利益实体（VIE）公司治理问题，重新建立外资进入中国互联网信息服务行业的政策壁垒，防止外资大规模间接控制中国互联网行业；引导民间资本进入互联网创新企业，并利用市场手段设立国家级互联网风险投资基金，大力扶持中国本土的互联网创业企业；促进互联网市场竞争，培育多竞争市场主体，分散市场风险；加强对境外控制的互联网企业的监管，明确国家对本国消费者数据的主权地位。

（四）构建新型中美网络空间关系

加强中美互联网领域在政府层面、学术层面、产业层面、智库层面和社会层面等的交流与合作。应强调中美网络空间合作共赢，在共同发展中实现信息安全可控，不允许网络安全盲区的存在，共同创造中美信息安全。要对美国谷歌、微软、IBM、雅虎、思科、高通等"八大金刚"在中国的业务进行全面摸底，尤其是对国家机关网络基础设施和业务系统、重要工业控制系统等领域进行信息安全评估，全面掌握美国对我国信息控制和安装系统"后门"的事实，积极采取应对措施。对涉及我国国民经济安全运行、涉及社会新闻舆论导向、涉及国家信息化安全等利害的重大并购，要严格把关，加强审批，加强监控。

（五）建立自主可控的网络空间技术体系

在核心技术方面，应争取在集成电路芯片与光电子器件、高性能计算机与软件、下一代互联网与信息安全、第五代移动通信与无线通信、数字电视与音视频编码等技术领域实现突破，实现核心技术的自主可控。支持企业在智能终端操作系统、平台软件、大数据技术、未来互联网、平板显示等领域的研发与应用推广，着力构建更加完善的产业生态链，形成我国自主且可靠的信息产业核心技术和产品体系。建设国家网络空间战略预警和积极防御平台，精确预警、准确溯源、有效反制，提升对国家级、有组织网络攻击威胁的发现能力。在涉及国家机构安全运行及国计民生的领域，国家应加大对外资投资、并购的审查和监管。支持中国信息通信技术企业主导国际技术标准的制定，推动我国企业更多技术标准成为国际标准，提高我国企业在信息通信技术行业的地位和影响力。组织相关国内企业与科研院所建立专利联盟，交叉授权，互相促进，并汇集相关专利形成联合专利池。积极参与国际互联网名称与数字地址分配机构（ICANN）的国际化改革，着手对新的网络协议标准、互联网域名管理和运行等进行研究。积极参与全球根服务器的竞争，制定更完善的下一代互联网根服务器运营规则，积极部署全球下一代互联网根服务器。

（六）建立全球"数字经济"治理新体系

应推动跨境电子商务成为合法的下一代主要贸易方式，出台相应的管理办法和支持措施，包括关税、配额、通关、物流等。加快制定全球跨境电子商务转向下一代贸易的新规则，包括数字产品、数据流动、知识产权、隐私保护、技术保护等方面，推动贸易自由化和便利化。创新"数字经济"统计体系和工作机制，将"数字经济"纳入国民经济核算体系，科学评估"数字经济"对经济增长、资源节约、劳动就业、收入分配、税收等的贡献。运用大数据、云计算等信息技术手段收集数据，形成和完善符合"数字经济"发展模式的统计体系，建立"数字经济"价值衡量体系。

（七）建立和完善"数字经济"管理新体制

制定和实施各行业互联网准入负面清单，允许各类主体依法平等进入未纳入负面清单的领域。最大限度减少事前准入限制，加强事中事后监管，以"先发展，后管理，在发展中逐步规范"的原则发展新兴服务业。逐步放开自然垄断行业的竞争性业务，鼓励传统行业与互联网创新融合发展，支持传统行业服务创新，建立统一、规范、透明、民主的行业发展环境。积极探索混合所有制，有序开放电信市场，加快民营资本进入基础电信业务，促进通信设施共建共享，推动我国电信市场改革。建立更加扁平化的行政组织架构，继续简政放权，减少行政审批，更快地响应市场需求。推动政府治理多元化，通过政府与私人机构、社会组织及企业主体互动的方式，形成多方主体参与的密切合作机制，推动政府治理现代化。启动《劳动法》修改程序，规范临时工、钟点工、兼职、劳务派遣等多种形式的法律关系，鼓励企业采取多种用工形式。构建"平台+个人"的新型社会劳动关系，调整数字经济模式下的财税政策和社会保障政策。

（八）优化"数字经济"发展环境

建立覆盖全部企业和个人的全国统一信用信息网络平台，包括金融、工商登记、税收缴纳、社保缴费、交通违章等所有信用信息类别。建立以公民身份号码和组织机构代码为基础的统一社会信用代码制度，完善信用信息征集、存储、共享与应用等环节的制度，推动地方、行业信用信息系统建设及互联互通。建立健全经营异常名录制度，对违背市场竞争原则和侵犯消费者、劳动者合法权益的市场主体建立"黑名单"制度，构建市场主体信用信息公示系统，强化对市场主体的信用监管。逐步建立企业从业人员特别是高级管理人员的信用档案，将其经营行为和个人信用有机结合。实行严格的征信企业牌照制，发展多元化的征信市场主体。建立国家机关与征信企业数据共享机制，建议公安部、人民银行、交通部、统计局等掌握大量业务数据的部门加快与企业实现数据共享。

（九）主动设置网络空间治理议程

继续利用"斯诺登事件"，提出网络主权的主张，主动设置网络空间治理新议程。全面动员政府与非政府主体的力量，积极参与现有的互联网名称与数字地址分配机构（ICCAN）、互联网治理论坛（IGF）、万维网联盟（W3C）、国际互联网协会（ISOC）、国际互联网工程任务组（IETF）、国际标准化组织（ISO）、电气和电子工程师协会（IEEE）等国际组织，扩大我国的影响力。要积极利用好中国参与的多边机构与平台，包括二十国集团（G20）、亚太经合组织（APEC）、世界经济论坛（WEF）、博鳌亚洲论坛、上合组织、世界互联网大会等，提出中国参与全球网络空间治理的"中国方案"，并不失时机地提出中国主导的全球机制性网络空间治理平台，如倡议建立全球数字20国集团（D20）机制，建立一个在G20框架下的数字经济治理平台，定期讨论全球网络空间治理，共同推动建立全球性网络空间治理体系。

（本文完成于2016年11月，主要内容发表在《全球化》2017年第6期。）

我国基于数据主权开展网络空间治理研究

一、基于数据主权是我国网络空间治理的现实选择

（一）美国成为事实的网络霸权国家，很难在短期内撼动美国的地位

当前，美国把持着互联网资源的分配权、国际互联网根域名的控制权、网络域名解析（DNS）等核心互联网关键资源。全球13台域名根服务器，其中1台主根服务器设在美国弗吉尼亚州的杜勒斯，12台辅根服务器中有9台设置在美国。互联网传输协议/因特网互联协议（TCP/IP）、用于网页制作的超文本标记语言（HTML）、无线网络传输技术（Wi-Fi）等也由互联网工程任务组（IETF）、互联网工程指导委员会（IESG）、互联网构架委员会（IAB）、互联网协会（ISOC）等美国机构控制。此外，美国思科、微软、谷歌、英特尔、高通等公司控制了全球网络硬件基础设施、通信光缆、核心软件、芯片、操作系统等网络产业的关键环节。在短期内，全球很难建立一套新的互联网技术标准、管理制度、产业体系来撼动美国在互联网领域的霸权地位。

（二）美国利用网络霸权地位，肆意窃取全球数据，实施网络攻击，严重损害他国主权

美国利用实际的网络霸权地位，通过"合法"和非法的手段，对全球数据进行监控，并对重点国家和主要国家领导人进行监听。美国中央情报局前官员斯诺登披露，美国国安局（NSA）自2007年就开始实施绝密电子监听计划，通过非法进入微软、谷歌、苹果、雅虎等九大网络巨头的服务器，监控美国公民和国际政要的电子邮件、聊天记录、视频及照片等秘密资料，肆意窃取全球用户数据。为了应对美国的霸权威胁，各国纷纷提出数据主权战略，保护本国信息安全。德国对境内数据跨境流动进行了严格规定，美国情报部门要分享德国数据必须告知并获得许可，并要求严格遵守德国有关法律。2014年3月，欧盟议会高票通过《欧盟个人数据保护条例（草案）》，以严格的立法来推动欧盟数字统一市场的形成。俄罗斯议会于2014年7月通过《个人数据法》，规定俄罗斯公民的个

人数据必须保存在俄罗斯境内的服务器上。

（三）我国已成为互联网应用第一大国，也是未来数据创造第一大国，亟须保护数据主权

自1995年互联网首次接入中国，我国实现了网络基础设施建设从无到有，信息通信技术产业从小到大，网民数量由小众到普通民众，互联网成为国家经济社会运行的重大公共基础设施，我国日益成为互联网应用第一大国。数据显示，截至2015年7月，我国网民数量达6.68亿人，网民规模居全球第一；我国网络零售交易额规模跃居全球第一，2015年我国网络零售总额达3.3万亿元；拥有328家互联网相关上市企业，其中61家在美国上市，市值规模合计7.85万亿元，相当于中国股市总市值的25.6%。阿里巴巴、腾讯、百度、京东4家上市公司进入全球互联网公司10强。随着我国网民的快速增加和互联网应用的深入发展，我国也将成为互联网数据第一大国。2014年，美国国际数据集团（IDC）发布的报告《数据增长、商业机会和信息技术渗透》称，未来全球数据每年将保持40%的增长率，每两年数据量将翻一番。每年产生的数据流也将由2013年的4.4ZB增长到2020年的44ZB。届时，数据主要来源是新兴市场国家，到2020年60%的数据是由新兴市场国家产生的，而中国将成为数据产生的第一大国。

（四）数据资源日益成为国家战略资源，全球竞争焦点正由对商品和物质的争夺向对数据的控制转变

21世纪，数据被认为是基础生活资料与市场要素，由此产生的大数据也就成为社会经济发展的新基础"能源"，其战略价值不亚于工业社会的石油。21世纪的大国竞争已经不是在硝烟弥漫的战场，也不是对物质资源的争夺，而是争夺对整个世界的影响力和主导权，这主要体现在对数据的掌控上。2012年3月，美国奥巴马政府宣布推出"大数据的研究和发展计划"，以抢占数据资源开发利用的制高点。随后，联合国"全球脉动"计划发布了《大数据开发：机遇与挑战》报告，得到了英国、德国、法国、日本、加拿大等发达国家的积极响应。

二、推行数据主权网络空间治理的主要挑战

（一）在大数据时代，数据生产、存储、使用的不同主体容易形成数据主权的交互重叠甚至冲突

随着移动互联网的发展、高性能计算的突破和云计算基础设施的普及，数据的产生、存储、处理和使用已经突破了传统物理空间的限制，互联网数据流动已经实现了全球同步，几乎没有时间延滞。在大数据环境下，由于信息传输的同步，信息创造者、接收者和使用者，信息发送地、输送地及目的地，信息基础设

施的所在地，信息服务提供商的国籍及经营所在地等交互重叠，甚至有冲突。数据传输的跨国界挑战了传统的国家主权概念，带来了复杂的权责关系。此外，国际社会并未对各国的数据主权管控范围进行划定，数据主权在国际法的制定方面尚属空白，各国基于理性自保的需求，积极加强本国数据的管控和本国国民在他国数据的主权，这必然导致主权交叉重复的管辖状况。

（二）西方国家提倡"网络自由"，对网络主权不予承认

长期以来，以美国为首的西方国家借"网络自由"之名，大肆输出意识形态，鼓吹西方政治制度模式，诋毁、攻击我国的政治制度和价值观念，对我国意识形态安全形成极大冲击。美国主导的"网络自由"实际上就是网络霸权，利用不对等的互联网影响力对别国的数据主权肆意侵犯。美国等一部分西方国家认为，互联网属于"全球公域"，因而反对任何形式的互联网管辖，借用"网络自由"干预主权国家的互联网政策，美国政府就曾对谷歌退出中国事件批评我国的互联网政策。2011年和2015年，美国等西方国家两次强烈反对由中、俄、塔、乌等上合组织成员国向联合国提交的"信息安全国际行为准则"草案，其核心是要否定"网络主权"的概念，主张网络空间治理应坚持"多利益相关方"，主权国家应将同等重要的责任和权力分享给其他行为体。

（三）各国由于彼此的信息技术实力、文化背景以及价值观不同，有关数据主权的保护法也相差较大

从信息通信技术实力、产业竞争力和信息基础设施的角度看，全球在互联网世界可以划分为三类，即网络殖民国家、网络主权国家和网络霸权国家。美国控制着互联网产业的核心芯片、基础元器件、互联网关键资源，属于唯一的互联网霸权国家。而俄罗斯、日本、韩国、英国、德国等国家，由于有较为完善的数据保护制度和较强的信息通信技术实力，所以有较强的能力保护互联网主权。大部分国家受制于互联网技术薄弱、法律制度不完善、信息基础设施较差等因素，属于互联网世界被殖民的对象。当前，"美国信息交换标准代码"是当前公认的互联网通用代码，以英语为载体的美国文化形成了事实上的互联网语言文化霸权，这就使其他国家很难在数据主权方面形成合力。在数据保护方面，各国也存在较大的差异。欧盟早在20世纪90年代就开始实施较为严格的数据保护，有较为完善的数据保护法规；而我国数据保护仍处于部门条例阶段，《网络安全法》也尚处于立法阶段；广大非洲国家由于互联网起步较晚，基础设施较落后，互联网数据保护立法还处于空白阶段。

三、推动我国基于数据主权开展网络空间治理的建议

（一）在我国外交战略中强化数据主权的目标与行动

新形势下，我国外交战略应坚持数据主权，我国政府对其管辖地域范围内个人、企业和相关组织所产生的数据拥有最高权力，能独立自主对本国数据进行管理和利用。在国际交往合作时，充分尊重他国数据主权，尊重各国自主选择网络发展道路、网络管理模式、互联网公共政策和平等参与国际网络空间治理的权利，不搞网络霸权，不干涉他国内政，不从事、纵容或支持危害他国国家安全的网络活动。积极开展数字外交，利用我国信息通信技术的优势，帮助发展中国家提升信息基础设施，发展信息产业，推广互联网应用，形成更多和更广泛的利益共同体，提升我国数字经济的全球影响力。积极配合"一带一路"建设，加大信息基础设施投资，建立"一带一路"金融、产业、人口、交通等专业领域大数据，通过数据共享共治，提升区域内的数据治理能力，建立区域数据利益同盟。

（二）在联合国框架下推动建立新的全球网络空间治理体系

《联合国宪章》确立的主权平等原则是当代国际关系的基本准则，覆盖了国与国交往各个领域，其原则和精神也应该适用于网络空间。当前全球缺乏统一的网络数据主权的法律法规，各国的治理水平和能力不均衡。综合现有的全球网络空间治理体系，可考虑建立联合国框架下的数据主权的网络空间治理体系，强调任何一个主权国家不论大小，彼此地位平等，反对数据霸权，强调数据治理公平与开放。应强化联合国下设机构国际电信联盟的作用，增强其在分配全球互联网核心资源、改善全球信息通信基础设施、缩小数字鸿沟、打击网络犯罪和建立全球数据流动规则等方面的作用。此外，也可以在现有 20 国集团（G20）的基础上，建立数据 20 国集团（D20）数字经济治理机制，加强 20 国在全球数字经济领域的沟通、协作，建立定期磋商机制，共同探讨全球网络治理新体系。

（三）加强国家关键基础设施信息安全和核心数据的保护

我国应加快《中华人民共和国网络安全法》审议进程，建立完善的国家关键基础设施保护制度。主要包括：一是要建立国家关键基础设施信息安全保护制度。明确国家关键基础设施分类，制定国家关键基础设施信息安全认定标准、等级和程序；全面评估国家关键基础设施信息安全现状，建立国家关键基础设施信息安全测评制度；建立国家关键基础设施信息安全负责人制度、保密管理和境外数据处理禁则。二是要建立国家关键基础设施信息安全事件的监测通报、预警制度和处置机制。从预警级别、预警启动、不同级别预警的应对机制以及预警解除

等方面，完善国家关键基础设施信息安全事件的预警机制。成立专门的监管机构，负责国家关键基础设施信息安全风险监测工作，制定国家关键基础设施信息安全事件监测通报规划和方案。制定国家关键基础设施信息安全事件的分级处置标准、信息发布机制、数据恢复制度、责任追究机制，对于特大、重大信息安全事件要做好专项预案。三是要明确专门监管机构的信息安全监督管理职责，明确国家关键基础设施行业各个主管部门的信息安全监督管理职责，实施国家关键基础设施信息安全保护的行业主管和安全主管分离的制度。

（四）在法律框架下行使数据主权和保护数据安全

网络主权和数据主权关系到国家安全、经济发展和社会稳定的根本，应加快推动《中华人民共和国网络安全法（草案）》的修改进程，从法律上确立我国网络主权和数据主权的地位，国家对其管辖地域范围内个人、企业和相关组织所产生的文字、图片、音视频、代码、程序等全部数据在产生、收集、传输、存储、分析、使用等过程中拥有最高的管辖权。在现有《中华人民共和国网络安全法（草案）》的基础上，建议进一步完善公民个人信息保护等相关制度，规范网络使用行为，加大对网络违法犯罪活动的惩处力度，切实维护广大人民群众的合法权益；从法律制度上增强国家应对网络安全威胁的能力，推广、应用安全可信的网络技术和产品，加强关键信息基础设施保护，切实维护网络设施和网络数据安全。

（五）切实加强多边合作，形成数据保护利益共同体

欧洲在数据保护方面有丰富的立法和实践经验，对数据跨境流动实行了严格的保护。早在1995年，欧盟就出台了《关于与个人数据处理相关的个人数据保护及此类数据自由流动的指令》（即《个人数据保护指令》），制定了一系列严格规范的个人信息保护法律框架，并要求各加盟国建立统一的个人隐私保护法律、法规体系，以保证个人数据在加盟国之间自由流通。2015年12月15日，欧盟《通用数据保护条例》（也称《一般数据保护条例》）出台，对互联网企业自由收集、分析和管理用户信息的权限进行了严格限定和监管，严格保护个人数据。在全球网络空间治理体系中，欧洲也处于弱势地位，缺乏全球性的互联网企业，核心技术和关键资源也受制于美国。中国与欧洲在全球网络空间治理和数据主权方面存在利益交汇点，数据主权和信息安全同样受美国网络霸权的威胁，我国应加强与欧盟在数据保护方面的合作，建立数据保护合作机制。

（本文完成于2016年7月，作为内参报送有关部门参阅。）

中美网络空间博弈与"中国策略"

一、全球网络空间治理面临的新形势

（一）未来十年网络空间的主角是中美两国

中国互联网发展已经历了22个年头，在我国互联网发展的头十年，中国基本是追随美国，第二个十年是中国互联网产业的崛起。2014年，全球网民突破30亿，而中国拥有6.49亿网民。这一时期，美国是全球互联网霸主，居主导地位。未来十年，下一个30亿的网民将来自发展中国家，未来互联网发展将是以市场驱动为主的时代。届时，美国网民数量在全球占比不到5%，而中国网民数量将会超过20%，未来全球前10名的互联网公司中，我国公司将超过一半。此外，中国的下一代互联网技术、核心芯片、操作系统等关键技术也在迎头赶上，中芯国际、京东方、华为等企业的创新能力今非昔比，未来全球网络空间将会形成中美共同主导的新格局。全球建立一个什么样的网络空间治理体系，中美是关键。

（二）中美网络空间存在诸多利益冲突与分歧

中美在网络空间领域存在诸多分歧，如经贸领域的政策和技术壁垒、政府行使网络空间管理权的限度、网络监管与审查、互联网自由与基本人权的关系等。是否承认网络主权和数据主权，是否承认"网络自由"和"言论自由"，是否允许信息审查，是否坚持绝对的信息自由流动等，体现出中美在利益和价值观上的根本性分歧。美国认为互联网是全球网民资源链接形成的网络，应该采取多利益相关方的治理模式，全球互联网是一个"全球公域"，反对国家机构来主导互联网管理，否定网络空间下的国家主权；而我国认为全球网络空间治理必须尊重网络主权，强调每个国家在信息领域的主权权益都不应受到侵犯。此外，美国经常以国家安全为由，对我国在美国投资的企业设置种种障碍，对中国企业的投资设置双重标准。美国对我国设置技术出口限制措施，限制核心芯片、网络信息加密等技术出口。在意识形态和价值观上，美国大搞网络霸权主义，推行网络空间"全球公域"概念，散布"中国网络威胁论"。在外交上，中美网络空间冲突表现在两国人权问题、网络攻击上，美国经常指责中国互联网的管制政策对互联网干预较多。

（三）美国主导的全球网络空间格局正受到挑战

长期以来，全球互联网关键资源由互联网名称与数字地址分配机构（ICANN）掌控，而 ICANN 实际上是由美国政府控制的，即由美国商务部国家电讯与信息管理局（NTIA）与 ICANN 签订管理合同，ICANN 受美国政府管理，向美国政府负责，ICANN 的相关政策需经美国政府的最后审批。国际社会对此一直非常不满，ICANN 也因此一直饱受"合法性"质疑。2013 年美国"斯诺登事件"成为全球互联网治理改革的转折点，让全球看清了美国主导的全球互联网治理体系的本质，美国利用其在互联网核心技术、关键资源、互联网规则等领域的控制力，对全球用户进行监听，肆意窃取全球用户数据。"斯诺登事件"使得全球互联网治理"两大阵营"的力量发生改变，美欧主导的全球互联网治理阵营开始出现离心倾向，各国互联网治理权意识空前高涨，各欧洲国家纷纷提出要重塑全球互联网治理格局，维护国家在网络空间的核心利益，同时欧委会明确提出为确保网络安全，要力争分享互联网治理权。2013 年 10 月，包括 ICANN、IETF、互联网社会、万维网协会以及五大区域性互联网地址注册机构在内的重要互联网机构联合发布声明，共同谴责美国国家安全局（NSA），呼吁实现 ICANN 国际化。国际社会充分认识到"从根上"解决美国垄断网络资源的问题，实现网络资源决策与分配的民主、公正及透明的重要性与紧迫性。在此问题上，各方取得前所未有的一致，这将加速推进 ICANN 国际化，有助于开启新一轮互联网治理改革，重塑互联网治理格局。

（四）网络空间已成为大国博弈新的制高点

当今世界，信息技术革命日新月异，对国际经济、政治、文化、社会、军事等领域产生了深刻影响，大国博弈也因此进入一个新的阶段——争夺网络空间话语权是当前主要大国博弈的新焦点。目前，世界主要国家普遍强化网络空间治理中的国家意志，建立由国家元首或政府首脑亲自挂帅的相关机构，推进网络治理的战略规划和顶层设计，努力占据网络信息发展的制高点。目前，已有 50 多个国家颁布了网络空间的国家安全战略，仅美国就颁布了 40 多份与网络信息安全有关的文件。美国设立了"网络办公室"，颁布了"国家安全战略"和"网络空间国际战略"。2014 年 2 月，美国总统奥巴马宣布启动美国"网络安全框架"。此外，英国出台了"国家网络安全战略"，成立了网络安全办公室和网络安全运行中心；法国成立了"国家信息系统安全办公室"；德国出台了"国家网络安全战略"。可见，以国家意志来保障网络空间安全与发展正成为各国的国家战略，网络空间已成为培育国家新的比较优势的重要领域。在国际层面，北约、欧盟、上合组织等国际组织也就网络安全展开了不同程度的合作。2014年2月，德国总理默克尔与法国总统奥朗德在巴黎会晤时专门提出要建设独立的欧洲互联网，取代当前由美国主导的互联网基础设施。

二、中美网络空间博弈的"中国策略"建议

（一）应提出"多利益相关方"的中国方案，争取大多数国家的支持

在全球网络空间治理体系中，中国当前面临的最大问题是被"孤立"，原因在于中国主导的互联网治理理念被误解，认为要完全否定"多利益相关方治理"，而采取政府主导的模式，这很难在国际上取得共识。中国应旗帜鲜明地提出"多利益相关方治理模式"，对互联网治理应坚持在国家网络主权的前提下，同意"多利益相关方"的治理原则，主张政府、企业、非政府组织、社群团队等共同参与的治理方式。在这一模式下，强调数据保护、网络主权，支持我国非政府组织积极参与全球治理，通过企业的力量来逐渐影响全球网络治理规则。要在全球话语体系下，更有策略地讲好"中国方案"，更加"灵活、务实、多元"地利用好规则，将政府的位置往后撤一撤，并更有力地支持有共同利益的国家、民间团体、专业技术人才、国际组织来表达"中国方案"。

（二）构建中美两国网络空间利益共同体，加强中美数字经济联系

虽然中美之间存在很多分歧，但中美经贸关系具有不可替代性。中国在推动建立全球网络空间治理体系中，与美国的博弈也应借鉴中美经贸关系，采取更加开放与合作的理念，加强中美信息经济领域的技术合作，增强两国市场互动。只有当美国对中国市场有更多依赖，或中国企业在美国有更多投资，中国网络空间才会有更多的话语权。中美两国是数字经济时代最有代表性的国家，跨境合作与投资日益活跃，中美双方在创新环境、人才架构、研发力量等方面优势互补。中美是全球信息技术创新的主要参与者，也是全球数字经济发展的重要推动者，美国的先进技术和理念、中国巨大的市场空间和创新活力，彰显了中美在数字经济领域强烈的互补优势，加强中美数字经济合作，是双方产业升级、经济发展的共同需要。中国应联合与中国立场相近的大多数发展中国家，重点加强与俄罗斯、巴西和印度等"金砖国家"的合作，形成"利益共同体"，站在大多数国家的立场上与美国博弈；争取美国盟友的支持，利用美国与其盟友在网络空间利益方面的离心力和矛盾，加强与欧盟国家的沟通与合作，尽可能多地争取美国盟友的支持；加强中美在政府层面、学术层面、产业层面、智库层面和社会层面等的交流与合作，利用美国不同党派之间、政府与社会之间的不同点，争取扩大与美国企

业的利益共同点，与企业界、学术界和智库界达成更多共识。应重视与重要国际治理机构的合作，鉴于这些治理机构"由私营部门主导"的特性，应动员国内民营部门，尤其是具有国际影响力的信息技术企业，与相关机构加强交流，积极参与国际治理事务。

（三）构建积极防御型的网络空间战略体系，掌握我国网络安全的主动权

在未来一段时间，无论在技术实力、产业发展，还是治理经验方面，美国都会具有优势。但从长远看，我国的网络实力在不断上升。中美之间的网络空间博弈不宜采取正面冲突和主动进攻的策略，而应采取积极防御的策略，对自身网络安全心中有数，不允许网络安全盲区的存在。一是对美国谷歌、微软、IBM、雅虎、思科、高通等"八大金刚"在中国的业务进行全面摸底，尤其是国家机关网络基础设施和业务系统、重要工业控制系统等领域进行信息安全评估，全面掌握美国对我国信息控制和安装系统"后门"的事实，积极采取应对措施。二是尽快通过《网络安全法》，全面实施网络安全审查制度，尤其是对国家重要领域和关键部门高度依赖及广泛部署的信息技术产品和服务，国家有关部门应对其安全性和可信性进行重点评估，审查内容包括背景调查、保密审查、培训审查、位置审查、服务标准审查、独立认证审查、认证认可审查（C&A）、安全事件报告审查、质量控制审查、安全控制审查、业务连续性审查等诸多内容。三是在互联网行业的管理上要有一些明确的、细则性的规范，完善互联网新经济相关的涉外投资融资法律法规体系，对涉及我国国民经济安全运行、社会新闻舆论导向、国家信息化安全等利害的重大并购、投资要严格把关，加强审批，加强监控。

（四）大力发展数字经济，增强我国网络空间的影响力

数字经济是全球经济社会创新发展的未来。美国是网络信息技术的发源地，近半个世纪以来，美国的企业、政府、科研机构紧密携手，主导着全球数字经济的发展进程，包括英特尔、IBM、高通、思科、苹果、微软、甲骨文、谷歌等在内的一批美国信息通信技术（ICT）巨头控制着全球网络信息产业链的主干，在集成电路、通信网络、操作系统、办公系统、数据库、搜索引擎、云计算、大数据技术等信息化关键技术领域占据明显的优势，是全球数字经济的核心。要保持在信息领域或网络空间的话语权，关键是要保持信息通信技术领域的领先地位和推动数字经济创新发展。在核心技术方面，应争取在先进集成电路芯片与光电子器件、高性能计算机与软件、下一代互联网与信息安全、第五代移动通信与无线通信、数字电视与音视频编码等技术领域实现突破，实现核心技术的自主可控。在经济方面，国家应鼓励ICT企业加快拓展国际市场，通过主动加强网络安全透明度，以开放透明的行动获得国际社会对我国ICT科技企业的信任，倒逼美国对

我国优质企业的市场开放，推动中美两国ICT产业链的开放竞争和融合，实现我国网络空间安全能力的全球拓展和覆盖。

（五）加快改变外资控制我国互联网企业的局面，培育更多民族互联网企业

一是对互联网领域的重大并购案，国家应加大审查和监管；二是尽快完善融资体系，鼓励国内资本参与投资互联网，对于互联网企业，要完善上市融资制度，降低融资门槛；三是加快国有资本管理体制改革，学习新加坡"淡马锡"模式，成立国有资本投资管理公司，加强对互联网行业的投资；四是尽早解决可变利益实体（VIE）问题，重新建立外资进入中国互联网信息服务行业的政策壁垒，防止外资大规模间接控制中国互联网行业；五是建议研究解决VIE企业回归障碍，给予它们在国内资本市场上市的正常渠道，同时，引导民间资本进入互联网创新企业，并利用市场手段设立国家级互联网风险投资基金，大力扶持中国本土的互联网创业企业；六是促进互联网市场竞争，要培育多竞争市场主体，分散市场风险；七是加强对境外控制的互联网企业的监管，明确国家对本国消费者数据的主权地位，禁止在中国运营的互联网企业向外国组织和个人提供敏感数据，逐步把互联网企业收集中国消费者数据的行为，以及对国民数据资产的运用，纳入政府有效的监控和管理范围。

（六）主动提出"议程设置"，争取国际舆论的主导权

中国参与推动建立全球网络空间治理体系，应主动进行议程设置。继续利用"斯诺登事件"，揭穿美国全球网络霸权的本质，呼吁美国尽快推进ICANN国际化改革，解除美国政府与ICANN的合同，推动网络基础资源真正实现国际化管理。在现有国际网络空间治理框架下，全面动员政府与非政府主体力量，积极参与现有的ICCAN、互联网治理论坛（IGF）、万维网联盟（W3C）、国际互联网协会（ISOC）、国际互联网工程任务组（IETF）、国际标准化组织（ISO）、电气和电子工程师协会（IEEE）等国际组织，扩大我国的影响力。要积极利用好中国参与的多边机构与平台，包括二十国集团（G20）、亚太经合组织（APEC）、世界经济论坛（WEF）、博鳌亚洲论坛、上合组织、世界互联网大会等，提出中国参与全球网络空间治理的"中国方案"，并不失时机地提出中国主导的全球机制性网络空间治理平台，如倡议建立全球数字20国集团（D20）机制，建立一个在G20框架下的数字经济治理平台，定期讨论全球网络空间治理，共同推动建立全球性网络空间治理体系。

（本文完成于2016年9月，核心内容以《六大策略应对网络空间博弈》为题发表在《瞭望》2016年第48期。）

第六篇

共享经济理论与实践

分享经济是推动经济发展的新引擎

在经济新常态下,党和国家高度重视发展分享经济。李克强总理在2015年夏季达沃斯论坛上指出,分享经济是拉动经济增长的新路子。党的十八届五中全会指出,要实施"互联网+"行动计划,发展分享经济。习近平总书记在第二届世界互联网大会开幕式上提出,我国将发展分享经济,支持基于互联网的各类创新,提高发展质量和效益。

一、分享经济是经济发展的新趋势

(一)分享经济是全球经济的新亮点

全球产出增长在2008年金融危机期间大幅下滑,自金融危机以来,许多经济体一直面临生产力增速放缓的局面。国际货币基金组织(IMF)预测,2015—2020年,发达经济体的潜在经济增长率将从金融危机后六年的1.3%回弹至1.6%,但仍远低于危机前2001—2007年2.25%的平均值。相比之下,新兴经济体的状况更加严峻。2015—2020年,新兴经济体的平均潜在增长率将从2008—2014年的6.5%进一步下滑到5.2%,比危机前的水平下降近两个百分点。正当全球经济低迷之时,分享经济却一枝独秀。全球分享经济的领军企业如美国的UBER(优步)和Airbnb(空中民宿),以及中国的电子商务,最近几年均呈现了爆发式增长,并带动快递等行业的蓬勃发展,引发了分享经济模式在房屋租赁、交通出行、家政、酒店、餐饮等多个领域的创业潮。根据普华永道的估算,全球分享经济市场规模将由当前的150亿美元左右,增加至2025年的3350亿美元。

(二)分享经济是我国经济转型升级的重要动力

从2008年全球金融危机以来,全球市场萎缩,我国面临产能过剩、老龄化凸显和资源环境约束增强等方面的问题,经济下行压力加大,投资回报率降低,也造成了社会资源闲置浪费和产业结构失调。党的十八届五中全会提出的"创新、绿色、协调、开放、共享",成为"十三五"时期及未来更长时期内我国经济发展的基本理念。中央经济工作会议确定2016年的主要任务是"去产能、去库存、去杠杆、降成本、补短板"。分享经济依托互联网技术，能有效减少供给和需求的信息不对称问题，在去产能、去库存和降成本等方面具有天然的优势。因此，分享经济尽管在中国起步较晚，但在"大众创业，万众创新"的国家战略鼓舞下，短短几年时间内就涌现了"滴滴出行""途家""小猪短租""回家吃饭""陪爸妈"等体现分享经济理念的企业。我国将是下一阶段体量最大、最受关注的市场，分享经济给我国经济转型升级带来了新动力，也必将成为中国经济新的增长极。

(三) 分享经济是"供给侧"和"需求侧"两端同时进行的革命

分享经济是"供给侧"和"需求侧"两端的革命。在"供给侧"，通过互联网平台，可以实现社会大量闲置资金、土地、技术和时间的有效供给，解决当前我国资源紧张和大量闲置浪费并存的现象，将居民私有资源转化为社会的公共供给。比如，可以将赋闲的专业技术人才转化为社会的有效供给，缓解当前我国教育、医疗、养老等政府公共服务有效供给不足的问题。在"需求侧"，分享经济则能有效匹配消费者的需求，以最低的成本满足需求。消费者节省了大量的"搜寻成本"，能及时了解其他消费者对商品和服务的真实评价，提高了整个社会消费者的福利水平。

二、分享经济集中体现了"五大发展理念"

坚持创新、协调、绿色、开放、共享"五大发展理念"，发展分享经济是重要举措。

(一) 创新发展是分享经济的根本动力

分享经济是伴随着物联网、云计算、大数据、移动互联网等信息通信技术的创新应用而兴起的，以生产资料和生活资源的使用而非拥有为产权基础，通过以租代买等模式创新，实现互通有无、人人参与、协同消费，充分利用知识资产与闲置资源的新型经济形态。当前分享经济的"领头羊"优步、空中民宿和滴滴出行等公司，无一例外是互联网高科技公司。这些公司均搭建了互联网第三方平台，能精确地动态匹配闲置资源的供需双方，实现闲置资源使用权交易。通过互联网平台，消费者可以便捷地约车、搭车，价格明确，支付方便；可以租住私人住宅，更好地获得本地化的旅行体验。另外，资源提供者可以用私家车或家中闲置房间获取收益。这样的商业模式创造出全新的用户体验、供应源及市场，同时减少了浪费，提高了社会资源使用率，有助于节能减排、保护环境。上述模式为住宿、出行等传统行业存在已久的供求难题提供了解决方案，打破了传统规则，本质上则是源于技术创新、制度创新和商业模式创新。

第六篇 共享经济理论与实践

(二) 协调发展是分享经济的内在要求

分享经济强调人人参与，互联网平台打破了地域、城乡、国别、性别等限制，对参与人平等开放。不管你身处富裕的沿海地区，还是在沿边落后地区，只要有条件接入互联网，分享平台对所有符合规则的人都是平等的。互联网的公平接入特性使得分享经济能有效缩小城乡差距，降低了就业和提供商品及服务的门槛，使边远和落后地区也能有同样的机会参与，减少了机会不平等，能提高弱势群体的收入水平。比如，在优步、淘宝和空中民宿等互联网平台上，所有企业和个人都能共享全球市场，消费者也能选择全球各地的商品和服务。在移动互联网时代，分享经济更是减少了区域间的不均衡现象。

(三) 绿色发展是分享经济的重要特征

分享经济是一种新的生产方式，能有效减少投入和节约成本，实现消费模式从"扔掉型"转变为"再利用型"，通过社会存量资产调整实现产品和服务的合理分配与资源及商品最大限度的利用。从全社会看，分享经济增加了有效供给，节约了资源，保护了环境，将有效推动绿色发展。分享经济通过物尽其用，实现了经济增长与环境保护的统一，顺应了绿色消费、绿色生产和可持续发展的大趋势。我国人口众多，人均资源相对匮乏，分享经济无疑对节约资源能源、缓解资源环境压力、促进经济可持续发展具有重大的意义。

(四) 开放发展是分享经济的基本理念

唯有开放，分享经济才更加具有生命力。互联网、智能终端和物联网的发展使得任何人和物都具备了互联的条件。分享经济与传统经济相比，开放度大大提升，并通过开放不断降低成本，持续创新，促进快速增长。比如，全球最大的移动交通平台滴滴出行仅用三年时间，就实现移动出行平台上拥有 3 亿乘客和超过 1000 万的注册司机，占有中国专车市场份额的 80%、中国出租车市场 99% 的份额，用车次数是优步全球规模的三倍。又如，空中民宿对所有想出租自己房产的人开放，从 2008 年创立仅用了七年时间，就已经在全球 190 个国家 34000 多个城市提供了 6000 多万个独一无二的客房，这一数字已经远远超过了万豪、希尔顿、喜达屋等任何一家经营多年的全球连锁酒店集团的规模。

(五) 共享发展是分享经济的落脚点

分享经济使所有参与人共享财富，实现人人参与、人人分享的目标。美国有关机构调查显示，在美国多数城市，空中民宿上的公寓价格要比一般酒店便宜 21% 左右，消费者乐意从海量的个人租户那里寻求房源。滴滴提供的顺风车服务价格是出租车价格的 40%，车主分摊了出行成本，乘客降低了乘车成本，社会也实现了绿色出行和碳排放减少，所有参与方实现了共赢。在我国，共享理念的实

· 237 ·

质是坚持以人民为中心的发展思想,体现的是逐步实现共同富裕的要求。共享应该是分享经济的落脚点和归宿,唯有多方受益,才能保证可持续发展。

三、"互联网+"是分享经济发展的引擎

(一)互联网普及是分享经济发展的基础

早在20世纪70年代,分享经济便作为"协同消费"或"合作式消费"的概念而被提出,但发展并不快。随着互联网的普及,尤其是移动互联网快速普及,分享经济在全球快速发展,创新不断涌现,企业规模呈几何倍数增长,参与的人数迅速上升。互联网使得任何人和物可以不受时间和空间约束地实现互联互通。可以说,分享经济快速发展的基础是互联网的发展。国际电信联盟(ITU)发布的全球互联网使用情况报告显示,到2015年底,全球网民数量达32亿左右,而在2000年全球仅有3.61亿网民。中国网民规模达到6.88亿,互联网普及率达到50.3%。其中,我国手机网民规模达6.20亿,有90.1%的网民通过手机上网。移动互联网的迅速普及与深化应用,极大地推动了分享经济的创新发展。

(二)"互联网+"是分享经济发展的助推器

互联网是分享经济的基础,互联网与产业的深度融合、在社会生活和政务服务等领域的深度应用是分享经济发展的土壤。"互联网+"战略在2015年政府工作报告中正式提出后,得到各部委和地方的高度重视,国家密集出台文件部署推进工作。围绕"互联网+",政府在推动电子商务、大数据、云计算、智能制造等方面出台了一系列政策,并全力推动"大众创业,万众创新"活动。政府也协同制造、现代农业、智慧能源、普惠金融、公共服务、高效物流、电子商务、便捷交通、绿色生态、人工智能等领域,着力推动互联网与相关产业(领域)的深度融合。在"互联网+"的新环境下,从互联网、物联网到人联网,必将有力地促进分享经济的可持续发展。

(三)健全的互联网社会治理机制是分享经济发展的保障

分享经济在全球范围内是新事物,我国也正处于发展的起步阶段。现行法律和法规既无法规范分享经济的发展,也无法有效解决发展过程中产生的新争端。以交通出行为例,互联网平台企业调动私家车参与营运,存在税收和监管方面的缺失,对传统出租车司机和公司的利益带来影响。此外,部分互联网平台企业准入门槛不高,约束不足,员工一般不具备相应的运营许可或职业认证,平台企业很难确保安全保障义务和服务质量。如果没有一个与互联网社会相适应的治理机制,就无法保障分享经济健康发展。

四、创新治理方式，助推分享经济发展

（一）更新理念，创新监管

分享经济是大众参与的商业模式，政府的监管对象庞大并有一定的虚拟性，监管内容快速增长，需要及时调整监管和治理模式。市场监管部门要积极适应新常态，解放思想，转变监管理念，塑造互联网监管思维，发挥大众评价、企业治理、行业自律等多方作用，建立多方协同治理机制。创新监管方式，利用大数据技术等加强监督检查和违规处置，建立健全以信用为基础的事中事后监管体系，加大失信惩戒力度。诚信是分享经济发展的基石，信息技术确实有助于减少信息不对称，但无法从根本上保证双方信息的真实可靠，需要各参与方恪守诚信。英国、美国等分享经济发展快，很重要的原因是建立了较完善的社会诚信体系，分享平台企业可以充分利用政府信息资源。我国政府应整合分散在各个部门的信用信息，利用已有认证系统。另外，应向分享经济平台开放电子化的犯罪记录等相关信息，并降低开放的门槛和费用，使参与者能低成本地获取相关信用信息。要培育专业的信用服务公司，构建用户信用评级系统，将分享经济中的诚信者和欺诈者纳入目录，并对信用极差的个人或企业进行披露。

（二）拥抱创新，趋利避害

分享经济是大势所趋。当前我国经济下行压力大，产能过剩、库存严重和杠杆过高等问题突出，分享经济能有效利用产能和降低库存，破解资源和环境双重约束。政府首先要鼓励创新，不仅要营造企业创新发展的环境，更需要创新治理方式来适应分享经济发展的要求。当然，任何新事物都有两面性，有利也有弊。分享经济的发展导致个人信息和隐私暴露的风险加大，传统企业收入减少，一些人失业，新的法律纠纷增加。这些不稳定、不安全因素也使有的部门不会管、不敢管，导致新的风险不断聚集。有的部门对新事物"严加看管"，对任何不符合现有法规的"一棍子打死"，阻碍了创新。作为市场监管者，要科学认识新生事物，最大限度地保护创新；同时也要坚守监管的底线，在最大限度保护创新的同时，将风险降到最低。

（三）完善法规，保障发展

在分享经济模式下，现有法律和规范存在模糊边界，相关的保险、税收、劳动法等法律法规也不尽符合分享经济发展的要求。应及时修改相关法律法规，这是当前全球分享经济发展亟须解决的共性问题。英国提出了要建设"全球分享经济中心"的战略目标，率先修改了税收政策。美国旧金山市政府也就网上短租修改了相关法律。对我国而言，亟须制定适应分享经济发展的法规，并对网络平台

和专业从事分享经济的中介公司加强监管。修改现有涉及分享经济的民法、商法、合同法、保险法等相关法规。加强商品和服务提供者的资质审查,调整分享经济模式下的财税政策,规范交易行为,保护交易双方和政府的合法权益,有针对性地对民办分享设施建设进行财政补贴。

(本文完成于2016年4月,核心内容以《"互联网+":发展分享经济的引擎》为题发表在《光明日报》2016年4月7日版。)

促进我国分享经济发展的政策建议

2016年6月,中国互联网协会分享经济专委会组织中国国际经济交流中心等机构专家到旧金山就分享经济政策和实践进行了考察,访问了空中民宿(Airbnb)、来福车(Lyft)、联合办公(Wework)等企业,与企业负责人和斯坦福大学等研究机构进行了深入交流。总体来看,我国以滴滴、猪八戒网、陆金所等为代表的平台企业与发达国家保持在同一梯度,用户规模和创新速度保持领先地位,但现行法规和相关管理办法落后于实践。

一、影响分享经济发展的关键问题

(一)巨大的经济和社会效应是分享经济发展的驱动力

分享经济是为了解决社会经济发展的痛点而出现的。当前人们日益增长的物质和文化需求与社会资源约束之间的矛盾突出,社会资源的拥有与消费之间存在极大的不公。一方面造成了大量社会资源的闲置浪费,另一方面社会有效需求无法满足。分享经济通过信息通信技术推动社会资源更好地使用(而非拥有),提高经济社会运行效率,并创造大量就业,推动绿色消费。截至2016年4月,滴滴出行平台为社会创造了超过1300万个就业岗位,其中吸纳了不少下岗工人、退役军人和创业者。滴滴平台每天平均减少全国出租车空驶率20%以上,每年减少碳排放970万吨。美国机构调查显示,美国空中民宿上的公寓价格要比一般酒店便宜21%左右。通过技术创新,降低了成本,提高了资源使用效率,创造了更多就业岗位,分享经济实现了政府、企业、个人、环境、资源等多方共赢。国家信息中心估算,2015年我国分享经济市场规模已达1.96万亿元,预计未来10年将保持40%左右的高增长速度。

(二)信用与安全是分享经济发展的生命线

分享经济是一种暂时让渡商品或服务的使用权以共享,同时保留所有权的新型经济模式。在网约出行平台上,车主保留车辆的所有权而暂时让渡使用权,为乘客提供出行服务;在个人房屋出租平台上,房主保留房屋所有权而暂时出让使用权,为社会提供居住服务。由于商品和服务的所有权和使用权暂时分离,就需要有高度的信用和安全保障，保证乘客安全出行和房屋合理使用。在分享经济时代，生产者和消费者的界限变得模糊，一些商品和服务不是针对某一个或具体的消费者，而是面向社会大众分享。供给者和消费者之间的关系具有不确定性、高频性和短暂性，这就更加需要信用安全保障。平台企业要做好注册用户的安全和信用尽职审查，建立可追溯的、科学的信用安全审查体系，建立完善的安全事故处置和应对机制。同时，政府有责任和义务使企业共享数据，帮助企业高效完成用户的信用安全审查。

（三）提高社会经济政策的灵活性是分享经济发展的重要条件

当前分享经济快速发展的领域主要集中在住、行和知识技能等领域，提倡不受时间限制、不受地域限制，随时随地分享。全球最大的出行平台滴滴公司的自由职业者占56%，这些司机可以自主选择工作时间，以一种更加自由和灵活的方式实现额外创收。美国拼车服务领导企业来福车公司调查了5700个乘客和2600个司机，调查结果显示86%的司机是兼职司机。现有社会保障政策、税收和劳动法主要是基于全职雇佣建立的，缺乏灵活性，不适应分享经济快速发展的需要。

（四）共享共治是分享经济监管的重要原则

分享经济借助互联网平台，把各类过剩的消费资源的数据信息整合在一起，通过倡导人人分享，实现消费成本降低，提高资源使用效率，创造新的生产红利和消费红利。我国参与分享经济的人口规模超过5亿，美国、加拿大等发达国家参与分享经济的人口占总人口的比例达35%以上。参与分享经济的广泛性要求参与者共同讨论促进分享经济创新发展和保证安全的政策。

二、发达国家促进分享经济发展的经验

（一）从国家层面制定分享经济发展战略

目前，发达国家纷纷提出分享经济发展战略。韩国首尔市2012年提出建设分享城市计划，目前在公共设施共享、城市公共空间共享、分享经济平台建设、共享企业资金援助等多方面取得了令人瞩目的进展。英国2014年从国家层面提出要打造"分享经济全球中心"，进行了顶层设计，出台了一揽子政策，包括推行"分享城市"试点、修改房屋租赁方面的法律条例、信息共享、简化税制、建立数据收集和统计制度、开放政府身份核实系统和犯罪记录系统、建设中央和地方政府办公空间分享平台等。2015年，美国全国城市联盟（NLC）对30个美国大型城市发展分享经济进行调查，发现有一半城市已经开始着手制定相应的政策和管制计划。加拿大安大略政府正拟制定一个新的框架体系和监管方法来应对持续、快速创新的分享经济。近日，欧盟也出台了"分享经济指南"，意在破除

分享经济面临的法律政策壁垒。

(二) 及时调整相关的法律法规,适应分享经济的发展

及时修改相关法律法规,是当前全球分享经济发展亟须解决的共性问题。发达国家已经开始行动,如英国率先修改了税收政策,规定租金每年不超过4250英镑就可以对分享出租的房间给予免税待遇。澳大利亚政府则确定了明确的分享经济劳动原则,规定各级政府必须根据分享经济劳动原则进行监管和扶持。美国旧金山市于2015年出台了相关法案,认可了居民网上短租的合法性,业主或承租人有权在每个自然年度内将住房出租不超过90天;房主与房客合住的情况下,则可以全年出租房屋。并规定,所有网上出租的房主必须到相关部门登记,而且要收缴税金,购买责任保险。

(三) 政策制定者与企业和消费者紧密合作,制定相应的监管政策

美国来福车公司通过与政府的密切合作,已使30多个州改变了现行的交通法规,承认来福车公司在交通领域的合法运行。美国空中民宿公司通过与行业协会、法律工作者、房屋供给者和消费者一起参与政府决策,推动了个人房屋短租的合规性。

三、促进我国分享经济发展的政策建议

(一) 尽快制定分享经济发展战略

分享经济有利于我国经济发展方式的转变和经济效率的提高。建议从国家层面制定分享经济发展战略,包括发展目标、重点任务、试点工程、保障措施。将其作为推动"大众创业,万众创新"的重要抓手,作为解决困难群体再就业和提高低收入群体收入、防范大规模失业的"稳定器",使其成为抢占国际竞争制高点的重要方向。

(二) 数据共享与严厉打击信息泄露并举

英国已经向信用服务企业开放个人犯罪记录,美国政府也向有资质的企业开放个人信用记录。建议公安部向我国有资质的信用服务企业提供个人犯罪记录的接口;人民银行向相关企业提供个人信用信息查询的接口;交通部向相关企业提供交通违法和驾驶证等基本信息查询的接口。此外,要大力发展第三方信用服务市场,培育信用认证市场;同时制定严格的个人信息保护法规,严厉打击泄露个人信息的行为。通过政府开放公共数据、培育信用服务企业和市场、制定严格的个人信息保护条例等措施,保障平台企业做好信用安全审查。

(三) 在试点的基础上出台网约车管理办法

智能出行是我国分享经济发展的代表,滴滴出行已成为全球最大的分享出行

平台，据统计已有3亿人参与网约车服务。主管部门应从促进行业发展、保护消费者权益、推动改革创新的角度，允许开展试点，重点探索负面清单和底线思维的监管模式，建立分享经济发展预警机制。可考虑选择北京、上海、深圳等超大型城市进行网约车试点，在实践的基础上总结符合我国国情的网约车管理办法，待条件成熟后再行立法。

(四) 修改相关法律法规，提高经济社会政策的灵活性

现有的《劳动法》和社会保障政策等不适应分享经济的发展需要。应启动《劳动法》修改程序，平衡好灵活用工和非正规就业的劳动保护与企业生存发展之间的关系，鼓励企业采取多种用工形式，规范临时工、钟点工、兼职、劳务派遣等多种形式的法律关系。减少企业制度性用工成本，包括社会保障费用、用工和解雇成本。针对平台型企业灵活就业人员的特点，制定相应的个人申报登记办法、个人缴费办法和资格审核办法。构建"平台+个人"的新型劳动关系。调整分享经济模式下的财税政策，可考虑按小时缴纳社会保险，要求参与分享经济的个人和法人也依法纳税。加强商品和服务提供者的资质审查。对涉及分享经济的民法、商法、合同法、保险法等相关法规也要及时予以修订。

(五) 创新分享经济统计体系和工作机制

将分享经济纳入国民经济核算体系，科学评估分享经济对经济增长、资源节约、劳动就业、收入分配、税收等的贡献，改变传统的基于抽样调查的数据获取方式，加强与平台企业的对接合作，运用大数据、云计算等信息技术手段收集数据，形成符合分享经济发展模式的统计体系，建立分享经济价值衡量体系。人力资源社会保障部门应加强与平台企业的合作，共同搭建数据共享平台，及时发布平台型企业就业吸纳、劳动状况、收入水平、工作时间、劳动纠纷等数据。

(本文完成于2016年6月，作为内参得到国务院领导批示。)

科技创新驱动共享单车发展下半场

共享单车无疑是继我国网约车等新经济发展之后的新亮点，也是我国分享经济发展的典型，对解决城市出行"最后一公里"问题、构建绿色交通出行体系、推动传统产业转型升级产生了巨大能量。共享单车是我国新旧动力转换成功的典型，不仅成为风险资本追逐的焦点，而且成为我国新经济发展的一张世界名片。共享单车与高铁、移动支付、网购一起成为我国新"四大发明"，享誉全球。

当前，我国共享单车发展迅猛。《中国互联网络发展状况统计报告》显示，截至2017年6月，共享单车用户规模已达1.06亿，占网民总体的14.1%。共享单车市场投放量达1600万辆，其业务覆盖范围已经由一、二线城市向三、四线城市渗透，融资能力较强的共享单车品牌开始涉足海外市场。共享单车属于中国首创，在中国仅仅发展两年时间，已在全球独领风骚。以交通运输部发布的《关于鼓励和规范互联网租赁自行车发展的指导意见》（以下简称《指导意见》）为分界线，我国共享单车发展可分为上半场和下半场。上半场主要靠企业摸着石头过河，增长十分迅猛。《指导意见》，提出要鼓励和规范发展，给我国共享单车下半场发展指明了方向。

一、共享单车上半场：主要靠市场驱动

美国、日本等信息技术创新引领的国家应该更有机会和条件发展共享单车，但这一创新应用却在中国首先落地，并快速走向全球。我国大多数互联网应用都属于跟随型，像搜索、电商、微博、人工智能、网约车等新业态和新应用都发端于美国，然后在中国落地。而共享单车却是中国企业家首创，这不仅要得益于我国信息基础设施不断升级、移动互联网深入应用、电子支付便捷高效等，更得益于中国拥有庞大的用户规模和互联网用户。中国互联网络信息中心（CNNIC）发布的第40次《中国互联网络发展状况统计报告》显示，截至2017年6月，中国网民规模达到7.51亿，占全球网民总数的1/5。互联网普及率为54.3%，超过全球平均水平4.6个百分点。

当庞大的用户规模与真实的用户需求并存的时候，共享单车应运而生，并呈

井喷式增长。当前，大城市交通拥堵日益严重，大多数城市公交系统规划不合理，存在打车难、打车贵等现象，导致我国城市出行"最后一公里"问题突出。摩拜、ofo等一批中国创新性公司顺势而为，首创无桩共享单车模式，引领我国共享单车井喷式发展。截至2017年7月，不到两年时间，全国共有互联网租赁自行车运营企业近70家，累计投放车辆超过1600万辆。

二、当前我国共享单车发展存在的困境

我国共享单车野蛮发展也带来不少问题，如市场准入门槛低、资金管理不规范、车辆参差不齐、乱停乱放引发城市管理难题、盈利模式不清晰等，已引起了国家和社会的关注。

（一）质量参差不齐，管理不规范

从媒体报道的数据看，市场投放车辆价格从300元到6000元不等，价格在一定程度上反映了质量的好坏。城市中投入质量低劣的单车，不仅给城市管理带来较大的问题，也存在较大的安全风险。在大街小巷，大量被损坏的自行车被遗弃，据互联网分析师唐欣的调研，ofo共享单车的损耗率大概是20%~30%。[1] 如果按目前全国600万辆的投放数量，则至少有100万辆损坏的自行车散落在不同区域。共享单车管理不规范，主要是对用户押金管理不透明和押金退款周期较长，存在较大的资金安全风险。一些企业也违规利用押金进行理财，获取不正当收益。

（二）乱停乱放，用户骑行行为有待规范

共享单车乱停乱放已成为社会关注的焦点，并引起政府管理部门的重视。一方面，一些用户使用行为不规范，路边乱停，甚至停放在高速公路口，容易造成交通事故。还有长期"寄存"在私宅小院，将共享单车据为己有的行为，引发市民不满。另一方面，一些共享单车公司疏于管理，任由用户乱停，没有配备专门的巡视人员。在一些人口密集区域，共享单车堆积如山，让人瞠目结舌。还有些共享单车公司缺乏技术实力，没有能力利用电子围栏等信息技术实现专门区域的精准停放。

（三）无序竞争，总量失控

除了摩拜、ofo、小鸣单车等全国性公司，全国各地也出现了多家区域性公司外，有些城市总量失控，竞争无序。以南京为例，截至2017年8月，南京有10家共享单车公司，投放规模达45万辆。南京市交通主管部门已经叫停了多家

---

[1] 资料来源：http://auto.163.com/16/1225/10/C94GJ342000884MM.html.

单车公司继续向南京市投放。

(四) 商业模式不清晰，盈利堪忧

共享单车无疑是当前风险资本追逐的"风口"，一批创业公司不断涌现，甚至海尔、飞鸽等制造企业也开始转向发展共享单车。从目前共享单车企业的经营看，还没有企业实现盈利，商业模式也不清晰。一些单车企业经营不善，用户押金难以收回。根据新闻报道，已有町町单车、悟空单车和3Vbike三家单车企业经营出现了困难，给用户带来了损失，引起了社会的担忧。德国《经济周刊》甚至给中国共享单车扣上了"白痴经济"的帽子，不知盈利在何方，看不懂中国共享经济发展模式。

三、共享单车下半场：主要靠科技创新驱动

在短短两年时间里，我国共享单车从国内走向国际，引领全球共享单车创新发展。以交通部《指导意见》为界，我国共享单车上半场野蛮生长的时代告一段落，共享单车已经进入下半场的规范化发展。上半场快速发展源于技术应用和市场驱动，但主要还是归功于市场规模红利；下半场仍然靠市场和技术双轮驱动，但更主要的是靠技术创新驱动，从而更好地解决当前我国共享单车发展存在的瓶颈问题，实现可持续发展。

(一) 通过定位系统实现精准管理是基本要求

如果一味地以规模扩张为发展重点，而无法实现对每辆单车的精准管理，则单车数量越来越多，将有可能成为城市垃圾，增加城市管理难度，并造成资源的巨大浪费。摩拜利用"北斗+GPS+格洛纳斯"三模定位，实现了快速和精准定位，精度达到亚米级，这为共享单车实现精准管理提供了可借鉴的经验。

(二) 人工智能能有效提升科学管理水平

共享单车管理主要涉及车辆投放、运营调度、需求预测、车辆停放和故障车识别与处理，目的是提高车辆的使用效率，实现车辆的最大化使用。摩拜已经大规模使用人工智能，提升了科学管理水平，为行业发展提供了良好的实践经验。利用平台积累的数据进行数据分析和数据挖掘，能准确分析出影响用户骑行的因素是气温和降雨量，从而实现车辆的精准投放与管理。通过使用谷歌tenserFlow等深度学习算法，自动实现了故障车识别处理，引导用户参与故障车和"僵尸车"的处理。

(三) 大数据是未来共享单车企业的核心竞争力

未来共享单车企业的核心竞争力在于拥有用户骑行大数据。平台企业要实现所有投放车辆实时在线，及时了解车辆运营状况；要实现每个用户骑行数据可追

溯，绘制一个城市乃至全国的用户骑行数据图，不断改善企业投放策略，优化城市公共交通；要将用户的骑行与消费结合起来，构建开放的数据平台，这是共享单车企业的核心竞争力，也是企业未来盈利的"蓝海"。

（四）共享单车发展助推我国智能制造水平提升

毫无疑问，过去两年共享单车的快速发展，盘活了我国濒临倒闭的许多自行车制造企业，自行车制造产能在短短两年时间实现了快速增长。广州赞恩自行车文化有限公司经理叶植松表示："此前工厂每个月生产约4万辆自行车，共享单车订单融入后，工厂产能可以提升80%。"更为重要的是，以科技为引领的共享单车企业已将提升自行车智能制造水平作为企业的核心竞争力。摩拜单车在设计、车身材料、轮胎、智能锁、轴传动等方面都体现了世界一流的科技水准。摩拜也根据不同地区和国别用户的身体数据，不断优化车辆设计，提高用户体验。代表全球一流制造水平的富士康也开始与摩拜合作，双方将在单车设计生产、全球供应链整合等领域进行合作，这无疑会大大提升我国自行车行业的智能制造水平。

（五）提高国际化水平是我国共享单车发展的必由之路

共享单车发端于中国，并开始走向世界。目前，共享单车企业的国际化扩张提速，如ofo已入驻新加坡、英国、美国等国的多个城市；摩拜已经进入了英国的曼彻斯特和索尔福德、日本的福冈和札幌、意大利的佛罗伦萨和米兰等多个海外城市；小蓝单车已经登陆美国旧金山市场等。我国共享单车在海外的竞争也日趋白热化，不仅要争夺市场，还需要快速适应当地国家和地区的法律法规与用户习惯。这仅靠成本优势是难以为继的，必须不断依靠技术创新，开发出好的产品，不断提升智能化水平，探索出好的商业模式，才能立于不败之地。

展望我国共享单车发展的下半场，科技引领是未来发展的唯一出路，也是我国共享单车创新发展的根本驱动力。国家要通过制定优惠政策，引导企业技术创新，提升共享单车智能化管理水平；吸纳有较高行业水准的企业，积极参与国家共享单车行业管理规范的起草和制定，提高行业整体发展水平；对于解决公共出行问题的企业和投资者，应予以一定的税收优惠；增加财政投入，改善城市骑行车道和停放区域等基础设施；出台政策，鼓励市民绿色骑行；政府应积极与有关国家加强政策协调，帮助企业"走出去"，争取更好的发展环境，提升中国企业的创新质量。

（本文与张燕合作完成，并发表在《经济研究参考》2017年第36期。）

我国分享经济发展与 2017 年展望

2016 年，政府首次将分享经济写入政府工作报告，提出要推动新技术、新产业、新业态加快成长，以体制机制创新促进分享经济发展，建设共享平台，做大高技术产业、现代服务业等新兴产业集群，打造动力强劲的新引擎。

一、分享经济是我国经济发展的新趋势

（一）分享经济是我国经济转型升级的重要动力

从 2008 年全球金融危机以来，全球市场萎缩，我国面临产能过剩、老龄化凸显和资源环境约束增强等方面的问题，经济下行压力加大，投资回报率降低，也造成了社会资源闲置浪费和产业结构失调。党的十八届五中全会提出的"创新、绿色、协调、开放、共享"成为"十三五"时期及未来更长时期内我国经济发展的基本理念，中央经济工作会议确定 2016 年的主要任务是"去产能、去库存、去杠杆、降成本、补短板"。分享经济依托互联网技术，能有效减少供给和需求的信息不对称问题，在去产能、去库存和降成本等方面具有天然的优势。因此，分享经济尽管在中国起步较晚，但在"大众创业，万众创新"的国家战略鼓舞下，短短几年时间内就涌现了"滴滴出行""途家""小猪短租""回家吃饭""陪爸妈"等体现分享经济理念的企业。分享经济给我国经济转型升级带来了新动力，也必将成为中国经济新的增长极。

（二）分享经济是"供给侧"和"需求侧"两端同时进行的革命

在经济新常态下，党中央审时度势，提出要"加强供给侧结构性改革"，即用改革的办法推进结构调整，减少无效和低端供给，扩大有效和中高端供给，增强供给结构对需求变化的适应性和灵活性，提高全要素生产率。分享经济是"供给侧"和"需求侧"两端的革命。在"供给侧"，通过互联网平台，可以实现社会大量闲置资金、土地、技术和时间的有效供给，消除当前我国资源紧张和大量闲置浪费并存的现象，将居民私有资源转化为社会的公共供给。比如，可以将赋闲的专业技术人才转化为社会的有效供给，缓解当前我国教育、医疗、养老等政府公共服务有效供给不足的问题。在"需求侧"，分享经济能有效匹配消费者的

· 249 ·

需求，以最低的成本满足需求。消费者节省了大量的"搜寻成本"，能及时了解其他消费者对商品和服务的真实评价，从而提高了整个社会消费者的福利水平。

（三）分享经济集中体现"五大发展理念"

分享经济是一种新的生产方式，能有效减少投入和节约成本，实现消费模式从"扔掉型"转变为"再利用型"，通过社会存量资产调整实现产品和服务的合理分配与资源及商品最大限度的利用。分享经济强调人人参与，互联网平台打破了地域、城乡、国别、性别等限制，对参与人平等开放。互联网的公平接入特性使得分享经济能有效缩小城乡差距，降低了就业和提供商品及服务的门槛，使边远和落后地区也能有同样的机会参与，减少了机会不平等，提高了弱势群体的收入水平。在移动互联网时代，分享经济更是减少了区域间的不均衡现象。分享经济使所有参与人共享财富，实现人人参与、人人分享的目标。共享应该是分享经济的落脚点和归宿，唯有多方受益，才能保证可持续发展。

二、2016年我国分享经济发展的现状及特点

2016年是我国分享经济快速发展的一年，也是从野蛮生长向规范发展转变的一年。分享经济从交通出行逐渐扩展到教育、医疗和制造等领域，加快了与传统产业的融合发展，推动了我国传统产业的转型升级。

（一）产业规模快速增长，交通出行引领我国分享经济发展

国家信息中心发布的《中国分享经济发展报告2016》显示，2015年中国分享经济市场规模约为1.96万亿元（其中，交易额18100亿元，融资额1460亿元），预计未来10年将保持40%左右的高增长速度。2016年中国有三家分享经济企业进入全球前20家独角兽企业，包括滴滴出行、陆金所、优客工厂（Uwork），估值已经突破600亿美元。交通出行仍是2016年我国分享经济发展的主角，滴滴出行在短短4年时间里，依托中国市场迅速成为出行分享领域市场规模最大的企业。[1] 滴滴出行数据显示，2016年每天订单峰值可以达到2000万单，成交总额超过Uber全球，订单量是其3倍。2016年8月1日，滴滴出行收购了优步中国，更是创造了中国互联网企业收购外资企业的先例。值得一提的是，2016年是共享单车快速发展的一年，出现了一批优秀的共享单车企业。除了ofo是2014年成立、摩拜为2015年成立之外，2016年涌现了15家共享单车企业。截至2016年12月16日，有机构统计，市场共享单车数量约为30万辆，有20余家投资机构进入共享单车领域。

---

[1] 资料来源：IBIS World 及 Statistic Brain.

第六篇 共享经济理论与实践

（二）分享经济从汽车、住房等向企业服务、教育、医疗等领域发展

2016年，分享经济除了在交通出行领域快速发展以外，在企业服务、教育、医疗等领域也开始蓬勃发展。例如，优客工场已开业运营的场地共26个，运营面积8.2万平方米，可提供约1.2万个工位，已入驻企业用户863家，合计办公人数10743人。2016年底，优客工场旗下的联合办公共享社区平台将拥有30000个工位，并形成完整的社群生态链。春雨医生是中国最早专注移动医疗（M-Health）和健康管理的互联网平台，目前已成为全球覆盖最广、知名度最高的医患实时交流平台。经过五年多的发展，春雨医生平台已汇集全国50万执业医师、9200万以上用户，每日平均解决超过33万个健康问题。在技能分享领域，也涌现出了一批优秀的企业，典型的企业有猪八戒网、在行、知乎等。猪八戒网上有500万家中外雇主、1000万家服务商，2015年平台交易额75亿元，市场占有率超过80%。

（三）分享经济从消费领域开始向制造业领域渗透

生产能力分享指的是通过互联网平台，将不同企业闲置的生产能力整合，实现产品的需求方和供应方最有效对接的新型生产模式。当前我国部分行业工厂设备利用率不超过60%，有一些不超过30%，监测设备只有10%，这都为未来分享经济发展提供了巨大的市场。分享经济正从消费领域向生产领域渗透，一批优秀的制造企业纷纷转型，加快布局分享经济商业模式。2016年5月，国务院发布了《关于深化制造业与互联网融合发展的指导意见》，其中提到了"推动中小企业制造资源与互联网平台全面对接，实现制造能力的在线发布、协同和交易"。2016年6月2日，沈阳市政府办公厅发布了《关于支持沈阳机床集团i5战略计划的实施意见》，支持沈阳机床为中小企业提供服务。上海名匠是一家智能制造工厂的系统解决方案企业，正探索自己为客户建设智能工厂、客户可以按工厂加工产品的数量来付费的新模式，本质上是制造工厂所有权与使用权的分离，是分享经济进入制造环节的一种重要探索。三一重工也尝试将已有的生产能力向社会开放，提供智能制造服务。深圳硬蛋科技专门致力于智能制造领域的分享经济模式发展，为广大中小企业提供智能制造服务。

（四）本土企业创新崛起，积极开拓国际市场

从商业模式或涉及的领域看，中国早期分享经济平台多数是从模仿国外平台开始的。但市场竞争压力不断加大也在倒逼企业走创新取胜的道路，一些创新已经走在了世界前列。比如"在行"利用分享经济的理念改善知识服务的效率，打造了一个社会化的个人智库。一些企业开始凭借成功的商业模式创新，积极拓展国际市场。比如，2015年5月Wi-Fi万能钥匙正式开辟海外市场。截至2016

>> 新经济　新动能　新思路

年2月,已经在巴西、俄罗斯、墨西哥、泰国、中国香港等近50个国家和地区的 Google Play 工具榜上排名第一,用户遍及223个国家和地区,成为少数能覆盖全球用户的中国移动互联网应用之一。滴滴出行也加快了国际市场的布局,2015年底,滴滴、Lyft、Grab、Ola 四方联合对外宣布将通过建立共享出行全球合作框架,四方打通产品,为中国、美国、东南亚和印度的国际旅客群体提供无缝出行服务,覆盖全球50%的人口。

(五)传统产业加速与新业态融合,推动传统产业转型升级

分享经济不仅催生了新业态的创新发展,新业态的快速发展也加快了与传统产业的融合发展,推动传统产业转型升级。随着我国承认网约车发展的合法性,越来越多的传统出租车加快了与网约车的融合发展。早在2015年,上海大众交通(集团)就推出了自己开发的 App,为市场提供约车服务。首汽集团和祥龙出租公司面向北京地区推出"首汽约车"App,提供预约出租车服务。截至2016年6月,全国已有近20个城市上线了地方性叫车平台。除了自建平台的出租车公司外,还有一些出租车公司直接与现有的网约车平台对接。例如,2016年4月,上海海博出租车公司的500辆出租车直接加入滴滴出行的约车平台。2016年8月31日,滴滴出行与近50家出租车公司合作,出租车也能接网约车订单。

(六)政府发布行业指导意见,分享经济逐步规范发展

2016年7月28日,交通部《网络预约出租汽车经营服务管理暂行办法》明确了网约车发展与监管的总体思路,使网约车进入全面规范监管阶段。我国是全球第一个从国家层面承认网约车合法性的国家,凸显了我国鼓励新业态创新发展的决心和勇气。截至2016年12月30日,全国共有北京、天津、上海、重庆、杭州、宁波、大连、成都、厦门、福州、广州、合肥、深圳、青岛等42个城市正式发布了网约车管理实施细则。另外,还有140余个城市已向社会公开征求了意见。2016年6月3日,国务院办公厅印发《关于加快培育和发展住房租赁市场的若干意见》,全面部署加快培育和发展住房租赁市场工作,支持和规范个人出租住房,对依法登记备案的住房租赁企业、机构和个人,给予税收优惠政策支持;加快建设住房租赁信息服务与监管平台,推进部门间信息共享。2016年8月24日,国务院发布《网络借贷信息中介机构业务活动管理暂行办法》,规定网络信息中介平台不得提供增信服务,不得设立资金池,不得非法集资,不得损害国家利益和社会公共利益,从而规范了我国互联网金融的发展。

(七)行业组织成立,行业自律管理加强

2015年12月13日,中国互联网协会成立了分享经济工作委员会,成为国内首个推动分享经济发展的社团组织。2016年6月21日,中国互联网协会发布

《中国互联网分享经济服务自律公约》（以下简称《公约》），滴滴出行、36氪、去哪儿等41家分享经济企业共同签署了《公约》，标志着分享经济行业在共同维护公平竞争市场环境、提高行业整体服务水平方面迈出了新的一步，必将为促进行业健康发展发挥积极的作用。

三、2017年我国分享经济发展展望与政策建议

（一）尽快制定和出台分享经济发展战略和行动指南

分享经济有利于我国经济发展方式的转变和经济效率的提高。建议将发展分享经济作为推动"大众创业，万众创新"的重要抓手，作为解决困难群体再就业和提高低收入群体收入、防范大规模失业的"稳定器"，使其成为抢占国际竞争制高点的重要方向。建议从国家层面制定分享经济发展战略，包括发展目标、重点任务、试点工程、保障措施。可以借鉴欧盟发布的《分享经济指南》，出台我国分享经济发展指南，普及分享经济概念，破除行业准入壁垒，鼓励各领域和各城市发展分享经济，在关键和领先领域予以较为宽松的发展环境，鼓励分享经济创新发展。

（二）及时修改和调整网约车新政，继续鼓励网约车发展

各地网约车新政实施以来，由于准入门槛过高，大量兼职司机退出网约车平台。网约车有关细则也涉及大量职业歧视，不利于扩大就业。相应地，打车费用快速上升，打车难问题依然存在。建议国家调整网约车新政，可考虑将有些大城市作为试点城市，评估网约车在节能减排、减少交通拥堵、降低出行成本等方面的作用，在总结试点城市经验的基础上，再推广相关经验和监管措施。

（三）加快完善分享经济统计体系，科学评估分享经济对经济发展的贡献

我国分享经济虽然起步时间晚，但发展速度较快，分享经济规模已位居世界前列，但至今没有合适的统计体系将分享经济纳入合适的位置。要适应分享经济发展特征，积极完善统计体系、市场监管体系、法律标准，加快相关领域改革。将分享经济纳入国民经济核算体系，研究分享经济活动的定义和边界，形成符合分享经济发展模式的统计体系。科学评估分享经济对经济增长、资源节约、劳动就业、收入分配、税收等的贡献，改变传统的基于抽样调查的数据获取方式，加强与平台企业的对接合作，运用大数据、云计算等信息技术手段收集数据，建立分享经济价值衡量体系。人力资源社会保障部门应加强与平台企业的合作，共同搭建数据共享平台，及时发布平台型企业就业吸纳、劳动状况、收入水平、工作时间、劳动纠纷等数据。

（四）重点解决政府与企业的信息共享问题

2016年，政府在网约车、互联网金融、租赁市场等领域出台了一系列指导意见，以规范分享经济发展。政府与企业数据不共享，缺乏沟通已成为分享经济企业发展的门槛，同时也成为政府提高市场监管能力的主要制约因素，因此要打破政府与企业数据共享的瓶颈，加快完善统一的社会信用信息平台。加强信用记录、风险预警、违法失信行为等信息资源的披露与共享，打通政府部门、企事业单位之间的数据壁垒，为分享经济参与者提供低成本的信用信息查询、企业网上身份证等服务，以信用监督倒逼行业自律，降低执法成本。

（五）启动相关法律法规修改，提高政策灵活性

现有的《劳动法》和社会保障政策等不适应分享经济的发展需要。应启动《劳动法》修改程序，平衡好灵活用工和非正规就业的劳动保护与企业生存发展之间的关系，鼓励企业采取多种用工形式，规范临时工、钟点工、兼职、劳务派遣等多种形式的法律关系。减少企业制度性用工成本，包括社会保障费用、用工和解雇成本。针对平台型企业灵活就业人员的特点，制定相应的个人申报登记办法、个人缴费办法和资格审核办法。构建"平台+个人"的新型劳动关系，调整分享经济模式下的财税政策。可考虑按小时缴纳社会保险，要求参与分享经济的个人和法人也依法纳税。加强商品和服务提供者的资质审查，涉及分享经济的民法、商法、合同法、保险法等相关法规也要及时修改。

（本文完成于2016年12月，全文刊发在《中国经济报告》2017年第4期。）

共享经济发展与 2018 年展望

近年来，中国共享经济发展快速，创新活跃，重点应用领域取得了显著成就，有效带动了社会就业，促进了创新创业，已成为打造经济发展新动能的重要力量。

一、2017 年我国共享经济发展现状

（一）市场规模持续增长

共享经济规模这几年持续增长。国家信息中心数据显示，2015 年，我国共享经济市场规模约为 1.96 万亿元，其中交易额 1.81 万亿元，融资额 1460 亿元。参与的人数约 5 亿人，提供服务的人数约 6000 万人。2016 年，我国共享经济实现市场交易额 3.45 万亿元，平台企业的数量已经超过 1000 家，参与的人数达到 6 亿人，提供服务的人数约 6000 万人；发改委有关部门预测，预计 2017 年底，我国共享经济的交易规模将达到 4.5 万亿元。

（二）共享领域向纵深扩展

我国共享经济发展活跃，正在从汽车共享、单车共享、住房共享等先发领域，逐渐向生产制造共享、知识共享、劳务共享、科研资源共享等更广阔的范围拓展。

在汽车共享领域，我国共享经济模式起步比其他行业早，已经涌现出了网约车、顺风车、分时租赁、P2P 租车等典型业态，形成了商业模式齐全、出行选择多样的行业生态。国家信息中心数据显示，2016 年我国汽车共享市场规模超过 2000 亿元，用户规模超过 4 亿人。

在共享单车领域，共享单车是继我国网约车等新经济发展之后的新亮点，也是我国共享经济发展的典型形式，对解决城市出行"最后一公里"问题、构建绿色交通出行体系、推动传统产业转型升级产生了积极影响。共享单车与高铁、移动支付和网购一起成为我国新"四大发明"，享誉全球。我国共享单车发展迅猛，中国互联网络信息中心（CNNIC）发布的第 40 次《中国互联网络发展状况统计报告》显示，截至 2017 年 6 月，共享单车用户规模已达 1.06 亿，占网民总

体的14.1%。共享单车市场投放量达1600万辆，其业务覆盖范围已经由一、二线城市向三、四线城市渗透，融资能力较强的共享单车品牌开始涉足海外市场。

在知识共享领域，已经出现了在线问答、网络直播、在线健康咨询、在线教育、创意众包等众多新兴业态。国家信息中心数据显示，2016年我国知识共享领域市场交易额达610亿元，同比增长205%。创意众包在我国知识共享领域中发展较快。截至2016年底，我国创意设计共享领域注册用户超过1600万，服务商超过1300万家，雇主遍布25个国家与地区。

在制造业领域，工信部信息化和软件服务业司副司长安筱鹏在2016年中国互联网应用创新年会上发言时指出，制造业将是共享经济的主战场。中国是制造业大国，也是互联网大国，如果能够把两个优势叠加起来，将形成叠加效应、聚合效应和倍增效应。在制造业内，生产环节的分享方式主要包括以租代买、按时计费、按件计费等。目前，已有不少制造企业开始试水共享经济。如沈阳机场的"i5机床"，可以按照加工零部件的数量或加工零部件的时间给沈阳机床付费，企业购买的不是"机床"，而是"机床加工能力"。上海名匠正探索为客户建设智能工厂、客户按工厂加工产品的数量来付费的新模式，本质上是制造工厂所有权与使用权的分离，是共享经济进入制造环节的一种重要探索。

在劳务领域，涌现出了一系列劳务众包的共享经济新业态，以物流、设计、旅游等劳务共享为特征的共享经济发展迅速。在众包物流方面，涌现了京东众包、人人快递、饿了么"蜂鸟"、美团众包、我快到、51送、闪送、E快送等企业；在货运O2O方面，涌现出了1号货的、云鸟配送、货车帮、罗计物流、蓝犀牛、速派得、运满满、货拉拉、福佑卡车等企业。

（三）领头企业加快国际化步伐

我国在汽车、单车、办公、住宿等共享经济领域的领头企业加快了国际化布局，逐步走向全球。在网约车领域，2016—2017年，滴滴通过投资海外网约车平台加快了国际化步伐。已投资了巴西的99（原名为99 Taxis）、印度的Ola、南非和欧洲的Taxify、中东的Careem、东南亚的Grab，以及美国的Uber和Lyft。在共享单车领域，ofo已入驻新加坡、英国、美国等国的多个城市。摩拜也已经进入英国的曼彻斯特和索尔福德、日本的福冈和札幌、意大利的佛罗伦萨和米兰等多个海外城市。在共享办公领域，2017年6月，优客工场在新加坡开始了国际化扩张，已经落地纽约、旧金山、伦敦、洛杉矶等重要国际大都市。

（四）灵活就业规模持续扩大

共享经济就业的重要特征就是灵活就业，共享经济是灵活就业的蓄水池。中国人民大学劳动人事学院、首都经济贸易大学联合发布的《新经济，新就业——

2017年滴滴出行平台就业研究报告》显示，2016年共有2107.8万人通过滴滴平台获得收入，包括专车、快车司机、代驾司机以及顺风车车主，相当于2016年全国第三产业就业人员的6.2%。另外，滴滴平台上有178.8万司机是复员、转业军人。同时，滴滴平台还为209.3万女性提供了就业机会。

（五）行业政策持续优化

2017年7月，国家发改委等八部门联合印发《关于促进分享经济发展的指导性意见》（以下简称《意见》），就如何进一步营造公平规范的市场环境、促进共享经济更好更快发展等进行了部署。《意见》提出，要合理界定不同行业领域共享经济的业态属性，分类细化管理。避免用旧办法管制新业态，破除行业壁垒和地域限制，进一步取消或放宽资源提供者的市场准入条件。探索建立政府、平台企业、行业协会以及资源提供者和消费者共同参与的共享经济多方协同治理机制。

2017年8月2日，为鼓励和规范互联网租赁自行车发展，交通运输部、中央网信办、国家发改委等十部门联合出台《关于鼓励和规范互联网租赁自行车发展的指导意见》（以下简称《指导意见》）。《指导意见》坚持问题导向，实施包容审慎监管，明确了发展定位，引导有序投放车辆，完善自行车交通网络，推进自行车停车点位设置和建设等。鼓励新技术推广应用，充分利用车辆卫星定位、大数据等信息技术，加强所属车辆经营管理，创新经营服务方式，不断提高用户体验，提高服务水平。营造良好的发展环境，包括明确责任分工、加强社会公众治理、建立公平竞争的市场秩序等，促进行业健康发展。

（六）信用体系日益完善

一方面，政府积极为共享经济发展提供信息体系支撑。全国信用信息共享平台现已归集信用信息超过107亿条，连通42个部门、所有省区市和50家市场机构，并与国家人口库建立了信息核查与叠加机制，形成了法人和非法人信用信息数据库以及个人信用信息数据库。另一方面，平台企业自建信用评价体系，为共享经济提供信用支持服务。各类共享经济平台企业已普遍搭建起平台生态内的信用评价体系，对供需双方的基本情况、交易行为、相互评价等信息进行信用分析评估，并根据信用评分情况进行分类管理。国家信息中心发布的《信用助力分享经济发展报告》指出，截至2017年4月，在全国381个城市，仅芝麻信用提供的免押金场景就覆盖了酒店、房屋短租、民宿、汽车租赁、共享单车、便民物品、农业设备租赁等八大行业，累计提供免押金额合计313.8亿元。又如，在网约车领域，许多平台企业均建立了网约车车主服务信用档案和服务评分制度，根据服务分值差异调控资源配置。在家政领域，许多平台企业建立起家政技师的技能信用档案,方便其他雇主通过查看前雇主的评价和技能综合评分来选择更优质的技师。

二、当前我国共享经济存在的主要问题

(一) 理论和认识尚未达成一致

共享经济在我国的发展才刚刚起步,政府和公众对此认识不到位甚至还存在诸多误解,主要包括共享经济的理论基础、定义,共享经济与传统行业的关系,共享经济与现有管理制度的关系等。2015年,社会普遍认为共享经济主要是将闲置资源有效利用,而共享单车的实践表明,利用闲置资源不是共享经济最核心的特点。社会公众还认为,共享经济与传统的租赁经济概念一样,只不过是"旧瓶装新酒"。其实,两者存在本质不同,传统租赁经济不具有互联网特征,而共享经济的典型特征是通过互联网平台来优化资源配置,使资源得到有效利用,节省了用户的成本。现有的管理制度、法律法规、监督体制等都不适应共享经济的发展,导致新业态发展受阻。同时,社会上也出现了大量伪共享企业,利用新概念吸引用户,消费者权益难以保障。

(二) 管理制度不适应共享经济发展

当前,我国的经济管理制度和产业政策是建立在工业文明基础上的,强调集权、层级管理、区域和条块分割等管理方式。而共享经济具有去中心化、跨区域和跨行业的特征,是典型的平台经济。传统的管理方式和行业许可制度不适应新经济的发展,管理部门习惯性地用旧制度管理新业态。比如,网约车、远程医疗、在线教育、民宿等共享经济新业态仍存在诸多政策障碍。如从事医疗资源共享的共享经济平台,若仍要取得医疗许可证,则会大大制约医疗资源的有效整合利用。如果大多数共享经济仍按照线下经营实体的资格条件运营,则很多平台型企业可能因为不具备条件而随时被认为是"非法"的,面临被取缔的风险。

(三) 一些地方思想理念落后于中央

中国经济发展最大的动能来自广大群众和企业的实践与创造,"大众创业,万众创新"更是激起了全社会创新和创业的高潮,涌现出了共享经济等新业态、新模式,我国经济发展迸发出了无尽的活力。然而,一些地方政府和官员习惯用旧理念、旧政策来管理新业态、新模式,制定政策时不从国家大局出发,不从市场实际情况出发,不从人民的根本需求出发,而是从部门和集团利益出发,保护了旧业态,扼杀了企业和市场的创新活力,导致我国新经济发展受阻。以网约车和共享单车为例,各地政策实施细则反映出我国一些地方政府和部分官员没有真正理解共享经济的内涵和作用,没能真正领悟中央提出的创新、绿色、开放、分

享和包容理念，制定的政策阻碍了我国以网约车、共享单车为代表的共享经济的创新发展。

（四）政策落实不到位

党的十八大以来，党中央和国务院明确提出，要使市场在资源配置中起决定性作用和更好地发挥政府的作用。本届政府更是将创新驱动作为国家发展的重大战略，高度重视共享经济、大数据、人工智能等新业态的发展，实施"大众创业，万众创新"和"互联网+"行动计划，明确要求政府简政放权，激发微观经济主体活力。但在共享经济发展的实践中，中央有关政策落实不到位。例如，交通部《网络预约出租汽车经营服务管理暂行办法》明确提出，各地网约车实施细则要遵循"乘客为本、改革创新和统筹兼顾"等原则，为网约车政策指明了方向。但各地在实践过程中，大部分延续了传统出租车的计划监管模式。有些地方不了解互联网，对新业态、新理念缺乏认识，存在严重的路径依赖。从大多数直辖市和省会重点城市出台的实施细则来看，大部分城市设置了众多与出行安全无关的准入门槛，包括轴距、排量、功率、车价、车长、车龄等，并普遍采用了价格和数量等传统管制模式，无视平台经济发展规律，严重影响了群众出行、社会就业、新经济发展和企业创新。

（五）一些地方和部门利益的阻碍

共享经济对传统行业会产生一定的冲击，尤其是新业态刚起步，对传统行业的冲击尤为明显。以出租车为例，网约车刚出现的时候，传统出租车业务受到一定的冲击。因此，地方政府或主管部门在制定新业态管理办法时，会习惯性地用传统办法来管理新业态，保护传统行业的利益。据了解，很多地方政府实行的网约车新政，大部分由各地交通管理部门代为起草。一些地方政府强调维护传统出租车行业的既得利益，提高网约车的准入门槛，甚至将网约车作为黑车进行打击。运营多年的出租车公司和固化的既得利益群体主导了话语权，政府制定实施细则前未进行有效的政企沟通和网约车调研。因此，各地公布的网约车实施细则存在明显的保护传统出租车行业的特点。

三、2018年我国共享经济重点领域展望与政策建议

（一）强化宽松包容的管理思路，消除共享经济发展面临的政策障碍

共享经济正向各行各业广泛渗透，大量新业态不断涌现，对现有的政策、制度、法律提出了新的挑战。政府应强化宽松包容的管理思路，充分考虑不同行业领域共享经济的业态属性，分类细化管理，对"看不准"的新业态，可以稍微等等看，支持和引导各类市场主体积极探索共享经济的新业态、新模式。一是进

一步取消或放宽资源提供者的市场准入条件,破除行业壁垒和地域限制,避免用旧办法管理新业态。二是加强释法、修法等工作,按程序及时调整不适应共享经济发展和管理的法规与政策规定,不断优化法律服务。三是根据共享经济的不同形态和特点,合理界定不同运营模式下平台企业应承担的法律责任。四是在各领域提供宏观预期指导,同时避免监管过细过严,增强政策的包容性和灵活性。

（二）强化企业规范管理,保障消费者权益

自 2015 年以来,大量资本涌入共享单车,我国共享单车呈爆发式增长。行业发展最好的时候,全国有 74 家共享单车企业,全球共有 4 亿注册用户,融资总额高达 230 亿元,累计完成订单 115 亿单,投放市场的单车总量约 2300 万辆。但随着交通运输部《关于鼓励和规范互联网租赁自行车发展的指导意见》的逐渐实施,共享单车行业的门槛日益提高,一些小的单车企业纷纷倒闭,很多用户的押金无法赎回。据公开媒体报道,目前有悟空单车、町町单车、小鸣单车、酷骑单车、小蓝单车相继出现押金无法退回的现象。从公开的数据来看,目前共享单车押金大多超过 100 亿元①。从有关媒体的调查看,目前大多数共享单车企业存在用户押金"挪用"现象②,小蓝单车大多数用户的押金无法返还就是最好的例证。此外,各共享单车普遍没有对用户押金进行专门托管,存在极大的风险。建议按照《关于鼓励和规范互联网租赁自行车发展的指导意见》的有关规定,各地做好摸底工作,研究配套政策和措施,落实地方政府的主体责任,落实押金专门托管,保护消费者利益,促进行业健康有序发展。各地方政府要加强宣传,防止有些企业打着共享经济的旗帜欺骗消费者,尤其要打击金融欺诈。

（三）适时评估有关政策,调整不合理条款

关于鼓励和规范共享经济的政策典型,目前有交通部的网约车政策和共享单车政策。但从各地实践看,普遍存在不适应新经济发展要求的若干条款,尤其是一些地方在政策执行时出现了"钓鱼执法"和暴力执法等现象,对未来共享经济发展造成不明朗的预期,扰乱了市场秩序。建议适时对《网络预约出租汽车经营服务管理暂行办法》和《关于鼓励和规范互联网租赁自行车发展的指导意见》在各地的执行情况进行全面评估,对不符合经济发展规律的条款进行调整。

一是终止网约车不合理的政策条款。建议对不符合实际情况,遭到网约车司机、乘客和行业抵制的条款,梳理清楚后尽快废除。不同城市的政策细则存在不

---

① 根据《中国互联网络发展状况统计报告》,截至 2017 年 6 月,共享单车用户规模已达到 1.06 亿。按用户押金平均超过百元估算,整个共享单车行业的押金数量或已超过 100 亿元,其中还不包括用户提前充值的各类未消费余额。

② 资料来源：http://money.163.com/17/1203/20/D4OPRVD5002580S6.html。

同的问题,应分类处置,废除那些与安全无关的网约车准入门槛,如对车辆设置轴距、排量、价格、车龄、车长、功率等门槛。取消带明显就业歧视的户籍规定,取消要求全国性平台在多地设立分支机构和分区域报送信息等条款。

二是调整部分共享单车的不合理政策。建议取消有些地方出台的共享单车数量管控和排他性竞争等不平等条款,应采取更加公平的市场竞争原则,引导有竞争力的企业积极参与市场竞争。应减少对市场的直接干预,强化共享经济发展规范、技术标准和监督管理。

三是落实中央"放管服"改革的要求。坚持包容审慎监管,坚持"以人为本"的原则,鼓励和规范共享经济发展。科学界定共享经济平台企业、资源提供者和消费者的权利、责任及义务,明确追责标准和履责范围。强化全国性平台信息安全监管,实现数据的安全可控。加大政府和主管部门对网约车或共享单车等平台的监管力度,强化平台的主体责任和依法纳税的主体责任。

(四) 鼓励通过技术手段提高共享经济治理的现代化水平

在短短两年时间里,我国共享单车从国内走向国际,引领全球共享单车创新发展。以交通部《指导意见》为分界,我国共享单车上半场野蛮生长的时代告一段落,将进入下半场,一些体量小的单车公司将加速倒闭,共享单车行业发展将出现寡头竞争格局。上半场快速发展源于技术应用和市场驱动,但主要还是归功于市场规模红利;下半场仍然靠市场和技术双轮驱动,但更主要的是靠技术创新驱动,从而更好地解决当前存在的问题,实现可持续发展。

一是通过定位系统实现精准管理。如果仅以规模扩张为重点,而无精准管理,则单车数量越来越多,将有可能成为城市垃圾,增加城市管理难度,并造成巨大的浪费。鼓励利用北斗等定位技术,实现单车精准定位和精准管理。

二是使用人工智能提升管理水平。共享单车管理涉及车辆投放、运营调度、车辆停放和故障车识别与处理等,目的是提高车辆的使用效率,实现最大化使用。鼓励共享单车企业大规模使用人工智能,引导用户参与故障车和"僵尸车"的处理。

三是构建大数据平台,提升共享单车企业的核心竞争力。平台企业要实现所有投放车辆实时在线,及时了解车辆状况;要实现每个用户骑行数据可追溯,绘制城市乃至全国用户骑行数据图,改善企业投放策略,优化城市公共交通等。这是共享单车企业的核心竞争力,也是企业未来盈利的"蓝海"。

四是积极利用电子围栏技术规范共享单车管理。针对用户乱停车问题,政府应划定"禁停区",实施负面清单管理;企业应积极利用电子围栏等技术,引导用户规范停车。

（五）以构建产业互联网平台为抓手，加速推动互联网与制造业深度融合

制造业共享经济发展尚处于起步阶段，需要政府部门加强财税、金融、人才等多方面的政策引导和支持①。

一是把制造业共享经济作为智能制造的战略重点。建议加强众包、云制造等典型分享模式的宣传推广，引导制造企业深度树立共享经济理念，探索基于所有权和使用权分离的生产组织模式创新，加快互联网向生产环节的渗透，促进传统制造业主动适应共享经济发展趋势，以共享经济为突破，加快发展智能制造，推动制造业转型升级。

二是加强制造业共享经济发展的政策引导。鼓励地方政府筛选一批技术含量高、质量保障有力的制造产品，建立财政补贴重点推荐产品目录，设立专项引导资金。

三是构建制造业共享经济产业新生态。制造业大企业具有较为明显的资源优势，应鼓励行业龙头企业积极发展共享经济，搭建开放共享的公共平台，整合产业链上下游各个环节的资源，提升企业需求链、产业链、供应链、创新链的快速响应与传导能力。

四是加强制造业共享经济网络和信息安全保障。应切实提升网络技术安全水平，确保制造业共享经济网络平台安全稳定运行。妥善保管客户信息和企业资料，避免信息泄露。制定应急预案，妥善处理网络和信息安全突发事件。积极推进网络信息安全、个人信息保护等方面的地方立法，加强基础信息资源和个人信息保护，强化互联网信息安全管控，确保制造业共享经济有序开展。

（六）通过购买服务和完善公共交通网络，鼓励共享单车企业发展

针对具有准公共属性的共享单车，各城市管理部门应履行更多的责任，完善城市基础设施。包括：完善自行车交通网络，合理布局慢行交通网络和自行车停车设施，将其纳入城市综合交通体系规划，并与城市公共交通规划相衔接。应主动作为、推进自行车车道建设，提高自行车车道的网络化和通达性。要优化自行车交通组织，完善道路标志标线，纠正占用非机动车车道等违法行为，保障自行车通行条件。对城市重要商业区域、公共交通站点、交通枢纽、居住区、旅游景区周边等场所，应当设置配套的自行车停车点位或者通过电子围栏等设定停车位，为自行车停放提供便利。鼓励地方政府通过购买服务的方式，与共享单车企业合作，解决市民出行难等问题。

---

① 资料来源：http：//www.sohu.com/a/197646141_378413。

（七）提高制度供给质量，营造良好的市场竞争环境，培育共享经济新动能

一是更加注重机制建设。按照鼓励创新、包容审慎的原则，加快建设政府、平台企业、行业协会等多方参与的共享经济协同治理机制，依法推进各类信用信息平台的无缝对接，建立政府与企业间的信息共享合作机制，同时还要建立多方参与的共享经济专家研讨机制。

二是提高政策的科学性。建议从国家层面成立共享经济政策专家咨询委员会，各部门有关共享经济新业态、新模式的管理办法需要专家咨询委员会论证。发挥行业协会的作用，新业态管理办法出台需要行业发挥更加积极的作用，与龙头企业充分沟通，更加广泛地听取社会公众的意见，防止出现政策"熔断"。

三是加强平台企业管理。加强平台企业的信息安全管理，防止出现个人隐私滥用和泄露。防止平台企业利用技术和规模优势实施垄断，监测企业市场定价，鼓励竞争，引导共享经济健康有序发展。

（本文与王栋合作完成，全文刊发在中国国际经济交流中心出版的《中国经济分析与展望（2017—2018）》一书。）